Antje Dertinger · Frauen der ersten Stunde

Antje Dertinger

Frauen der ersten Stunde

Aus den Gründerjahren der Bundesrepublik

J. Latka Verlag Bonn

Susanne Miller
– auch sie eine Frau der ersten Stunde –
in Dankbarkeit
gewidmet

Bildnachweis: AdsD, Bonn: Titelfoto, 63, 71, 169, 205; Adenauerstiftung, St. Augustin: 219; Bundesbildstelle, Bonn: 37, 97, 157, 229, 243; Bundestag, Bonn: 181; Felicitas, München: 27; Möhlen, Hannover: 109; Peter-Mögenburg, Leverkusen: 121; Privat: 49, 83, 147; Schafgans, Bonn: 133; Siegel, Ulm: 13; Wachsmann, Bad Homburg: 193.

 Titelgestaltung Michael Marasson. Belichtung/Satz durch Utesch Satztechnik GmbH, Hamburg. Gesamtherstellung H. Mühlberger, Augsburg. Printed in Germany.

ISBN 3-925068-11-2

Inhaltsverzeichnis

Trümmerfrauen waren sie alle

Zur Einführung

Plötzlich waren sie wieder da: die Trümmerfrauen. Selten sah man sie leibhaftig, zumal viele von ihnen schon tot waren; aber sie tauchten – Jahrzehnte nach Ende des Zweiten Weltkriegs – gelegentlich, dann häufiger in der sozialpolitischen Diskussion auf. Weil sie sich »um den Wiederaufbau unseres Landes verdient gemacht« haben, erhielten einige von ihnen, nach peinlich langem Hin und Her, ein paar Rentenmark mehr, als sie sich ohnehin schon erarbeitet hatten. Seither werden sie öfter in Sonntagsreden erwähnt.

Gemeint ist eine ganze Frauengeneration, ohne die dieses Land nach 1945 – wenn überhaupt – weniger rasch zu dem geworden wäre, was es ist.

Da standen sie also im Schutt, den der Krieg der Männer hinterlassen hatte: Zwanzigjährige, Sechzigjährige, angetan mit Kopftuch, Schürze, schäbigem Schuhwerk, bildeten Ketten in städtischen Bombenkratern, gaben überschwere schuttgefüllte Eimer von Hand zu Hand oder hockten mitten zwischen den Trümmern, klopften Mörtel von Ziegel und Klinker und stapelten die Steine mit bloßen Händen für den Wiederaufbau.

Das taten Frauen zu Hunderttausenden. Doch indem man von ihnen nur dieses Bild bewahrt, reduziert man ihr Schaffen, aus Dummheit oder Kalkül, auf diese eine Nachkriegsleistung: Trümmerfrauen gewesen zu sein. Dabei hatten sie alles andere außerdem zu bewältigen: die Organisation ihres Lebens und des Lebens ihrer Kinder unter den Bedingungen des vollständigen physischen und moralischen Zusammenbruchs eines Volkes.

Sie schafften es, trotz trostloser äußerer Umstände. Viele von ihnen standen allein, hatten im Krieg ihre Männer verloren oder wußten über Jahre nichts über deren Schicksal. Die rationierten Lebensmittel für den »Normalverbraucher« reichten bei 800 bis 1000 Kalorien täglich nicht fürs Nötigste und schon gar nicht für die Arbeit in den Steinbrüchen der Städte. Auf dem Schwarzmarkt aber kostete das Kilo Butter zwei bis drei Monatslöhne eines Arbeiters, das Kilo Brot fast einen Wochenlohn. Die »Zigaretten-Währung« galt als allgemein akzeptiertes Zahlungsmittel; damit konnte man »kompensieren«, sofern man sogenannte Sachwerte zum Tausch besaß.

Die Flüchtlinge besaßen in der Regel nichts dergleichen. Vierzehn Millionen verloren ihre Heimat. Zwei Millionen starben auf der Flucht, vier Millionen kamen in das Gebiet der späteren DDR, acht Millionen in die drei Westzonen, die Mehrzahl von ihnen Frauen und Kinder. Sie wurden hier nicht immer herzlich aufgenommen. Tausende von ihnen hausten noch nach Jahren in Notunterkünften, in denen umgearbeitete Stahlhelme als Kochtöpfe und die Kartuschen abgeschossener Granaten als Vasen für Blumenschmuck dienen mußten.

Die Folgen waren alarmierend: Kinder- und Jugendkriminalität, Unterernährung, Auftreten von Hungerödemen, Zunahme von Tbc. Jedes zehnte Baby starb 1946 im ersten Lebensjahr.

Die Unsicherheit über die politische Zukunft des Landes und widersprüchlich erscheinende Geschehnisse erschwerten den Anfang zusätzlich: die Gleichzeitigkeit von Kriegsverbrecherprozessen und Entnazifizierungskampagnen, von Demontage und Marshall-Plan; die Schaffung von Bi- und Trizone im Westen bei parallel dazu geäußerten Bekenntnissen zur Einheit des Vier-Zonen-Gebiets; das Umschlagen der ehemaligen Anti-Hitler-Koalition in die Ost-West-Konfrontation; die Angst vor einem neuen Krieg . . .

Damals entdeckten die amerikanischen Besatzungssoldaten »das deutsche Fräulein-Wunder«; aber deutsche Frauen entdeckten ihre eigene Kraft.

Ein Teil dieser Frauen – wenngleich, wie bei den Männern, nur ein kleiner – machte sich daran, andere Trümmer als die der zerbombten Häuser, Straßen, Brücken aufzuräumen. Es galt ja, sagte eine von ihnen, nach der nationalsozialistischen Zeit »nicht nur den äußeren Schutt« zu beseitigen.

Es galt, den Weg zu einem menschenwürdigen Neubeginn zu finden. Das bedeutete vieles auf einmal: das Vergangene zu tragen und zu verarbeiten; die verordnete Demokratie anzunehmen und zu gestalten; sich zu öffnen für verfemt Gewesenes und Neues.

In Kultur und Politik, in Sozialarbeit und Pädagogik, in Wirtschaft und Justiz wurde der Versuch dazu unternommen – und vielfach ist er geglückt.

Dieses Buch handelt von Frauen, die dazu beigetragen haben.

Die meisten der hier dargestellten zwanzig »Frauen der ersten Stunde« hatten 1945 die Mitte ihres Lebens längst überschritten, hatten zwölf Jahre der Verfolgung hinter sich, als sie – trotz des eigenen Überlebenskampfes im Nachkriegs-Deutschland – beschlossen, ihre Arbeit, ihre Kraft anderen zu widmen. Gerade wegen ihres Engagements in jener Zeit verdienen sie, nicht vergessen zu werden – die berühmt Gewordenen und die weitgehend unbekannt Gebliebenen.

Die zwanzig Frauen stehen für viele andere. Sie alle halfen, das Land zu enttrümmern. Sie alle halfen, das Haus wieder bewohnbar zu machen.

Antje Dertinger — Bonn, im Januar 1989

»Im Finstern schauen lernen«

Die Dichterin Ilse Aichinger in der Gruppe 47

Etwas höchst Ungewöhnliches geschah; es ging in die Literaturgeschichte der Nachkriegszeit ein: Ilse Aichinger hatte eine 1948 geschriebene Erzähung gelesen, und ihre Schriftsteller-Kollegen applaudierten. Derartige Bekundungen des Beifalls waren ganz gegen die Spielregeln der ansonsten ohne viel Reglement ausgekommenen Gruppe 47: Auf den Tagungen der Autoren wurden deren Arbeiten sachlich, zuweilen hart kritisiert; gelegentlich wurde in ähnlicher Sachlichkeit Zustimmung geäußert. Händeklatschen war verpönt.

Ebenso unüblich wie der Ausdruck des Lobes war deren Objekt, die Sprache Ilse Aichingers, die weit über das bei den Kollegen bis dahin Gültige hinausführte. Sie stand nämlich allem entgegen, was die Mitglieder der inzwischen legendären Gruppe 47 als »Kahlschlag« zu bezeichnen pflegten. Mit diesem Begriff beschrieben sie jene knappe, direkte, die Dinge unmittelbar beim Namen nennende Ausdrucksweise, die sie alle im Deutschland nach Hitler für erforderlich gehalten hatten. Ilse Aichingers neuer Stil aber wurde mit Attributen wie »surrealistisch« und »kafkaesk« beschrieben.

Sie erhielt in jenem Jahr den Preis der Gruppe 47. Damit war Ilse Aichinger nach Günter Eich und Heinrich Böll die dritte Preisträgerin; und sie war die erste Frau, der die Auszeichnung zugesprochen wurde.

Walter Jens empfand, wie alle Teilnehmer, das Verändernde auf jenem Treffen und beschrieb es: »Ich glaube, ich könnte die Sekunde des Umschlags nennen: Es war in Niendorf an der Ostsee, Frühjahr 1952, eine Tagung der Gruppe 47 fand statt. Die Veristen, handwerklich-gute Erzähler, lasen aus ihren Romanen.

Dann plötzlich geschah es. Ein Mann namens Paul Celan (niemand hatte den Namen vorher gehört) begann, singend und sehr weltentrückt, seine Gedichte zu sprechen; Ingeborg Bachmann, eine Debütantin, die aus Klagenfurt kam, flüsterte, stockend und heiser, einige Verse; Ilse Aichinger brachte, wienerisch-leise, die ›Spiegelgeschichte‹ zum Vortrag. – Damals, sieben Jahre nach dem Ende des Krieges, entfaltete sich ... die junge deutsche Literatur der Moderne.«

Auch der spiritus rector, der oftmals »Vater« genannte Manager der jungen deutschen Literaten, Hans Werner Richter, erinnert sich eindringlich gerade jener Tagung. Er hatte Ilse Aichinger – und durch sie dann Ingeborg Bachmann – zuvor in Wien kennengelernt und sie bereits zu den vorangegangenen Treffen der Gruppe eingeladen. Schon damals, 1951 in Bad Dürkheim, »als Ilse Aichinger liest, macht sich etwas bemerkbar, was ... zu einer leichten Irritation führt. Es ist ein Einbruch in das Gewohnte, eine Wende, eine vielleicht neue modische Strömung ... Surrealismus nennen es die einen, die anderen bestreiten es. Dann fällt vielleicht zum erstenmal in diesem Kreis der Name ›Kafka‹. Einer sagt, kaum versehentlich, ›Fräulein Kafka‹ zu Ilse Aichinger, was diese mit einem unwilligen Lächeln quittiert, aber alle anderen zu einem lang anhaltenden Gelächter hinreißt.« Ilse Aichinger hatte, wie übrigens die meisten Mitglieder der Gruppe, bis dahin nie etwas von Franz Kafka gelesen.

Doch auch unabhängig von ihrer keineswegs leicht zugänglichen Sprache fesselte Ilse Aichinger die Autoren-Kollegen. Sie besitzt eine Ausstrahlung, die manche damals als verzaubernd bezeichneten, andere an liebgewordene Märchen denken ließ. Sie ist zurückhaltend, fast scheu und verbreitet dadurch eine gewisse Distanz um sich.

Dieser Eindruck schwindet, sobald ein Thema angesprochen wird, das sie im Innern wirklich angeht, zum Beispiel die Gruppe 47, bei deren Erwähnung Ilse Aichinger – mittelgroße Gestalt, bequeme Kleidung, pechschwarzer Pagenkopf – in lebhaftes, von lauter humorvollen Erinnerungen und Anspielungen durchsetztes

Erzählen gerät: Sie berichtet gern und mit großer Warmherzigkeit von dem Freundeskreis, den sie in der Autorengruppe fürs Legen gewonnen hat. Und sie weiß, daß es andere ebenso empfanden. Sie alle suchten damals, nach dem Krieg, ja nicht nur eine neue Sprache.

Ihre Art zu erzählen gleicht der Weise, in der sie aus ihren Werken liest: extrem leise, doch sehr deutlich akzentuiert. Dadurch erzwingt Ilse Aichinger, ohne dies zu beabsichtigen, die ganze gesammelte Aufmerksamkeit ihres Gegenübers.

»Wienerisch-leise«, so fand Walter Jens, las sie auch ihre »Spiegelgeschichte«, mit der sie den Preis der Kollegen gewann. Der Titel der Erzählung deutet mehr auf die literarische Form als auf den Inhalt hin: Es geht um eine Frau, die nach einem Schwangerschaftsabbruch stirbt. Während der Agonie läuft, wie in einem von rückwärts angeschauten Film, ihr Leben vor ihr ab. Nur die Umkehr alles Erlebten, endend mit der mythischen Rückkehr in den Mutterleib, gibt der Frau die Möglichkeit, mit der Schuld fertigzuwerden. Diese Situation – die Frage nach Schuld, nach Endlichkeit und Unendlichkeit des Lebens – wird auf verschiedenen Erzählebenen dargestellt, eine kunstvoll-komplizierte Konstruktion: der Todeskampf der Frau als das Gegenwärtige, parallel dazu die Zukunft und die Rückblende – wie in einem Spiegel.

»Als ich zur Gruppe 47 eingeladen wurde,« sagt Ilse Aichinger, »da wollte ich nicht« und fügt dann noch »natürlich« hinzu, als müsse jeder wissen, daß sie ein Mensch ist, der sich anderen schwer anschließt. Aber ganz fremd war ihr die Gruppe damals nicht; es bestanden bereits Kontakte, die ihr den Zugang erleichterten: In Ulm planten Otl Aicher und Inge Aicher-Scholl, die Schwester Sophie Scholls, die Gründung einer Hochschule für Gestaltung. 1953 wurde das Projekt verwirklicht. Die »HfG« Ulm hat die Entwicklung des Design in der Bundesrepublik Deutschland bis in die Gegenwart bestimmt. Ilse Aichinger war mit den Gründern der Hochschule, die gelegentlich Autoren der Gruppe 47 zu sich einluden, sehr befreundet. »Ich war von Wien nach Deutschland gekommen«, berichtet sie vier Jahrzehnte später,

»weil ich mich vor allem mit Inge Scholl sehr angefreundet hatte und weil mir der ganze Schollsche Kreis schon vom Krieg an solche Ermutigung gegeben hatte.« Als sie nun, »natürlich«, der Aufforderung, in der Gruppe mitzuarbeiten, nicht folgen wollte, »da hat mir aber die Inge Scholl sehr zugesetzt; und ich hab' mir ein Herz genommen und mir gesagt: Also, was soll mir schon passieren?«

»Der Schollsche Kreis«, seine Aktivitäten im Widerstand und sein Schicksal, ermutigte Ilse Aichinger, die derselben Generation angehört, aus sehr konkretem Grund: Zwar ist sie Österreicherin; doch ihr Leben ist ein von den Deutschen nachhaltig mitbestimmtes. Sie ist Tochter einer jüdischen Ärztin und eines nicht-jüdischen Lehrers.

Ilse Aichinger und ihre Zwillingsschwester Helga wurden am 1. November 1921 in Wien geboren. Die Mädchen wurden katholisch erzogen und erlebten die ersten Jahre ihrer Kindheit in Linz. Ihre Eltern ließen sich früh scheiden. Obwohl der Vater zu seinen Töchtern regelmäßigen Kontakt unterhielt, waren Mutter und Großmutter die wesentlichen Bezugspersonen. Nachdem die Familie wieder nach Wien gezogen war, besuchte Ilse Aichinger die Schulen der Sacre-Cœur–Schwestern und der Ursulinen.

Der Machtantritt der Nationalsozialisten in Österreich erfolgte, noch ehe sie siebzehn war und den Schulabschluß hinter sich hatte. 1939 konnte Ilse Aichinger als »Halbjüdin« zwar noch an einem öffentlichen Gymnasium die Matura erwerben, nicht aber studieren. Sie wurde dienstverpflichtet, wie das damals hieß, und arbeitete als Helferin in einer Apotheke.

Nahezu alle jüdischen Verwandten wurden während des Krieges festgenommen, deportiert, umgebracht. Als ganz besonders schmerzvoll empfand Ilse Aichinger den Verlust der Großmutter. Sie selbst, die nach Großbritannien emigrierte Zwillingsschwester und die Mutter blieben verschont. Aber das war vorher nicht berechenbar gewesen. Die Angst war immer da; sie wurde verstärkt dadurch, daß Ilse Aichinger in antifaschistischen Gruppen mitarbeitete. »Man hat auf Abruf gelebt«, sagte sie einmal. »Aber das Stück bis zum Abruf war ungeheuer intensiv.«

Wie weit dieses Leben auf Abruf Ilse Aichingers Werk bestimmt hat, ist nicht meßbar; daß eigenes Erleben ihre dichterische Arbeit stark beeinflußt hat, ist gewiß. Nicht nur die deutlichen autobiographischen Akzente sprechen für die schriftstellerische Verarbeitung eigenen Erlebens, sondern auch die Wahl der Themen: Menschen in Grenzsituationen.

Ein besonderer Reiz geht von ihrer Sprache aus, eine außerordentlich eigenwillig Sprache, die sich, besonders in der Lyrik, nicht jedem Leser leicht erschließt. Die Beziehung zur eigenen Sprache hat Ilse Aichinger mit auffallender Distanziertheit beschrieben: »Meine Sprache ist eine, die zu Fremdwörtern neigt. Ich suche sie mir aus, ich hole sie von weit her. Es ist aber eine kleine Sprache. Sie reicht nicht weit ... Zur Hölle mit uns, sage ich ihr manchmal. Sie dreht sich, sie antwortet nicht, sie läßt uns geschehen.«

Die Bilder, die sie in ihren vielen Erzählungen, Gedichten, Dialogen und den relativ wenigen Hörspielen benutzt, erinnern die Leser zuweilen an das Absurde Theater. Sprache und Bilder aber sind voller Poesie. Und das war es, was die Dichter-Kollegen von der Gruppe 47 aufhorchen ließ: Ilse Aichingers Dichtung, dort erstmals 1951, dann 1952 vorgetragen, bedeutete das Ende der »Kahlschlag«-Periode.

Sie hatte nach dem Krieg begonnen, Medizin zu studieren, dies jedoch nach fünf Semestern aufgegeben. Sie arbeitete in Wien und in Frankfurt am Main als Lektorin. Sie wurde tätig an der Hochschule für Gestaltung in Ulm, freilich nicht als Designerin, sondern bei der Bewältigung vieler organisatorischer und administrativer Arbeiten. Immer aber schrieb sie in jenen frühen Nachkriegsjahren; bald blieb sie ganz und ausschließlich dabei.

Schon 1945 und 1946 veröffentlichte sie erste Erzählungen in österreichischen Zeitschriften. Als sie aufgrund dieser Publikation angeregt wurde, »sie möge doch möglichst bald einen Roman schreiben«, wie Hans Weigel sie wissen ließ, da hatte sie längst damit begonnen. Es entstand »Die größere Hoffnung«, eine Auseinandersetzung mit der eben überwundenen nationalsozialistischen Zeit, eine Auseinandersetzung vor allen Dingen mit der Situation des Verfolgt-Seins.

Die Romanfigur Ellen ist, wie Ilse Aichinger, Kind einer jüdischen Mutter und eines »arischen« Vaters, der seine Familie verlassen hat. Das kleine Mädchen und seine Freunde erleben sich als schuldig, weil sie Juden sind: »Schuld ist, daß wir da sind.« Die Kindergruppe lebt in der Grenzsituation zwischen innerer und äußerer Heimatlosigkeit auf der einen und immer wieder neuer Hoffnung auf der anderen Seite. »Wohin sollen wir gehen?« Die bitteren Lebensumstände, die bald vollkommene Verlassenheit lehren Ellen in einem langwierigen schmerzhaften Prozeß, nicht restlos zu verzweifeln, auch als die Emigrationspläne aussichtslos und das Versteckspiel sinnlos werden: »So kann es nur ein Land sein: Wo die Toten lebendig werden.«

Die größere Hoffnung des Kindes ist »ein Land«, in dem das Diesseitige überboten wird, »ein Land«, das auch der Tod sein kann. Das Mädchen sehnt ihn schließlich in der Gewißheit herbei, daß nach ihm das wirkliche Leben beginnen wird. Ellen, das unglaublich starke, »halbjüdische« Mädchen, sucht dieses »Land« und findet es in einer explodierenden Granate.

Das Motiv des Sich-Abfindens wirkt, je nach individuellem Erfahrungshintergrund und psychischer Struktur des Lesers, resignativ und wird durch das Motiv der Hoffnung kaum aufgewogen. Die Hoffnung aber ist, neben dem Thema der Grenzsituation, das Hauptmotiv in Ilse Aichingers Werk. »Man kann ja ohne sehr vieles leben,« sagt sie in »Das kurze Leben der Sophie Scholl«. »Man kann leben, ohne etwas zu haben. Aber man kann nicht leben, ohne etwas vor sich zu haben.«

An anderer Stelle – und hier wird das Hoffnungs-Motiv, unausgesprochen, noch deutlicher – schrieb sie: ». . . weil es damals vor den Fenstern draußen gerade Nacht war, habe ich mich bemüht, im Finstern schauen zu lernen und darin die Maße des Tages wiederzuerkennen.« Der Satz entstammt dem 1952 erschienenen autobiographischen Bericht mit dem durchaus hoffnungsfrohen Titel: »Die Vögel beginnen zu singen, wenn es finster wird«.

»Die größere Hoffnung«, 1947 während einer Reise nach England begonnen, 1948 veröffentlicht, brachte Ilse Aichinger die erste Einladung zu einer Tagung der Gruppe 47 ein. Dort lernte sie Günter Eich kennen. Sie heirateten 1953 und lebten bis zu Eichs Tod im Dezember 1972 zusammen. »Das verdanke ich eben auch der Gruppe 47: 19, fast 20 sehr glückliche Jahre mit meinem Mann«, bekennt Ilse Aichinger. »Bis zu seinem Tod war es eine große Übereinstimmung. Wir hatten nicht immer dieselben Ansichten. Aber von der Wurzel her ... Und auch da habe ich großes Glück gehabt, denn es hätte ja ganz anders ausgehen können.«

Während Günter Eich zum Zeitpunkt ihrer ersten Begegnung bereits ein weithin anerkannter Autor war, zählte seine spätere Frau, wie viele andere Mitglieder der Gruppe 47, noch zum Kreis der »Anfänger«.

Hans Weigel berichtete, wie er den kurz vorher aus der Emigration heimgekehrten Gottfried Bermann, Schwiegersohn von Samuel Fischer, für Ilse Aichinger interessieren konnte: »Das Gespräch kam auf die Nachkriegsliteratur. Ich fragte, ob sich in Deutschland schon neue und junge Autoren gefunden hätten. Dr. Bermann verneinte. Ich wüßte einen für ihn, sagte ich, nicht ohne österreichischen Nationalstolz. Ich brachte es zuwege, daß Ilse Aichinger noch am selben Tag einige Kapitel des noch unfertigen Romans vorlegte. Zwei Tage später hatte sie einen Vertrag mit dem Fischer-Verlag über ›Die größere Hoffnung‹.«

Der Roman erschien 1948 und wurde seitdem immer wieder aufgelegt. Er wurde – gerade für deutsche Leser – zu einem der wichtigsten Bücher jenes Jahres. Inzwischen stellt er auch ein Dokument der deutschen Nachkriegsliteratur dar.

Nicht alle Mitglieder der Gruppe 47 hatten bereits einen veröffentlichten Roman vorzuweisen, als sie sich dem Autorenkreis anschlossen. Aber sie hatten dennoch viele Gemeinsamkeiten.

Was für eine Literatengruppe war das, deren Arbeitstagungen bald von großen Verlegerpersönlichkeiten, von Kritikerpäpsten, von Rundfunkintendanten besucht wurden? Warum bezeichnete vier Jahrzehnte nach ihrer Gründung Bundespräsident von Weizsäcker die Gruppe als »eine wahrhaft einzigartige Schöpfung unserer Kulturgeschichte«, als »ein menschliches, ein geistiges und ein soziales Wunder«, das »unserer Dichtung und Schriftstellerei, unserer Kultur im Weltvergleich Namen und Rang verschafft« hat? Weshalb konnte der Schriftsteller und Politiker Dieter Lattman behaupten, die Gruppe habe »für die deutschsprachige Literatur nach dem Zweiten Weltkrieg . . . sicher nicht weniger Bedeutung als zum Beispiel die Gruppe ›Blauer Reiter‹ für die Malerei des Expressionismus«?

So wenig wie der Maler-Zusammenschluß im Blauen Reiter war die Gruppe 47 ein Verein. Es gab keinen Vorstand, keine Satzung, keine Mitgliederversammlungen. Es waren keine Mandate zu vergeben und zuerst auch keine Preise. Es gab unter verschiedenen damals noch recht jungen Schriftstellern einzig den Wunsch, etwas Neues zu beginnen. Es gab den Willen, sich auseinanderzusetzen mit der eigenen Arbeit und mit der Arbeit der Kollegen. Es gab das Bedürfnis, dem allmählich wiedererstehenden neuen Staatswesen eine angemessene Sprache zu geben.

Und es gab Hans Werner Richter, sein (von ihm selbst bestrittenes) Organisationstalent, seine nie erlahmende Bereitschaft, neben der eigenen schriftstellerischen Arbeit das Management der Dichter-Gruppe zu übernehmen; es gab seine handgeschriebenen Postkarten, auf denen Ort und Datum des nächsten Treffens alljährlich mitgeteilt wurden. »Diese Postkarten«, sagt Ilse Aichinger, »waren sehr typisch für Richter; sie waren aber auch sehr typisch für die Gruppe 47: ›Wenn Du Lust hast, kannst Du am 15. Mai zur Tagung kommen; ich will's Dich nur wissen lassen.‹ Viel mehr stand nicht drin. Wir waren schließlich kein Verein.«

Richter selbst hat – für eine Radiosendung – die Ausgangssituation anschaulich beschrieben: »1946/47 kamen viele junge Leute aus Amerika, Frankreich, Italien, aus Lazaretten und Gefangenenlagern zurück. Sie suchten Anschluß, Kommunikation. Sie glaubten an einen neuen Anfang. Die Stunde Null war für sie lebendige Wirklichkeit. Die restaurierten alten Institutionen und

Parteien sagten ihnen nichts. Sie waren Vergangenheit, Teil einer durch die Katastrophe des Dritten Reiches endgültig diskriminierten deutschen Geschichte. So schwirrten diese jungen Leute herum und suchten Mittelpunkte, Zentren.«

Sie suchten sich, fanden einander, gestalteten gemeinsam erste literarische – und das waren immer auch politische – Zeitschriften und erlebten neuerlich Zensur, nun durch die Besatzungsbehörden. Aber sie vertraten entschieden die Auffassung, schreiben zu dürfen, was sie wollten. Falls Demokratie keine Worthülse, sondern etwas Neues, aktiv zu Gestaltendes war, wollten sie schreibend daran mitwirken. Niemand durfte sie daran hindern, auch nicht die Sieger über das nationalsozialistische Deutschland. Insofern war die Gruppe 47 politisch.

Trotzdem fanden im Plenum der Autorenvereinigung politische Debatten kaum jemals statt. Es wurde als wenig fruchtbar angesehen, neben der Auseinandersetzung über Literatur auch noch Diskussionen über tagespolitische Fragen zuzulassen. Den Grundkonsens beschrieb Hans Werner Richter: »Alle faschistischen, nachfaschistischen und auch alle obrigkeitsstaatlichen Tendenzen wurden bekämpft. Alles, was der Demokratisierung in Deutschland dienen konnte, wurde unterstützt.«

Dies fand in der Arbeit der Autoren seinen Niederschlag. Zwar wollten sie weder die Parteien, noch die Parlamente, noch gar die Straße erobern; aber sie hofften doch, langfristig gesehen, durch ihre Arbeit Einfluß nehmen zu können auf Menschen, die in ihrer Mehrzahl in obrigkeitsstaatlichem Geist aufgewachsen waren. Allerdings, so Richter im Rückblick auf die Gruppe 47, »wir glaubten noch – anders als heute – an die Wirkung des geschriebenen Worts, an die Literatur als das große, durch nichts zu ersetzende Aufklärungsinstrument.«

Die Sprache der 47er Literaten war karg, unmittelbar. Das Einverständnis hierüber wurde so beschrieben: »Verpönt war die bürgerliche Kunstsprache, alles erschien veraltet, verrostet, verlogen: der schöne Satz, die gepflegte Sprache . . . Nichts hatte mehr Bestand vor der Wirklichkeit, in der wir lebten. Eine neue Sprache war notwendig, um diese Wirklichkeit transparent zu machen, eine Sprache der direkten Aussage, klar, eindeutig, präzise.«

Die Direktheit der Aussage ist dokumentiert in den Romanen, Erzählungen, Gedichten und der neuen Literaturgattung Hörspiel, die damals entstand und vielen der später großen deutschen Schriftsteller zu ersten profitablen Einkünften verhalf. Heinrich Böll, Günter Grass, Uwe Johnson, Martin Walser, Wolfdietrich Schnurre, Siegfried Lenz, Wolfgang Hildesheimer, Gabriele Wohmann, Günter Eich und andere, die bald zu literarischem Ruhm gelangten, zählten sich zur Gruppe 47.

Die von nichts ablenkende Direktheit der Sprache ist besonders in den Werken jener Autoren nachzuvollziehen, die früh in den Kreis um Hans Werner Richter und den stilleren, aber für die Gruppe ebenso bedeutsamen Walter Kolbenhoff aufgenommen worden waren. Die Klarheit der Sprache war des Credo der Gruppe – bis Ilse Aichinger kam.

Das Zusammensein mit den Autoren der Gruppe 47 wurde für sie zu einer der größten menschlichen Bereicherungen in ihrem Leben: »Ich habe mich gleich sehr wohl gefühlt; schon vor der ersten Lesung habe ich mich wahnsinnig wohl gefühlt. Das war so eine Gruppe von damals jungen Leuten. Dieser Kreis hat mich angenommen, und das hat mich sehr glücklich gemacht. Meinem Bedürfnis nach einem Freundeskreis, einem großen Freundeskreis, mit dem man auch über handwerkliche Dinge sprechen kann, ist das sehr entgegengekommen.« Es kam ihr freilich auch die sofortige Zustimmung durch die Kollegen entgegen: »Dadurch hatte ich es natürlich leicht, es dort schön zu finden. Es ist eigentlich bewundernswerter, nicht sofort anerkannt zu sein und trotzdem zu den Treffen zu kommen.« Was ihr die Gruppe 47 gegeben hat, faßt Ilse Aichinger nach kurzem Besinnen in zwei Worten zusammen: »Freundschaft und Ermutigung.«

Der Preis, den sie als erstes weibliches Mitglied der Literatengruppe gewann, war eher bescheiden. Ende der vierziger, Anfang der fünfziger Jahre ging es bei derartigen Auszeichnungen nicht um fünf-, um zehn- oder um zwanzigtausend Mark. Es ging um einen durch den Organisator zusammengesammelten Tausender, manchmal auch um Sachspenden. Für das Jahr 1952 standen 500 von einer Firma gestiftete Glühbirnen zur Verfügung – ein Aspekt der Wirklichkeit im frühen bundesdeutschen Kulturbetrieb.

Ilse Aichinger brauchte das zerbrechliche Gut nicht heim nach Wien zu transportieren. Es fand sich ein Steigerer. Der Verleger Ernst Rowohlt, aus Reinbek zu einem kurzen Besuch nach Bad Niendorf gekommen, erwarb, wie ein Gruppenmitglied noch Jahre später amüsiert berichtete, »die teuersten Glühbirnen, die er je in seinem Leben gekauft hat«.

Viele weitere Auszeichnungen erhielt Ilsc Aichinger später, darunter den Literaturpreis der Freien Hansestadt Bremen, den Immermann-Preis der Stadt Düsseldorf, den René-Schickele-Preis, den Roswitha-Preis der Stadt Gandersheim, den Literaturpreis der Bayerischen Akademie der Schönen Künste, den Literaturpreis des Kulturkreises im Bundesverband der deutschen Industrie. Seit 1957 ist Ilse Aichinger, die mit so vielen deutschen – aber nicht nur deutschen – Ehrungen bedacht worden ist, Mitglied des deutschen PEN-Club.

Zu diesem Zeitpunkt zeigte sie, die nicht als Dichterin, sondern, wertfrei, als Autorin bezeichnet werden möchte, bereits weniger Bereitschaft, sich, wie Ellen in ihrem ersten Roman, mit dem Gegebenen abzufinden. Gegenüber Carine Kleiber, einer Interpretin ihres Werkes, äußerte sie, ihr christlicher Glaube hätte sie angesichts menschlicher Unzulänglichkeit und göttlicher Ungerechtigkeit nur schwer vor Verzagtheit schützen können; mehr und mehr habe sie den Blick auf das Diesseits, auf die »Bruchstellen der Welt«, gerichtet.

Sie engagierte sich, zusammen mit deutschen Schriftsteller-Kollegen auch öffentlich und außerhalb ihrer Autoren-Profession. Ilse Aichingers Name steht unter vielen politischen Appellen, auch unter einem Aufruf gegen Atomwaffen in Deutschland. In einer Arbeit über die von den Nationalsozialisten hingerichtete Schwester ihrer Freundin Inge Aicher-Scholl ruft sie ihre jungen Leser auf, sie mögen »sich nicht anpassen lassen«. Vor allem aber sollten sie »ihre kleinen Träume vergessen, damit die großen nicht vergessen werden«.

Die Entwicklung zu einem derartigen Engagement hat sehr direkt mit dem zwei Jahrzehnte währenden Wirken der Gruppe 47 zu tun. Ilse Aichinger weiß das und bewundert noch heute uneingeschränkt die Art, in der es Hans Werner Richter gelang, den Kreis von Individualisten immer wieder zusammenzubringen – »zu versammeln in den Dörfern der Welt«, wie sie in einem Gedicht »Für H. W.« schrieb. »Er hat einen Baum gepflanzt – im richtigen Augenblick in den richtigen Boden.« Besonders hoch rechnet sie ihm und der gesamten Gruppe an, »daß es sehr häufig Preisträger gab, die fast im Gegensatz zum damals propagierten Trend geschrieben haben«. Dazu gehört auch sie selbst.

. . . wir zünden eine Fackel an«

Ida Ehre schuf das Theater für die Davongekommenen

Der 13. Februar 1947 war ein Donnerstag. Ein todkranker Mann, erst 25 Jahre alt, lag in seinem dunklen Zimmer und lauschte dem Radio, ohne auch nur einen Ton zu hören. Es war Stromsperre in dem Stadtteil, in dem er lebte: und er war zu leidend, um zu Freunden, bei denen er die Sendung hätte empfangen können, gefahren zu werden. Er vernahm den Text trotzdem: er kannte ihn auswendig: »Ein Mann kommt nach Deutschland. Er war lange weg, der Mann. Sehr lange. Vielleicht zu lange. Und er kommt ganz anders wieder, als er wegging. Äußerlich ist er ein naher Verwandter jener Gebilde, die auf den Feldern stehen, um die Vögel (und abends manchmal auch die Menschen) zu erschrekken . . . Ein Mann kommt nach Deutschland . . . Einer von denen, die nach Hause kommen und die dann doch nicht nach Hause kommen, weil für sie kein Zuhause mehr da ist. Ihr Deutschland ist draußen, nachts im Regen, auf der Straße. Das ist ihr Deutschland.«

Wolfgang Borchert, gemartert durch Haft und Fronteinsatz, gab seinem Drama »Draußen vor der Tür« den Untertitel »Ein Stück, das kein Theater spielen und kein Publikum sehen will«. Doch jemand besaß den Mut, es auf die Bühne zu bringen: eine Frau. Die Uraufführung des Stückes, das eine ganze Generation bewegte, fand statt an Ida Ehres Hamburger Kammerspielen an einem Novembertag des Jahres 1947. 24 Stunden zuvor war Wolfgang Borchert gestorben.

Er hatte noch das überwältigende Echo auf sein im Nordwestdeutschen Rundfunk gesendetes Drama erlebt und für Wolfgang Liebeneiners Inszenierung an Ida Ehres Theater einige Überarbeitungen vorgenommen. Daß die deutschen Bühnen sich danach darum rissen, die Aufführungsrechte zu erhalten, konnte er nicht mehr erfahren. Wolfgang Borchert, dieses große junge, noch unfertige Talent, wäre glücklich gewesen zu erleben, daß es im frühen Nachkriegsdeutschland nicht nur Hunger nach Brot, nach Fett, nach Kleidung und einem Dach über dem Kopf gab, sondern auch eben dies: Hunger nach Kultur, nach Sprache, nach Worten, die das ausdrückten, was die Menschen empfanden. Ida Ehre, die kurz vorher noch Verfemte, war die erste, die diesen Hunger zu stillen half.

Sie war eine Jüdin, hatte zwölf Jahre Berufsverbot hinter sich und stieß bei manchem ihrer Schicksals- und Leidensgefährten auf Unverständnis darüber, daß sie in Deutschland – in diesem Deutschland! – weitermachte oder besser: neu anfing. Auch die Kollegen von vor '33 waren befangen, als sie mit ihr, kaum daß der Krieg zu Ende war, am Deutschen Schauspielhaus Hamburg im »Jedermann« auf der Bühne standen. Manche unter ihnen hatten sich etwas vorzuwerfen; verschiedene unter ihnen hatten Kolleginnen und Kollegen, die schon in der Weimarer Zeit auf deutschen Bühnen erfolgreich gewesen waren, nicht mehr »gekannt« in jenen zwölf darauf folgenden Jahren.

Eigentlich ist Ida Ehre eine Wienerin, auch wenn sie – am 9. Juli 1900 – in Prerau, Mähren, geboren wurde: das gehört heute zur Tschechoslowakei, damals allerdings zum k.-u.-k.-Österreich. Als sie ein Jahr alt war, zog die Familie in die Hauptstadt. Der Vater, ein Kantor, starb früh: er hinterließ eine eben über dreißigjährige Witwe und sechs Kinder. Folglich war die Kindheit der Ida Ehre reich an materiellen Entbehrungen, aber ebenso reich an Zuwendung, Wärme und Glück. »Meine Mutter hat uns eine so schöne Kindheit geschenkt, wie ich es kaum beschreiben kann«, schrieb die Tochter Ida später. Mutter Ehre brachte sich und die Kinder mit Näh- und Schneiderarbeiten durch. Wiederholt an sie herangetragene Heiratsanträge schlug sie aus; sie wollte den Kindern keinen neuen Vater zumuten.

Unter den Ehre-Kindern gab es mehrere darstellerische Talente. Auch Idas Begabung – zunächst nur im Deklamieren von

Balladen unserer Klassiker – wurde früh erkannt. Doch war an die Finanzierung einer Ausbildung an der Schauspielschule nicht zu denken. Es fanden sich aber Förderer.

Schon die vierzehnjährige Schülerin erhielt zeitweilig Schauspielunterricht. Dann konnte sie als Stipendiatin die k.-u.-k.-Akademie für Musik und darstellende Kunst in Wien besuchen. Die Ausbildung schloß sie, achtzehnjährig, mit Auszeichnung ab. »Eigentlich hat man mich dazu animiert, Theater zu machen«, bekannte sie später. »Ich wäre lieber Psychiater geworden.« Aber sie fand bald, daß die Distanz zwischen diesen scheinbar so unterschiedlichen Berufen besonders groß nicht war.

Die Achtzehnjährige erhielt sofort Engagements – und Hauptrollen. Bielitz in Schlesien, Bukarest, Cottbus, Bonn, Königsberg, Stuttgart, das Nationaltheater Mannheim waren ihre ersten und durchweg erfolgreichen Stationen. Sie spielte sowohl das junge »Gretchen« als auch die nicht mehr ganz so junge »Maria Stuart«. In klassischen Frauenrollen verschiedenen Typs und unterschiedlichen Alters erprobte und erweiterte Ida Ehre ihr Können. Die Engagements mit großen Rollen an kleineren Bühnen waren eine hervorragende Lehrzeit. Ida Ehre blieb – auch räumlich – flexibel, nachdem sie 1928 den Arzt Bernhard Heyde geheiratet und ihre Tochter Ruth bekommen hatte.

In Königsberg führte sie als noch sehr junge Schauspielerin erstmals Regie. Sie spielte in dem betreffenden Stück eine nur kleine Rolle und sprang zusätzlich für den erkrankten Regisseur ein. Ida Ehre wollte sich selbst erproben, wollte schauen, ob sie auch dies kann: eine Inszenierung mit durchweg älteren und erfahreneren Kolleginnen und Kollegen machen. Dort in Königsberg, wo sie mit Pamela Wedekind, Ruth Hellberg, Paul Wegener und Friedrich Domin spielte, hat die spätere Regisseurin und Theaterleiterin, die Inhaberin der Medaille für Kunst und Wissenschaften der Stadt Hamburg und des Schillerpreises der Stadt Mannheim ihre ersten – und bis 1945 einzigen – Erfahrungen mit einer eigenen Inszenierung gemacht.

Den Beginn der nationalsozialistischen Herrschaft erlebte Ida

Ehre in Berlin. Seit 1930 war sie dort am Lessing-Theater engagiert, spielte jedoch auch an anderen Berliner Bühnen, arbeitete für den damals noch sehr jungen Rundfunk und hatte einen ersten Filmvertrag in der Hand, als ihr, der erfolgreichen, allerdings jüdischen Schauspielerin, Berufsverbot erteilt wurde. Der Film wurde nicht mit Ida Ehre gedreht.

Um mit seiner jüdischen Frau, wie er glaubte, einigermaßen unbehelligt leben zu können, kündigte Bernhard Heyde seine Oberarzt-Stellung und eröffnete eine Praxis in Böblingen: Ida Ehre wurde seine Helferin. Als jedoch im November 1938 die ersten Steine durch die Fenster ins Haus des nicht-jüdischen Arztes flogen, beschloß die Familie Heyde auszuwandern. Die Vorbereitungen dauerten lange: es gab damals nur noch wenige Möglichkeiten der Flucht. Der Versuch mißlang. Das Schiff nach Chile erhielt unterwegs Order, umzukehren. Der zweite Weltkrieg hatte inzwischen begonnen.

So strandete Ida Ehre in Hamburg, der Stadt, die sie später liebte wie keine zweite, deren erste weibliche Ehrenbürgerin sie, 85jährig, wurde. Doch davor hatte sie dort Jahre zu ertragen, während derer sie keine Parkbank benutzen, kein Theater besuchen, keinen Konzertsaal betreten durfte. Jahre vollkommener gesellschaftlicher Isolierung, schließlich sechs Wochen »Schutzhaft« im »KoLaFu«, im Konzentrationslager Hamburg-Fuhlsbüttel, aus dem Bernhard Heyde sie wundersamerweise freibekam. Sie wußte, daß sie damit Glück im Unglück hatte. Andere Leidensgenossen und -genossinnen hat der rechtliche Zustand der sogenannten »privilegierten Mischehe« nicht vor der Vernichtung geschützt. Deshalb findet sie so wichtig, daß jene Zeit »immer und immer wieder den nachfolgenden Generationen vor Augen geführt werden muß, um eine Wiederholung zu verhindern«.

Ida Ehres Mann, Bernhard Heyde, war als »wehrunwürdig« eingestuft worden, weil er sich von seiner jüdischen Frau nicht scheiden lassen wollte. Da es im Krieg in Deutschland an Ärzten mangelte, hatte er in Hamburg immer, wenn auch schlecht bezahlte, Arbeit. So kamen die Heydes durch – anders als Ida

Ehres Mutter und eine ihrer Schwerstern. Die Nationalsozialisten brachten beide in ihren Konzentrationslagern ums Leben. Für Ida Ehre kam trotzdem »nie in Frage, mich fallenzulassen, mich aufzugeben«. Ihr Glaube – »nicht kirchengläubig oder tempelgläubig«, wie sie in ihren autobiographischen Aufzeichnungen betont – hat ihr ebenso geholfen wie ihre Selbstdisziplin.

Sie hatte »nie daran gedacht, ein Theater aufzumachen«. Doch als der Krieg zu Ende war, kam alles anders. Da erwog sie, auch angeregt durch Gespräche mit Kollegen: »Wie schön es wäre, wenn man das Theater machen könnte, das zwölf Jahre lang gefehlt hat.« Sie begann, von einem »Theater der Menschlichkeit« zu träumen.

Ein Bildband, der zwanzig Jahre später über die Vizepräsidentin des Deutschen Bühnenvereins, über das Hauptausschuß-Mitglied des NWDR erschien, trägt den Titel »Mutter Courage und ihr Theater«. Ja, das war sie! Die Menschen hungerten und froren, sie hamsterten und handelten auf dem Schwarzmarkt, sie bekleideten sich mit umgearbeiteten Wehrmachtsmänteln, sie nagelten die zerstörten Fenster ihrer Wohnungen mit Pappe zu – und Ida Ehre eröffnete ein Theater! Das war am 10. Dezember 1945, sieben Monate nach der Kapitulation der deutschen Truppen. Sie bezog ein Haus in der Hartungstraße, das bis heute die Hamburger Kammerspiele beherbergt.

Es mangelte an allem, an Material für das Bühnenbild, an Stoffen für Kostüme. Es fehlte sogar an Stücken, »denn wir hatten ja alle keine Ahnung, was sich in all den Jahren im Ausland getan hatte.« John Olden half. Er war der Theateroffizier der britischen Militärbehörde, hatte ursprünglich Fritz Arzt geheißen und wurde von Ida Ehre beim ersten Gespräch als Wiener entdeckt.

Olden hatte die Theaterlizenz beschafft, und nun besorgte er Stücke: Thornton Wilders »Wir sind noch einmal davongekommen«, Jean Paul Sartres »Geschlossene Gesellschaft«, Jean Anouilhs »Eurydice«, Jean Giraudoux' »Kein Krieg in Troja« – Stücke von Schriftstellern, deren Namen in Deutschland kaum bekannt, deren Themen den Deutschen fremd waren.

Es kamen an Ida Ehres Theater erstklassige Darstellerinnen und Darsteller, befähigte Regisseure und Bühnenbildner: Helmut Käutner, Ulrich Erfurt und Wolfgang Liebeneiner, Hilde Krahl und Edda Seippel, Hans Quest und Walter Giller.

Die Arbeitsbedingungen beim Start im Winter 1945/46 waren entsetzlich. »Wir saßen in den Garderoben, eingehüllt in alles, was warm war, wie die Eskimos. Das Publikum sah genauso aus, der Hauch des Atems ergab eine neblige Atmosphäre, aber er vermischte sich von der Bühne in den Zuschauerraum hinein und umgekehrt... Wir haben alle gezittert, aber wir waren begeistert!« Der Hunger nach neuen Gedanken war durchaus vergleichbar mit dem Hunger nach einer Erhöhung der Butterration. Und als sie kamen, die Themen, die Stücke aus dem Ausland, und sie umgesetzt wurden auf der Bühne, da, so sagte Ida Ehre, »hatten (wir) das Gefühl, wir zünden eine Fackel an.«

Das erste Schauspiel, das auf die Bühne der Hamburger Kammerspiele gebracht wurde, heißt »Leuchtfeuer« und stammt von dem Amerikaner Robert Ardrey; Robert Michal inszenierte das Stück, Ida Ehre spielte die Miss Kirby. »Schon der Titel«, so erinnert sich die Theaterleiterin, »sollte einen Neubeginn, eine Hoffnung signalisieren. Inhaltlich ging es um die Auseinandersetzung mit dem Krieg, mit Humanität und Menschlichkeit.«

Es war also keineswegs leichte Kost, die Ida Ehre ihrem Publikum servierte. Die kam später, als die Kunst nach Brot ging, die Theaterleiterin ihren Frieden mit dem Boulevardtheater machen mußte und außer ihr noch so mancher »das frühe Ende der Reichsmarkzeit« beklagte. Erich Rohlffs, der die Geschäfte des kleinen Bühnenbetriebes führte, forderte allerdings schon vorher, sie möge Komödien bieten, damit das Publikum zahlreicher werde. Doch daran lag ihr nicht zu allererst.

Obwohl Ida Ehre von sich selbst behauptete, eine unpolitische – jedoch für den Frieden kämpferisch engagierte – Person zu sein, ist der von ihr formulierte Inhalt des Theaterzettels zu »Leuchtfeuer« durchaus politisch. Nicht der Ablauf des Stückes wird da erläutert, sondern die Zielsetzung des Theaters mit dem von Erich

Ziegel übernommenen traditionsreichen Namen. Von einer neuen Ordnung, von neuen Wertmaßstäben und einem neuen Weltbild, das es aufzurichten gelte, ist dort die Rede. Zudem könne »eine dauernde Geltung Deutschlands in der Welt nur durch Taten des Geistes, der Kunst und des Menschentums errungen werden«. Dabei, so erklärte die Gründerin und Leiterin der Hamburger Kammerspiele, »fällt dem Theater eine entscheidende Rolle zu«.

Man wollte deshalb auf der neuen Bühne, allen äußeren Unzugänglichkeiten zum Trotz, »nach dem Absoluten« streben. Der Kritik, sie biete zu wenig Heiteres in der schweren Nachkriegszeit, hielt sie entscheiden entgegen: »Ich möchte den Menschen, die so versunken sind in der Gedankenbrühe der vergangenen Jahre, wieder eigene Gedanken geben. Ich kann ihnen nicht gleich etwas anbieten, daß sie sich auf die Schenkel schlagen müssen vor Heiterkeit.« Nein, Ida Ehre wollte »die Bürger aus ihrer Schläfrigkeit wecken«, denn sie liebt »lebendige kämpferische Menschen« – wie sie übrigens selbst einer war.

Welche Wirkung die Hamburger Kammerspiele, insbesondere in der frühen Nachkriegszeit, ausgeübt haben, wurde vielen Menschen erneut bewußt, als es in den folgenden Jahrzehnten immer wieder Anlässe gab, die Gründerin und Leiterin des Hauses zu ehren: unter anderem mit der Verleihung des Professoren-Titels, mit der schon erwähnten Ehrenbürgerschaft der Stadt Hamburg, mit der Stiftung eines »Ida-Ehre-Preises« für Bühnenautoren. Das waren jeweils auch Anlässe der Erinnerung.

Zwei Hamburger, bei Ende des Zweiten Weltkrieges noch nicht dreißig Jahre alt, Helmut und Loki Schmidt, hatten zu den frühen Besuchern der Hamburger Kammerspiele gehört: »›Vor der Währung‹, als unsereiner vom Verkauf der eigenen Raucherkarte lebte, vom Verkauf selbstgestrickter Pullover, von allerhand Gelegenheitsarbeiten ..., damals, als man nur wenig Geld brauchte, um die zugeteilten Lebensmittel davon kaufen zu können, als man sich Holz und Kohlen im Wald und auf den Güterzügen zusammenklaute, damals waren die Kammerspiele für jedermann erschwinglich. Sie boten eine Kette von Offenbarungen!« Und, so erinnert sich Helmut Schmidt lebhaft: »Da war nun jemand, der brachte Giraudoux, Sartre, Anouilh auf die Bühne! Wir haben Augen und Ohren aufgemacht, haben alles gierig in uns aufgesogen ... Es war vieles so neu daran, die Probleme der Stücke, die Direktheit der Aussagen und vor allem die Sprache. Man war ja ausgehungert danach ... Ida Ehre war für uns eine Symbolfigur für den Aufbruch in eine neue Zeit.«

Die »Symbolfigur«, als die sie sich selbst gar nicht betrachtete, führte am eigenen Theater häufig Regie und spielt dort, doch auch auf Gastspielreisen, große Rollen: die Hekuba in Euripides' »Troerinnen«, für die Walter Jens eine Ida Ehre gewidmete Neuübersetzung fertigte, Brechts »Mutter Courage«, Shaws »Mrs. Warren«, aber auch Schiller-Figuren.

»In der Spielzeit 1947/48 spielten wir ›Maria Stuart‹. Wir hatten Kostüme aus Sackleinen, die mit herrlichen Mustern bemalt waren. Das Zeug kratzte ganz furchtbar am Körper«, erinnert sich noch Jahrzehnte später Ida Ehre. »Hilde Krahl und ich – wir spielten die beiden Gegenspielerinnen – waren immer selig, wenn wir endlich aus den Sachen herauskonnten. Aber der gewünschte Effekt war da, das Publikum glaubte sich in die elisabethanische Zeit versetzt. Heute könnte man so etwas nicht mehr tun«, fügte sie etwas wehmütig hinzu, »die Konkurrenz der großen Häuser und des Fernsehens hat die Maßstäbe gesetzt.«

Tatsächlich mußten die Theater damals auf die Klassiker – und natürlich auf Brecht – zurückgreifen, um deutsche Stücke zu spielen. Zeitgenössischen Stoff lieferten zunächst nur die Schriftsteller des Auslandes – bis Borchert kam. »Ich glaubte«, sagte Ida Ehre, »die Uraufführung, die in den meisten Köpfen untrennbar mit den Hamburger Kammerspielen verbunden ist, ist ›Draußen vor der Tür‹ von Wolfgang Borchert. Das ist meines Erachtens auch berechtigt, denn Borchert hätte dieses Stück niemals für die Bühne umgeschrieben, wenn ich ihn nicht so sehr überredet hätte.«

Sofort nach Lektüre des Dramas war sich Ida Ehre sicher, »daß das ein ideales Stück für die Bühne wäre, ein Thema, das uns alle noch so hautnah anging«. Sie überredete nicht nur den todkranken Dichter, eine szenische Überarbeitung vorzunehmen, sondern auch den Verleger Ernst Rowohlt, zusätzlich zu seinem Buch- auch einen Theaterverlag zu gründen: »Das Stück muß angenommen werden«, drang sie in ihn. »Es muß in der ganzen Welt gespielt werden, nicht nur an meinem Theater!« Rowohlt druckte Borchert, und das Stück wurde bald an vielen deutschen Bühnen gespielt. Es erschüttert noch heute durch seine Aussage und seine expressionistische Sprache.

»Draußen vor der Tür« wurde am Freitag, dem 12. November 1947, in der Inszenierung von Wolfgang Liebeneiner uraufgeführt. Hans Quest, dem Borchert das Stück gewidmet hatte, stellte Beckmann dar, den heimatlosen heimgekehrten Soldaten. Am Ende ruft er verzweifelt: »Wohin soll ich denn? Wovon soll ich leben? Mit wem? Für was? Wohin sollen wir denn auf dieser Welt! Verraten sind wir. Furchtbar verraten ... Gebt doch Antwort! Warum schweigt ihr denn? Warum? Gibt denn keiner Antwort? Gibt keiner Antwort??? Gibt denn keiner, keiner Antwort???«

Ida Ehre verzichtete jahrelang bewußt darauf, an ihrem Theater bloße Heiterkeit zu verbreiten. Die Menschen der Nachkriegszeit hungerten zwar nach unterhaltsamer Abwechslung: aber sie hungerten auch nach allem, was ihnen zwölf Jahre lang unzugänglich gewesen war. Die Theaterleiterin besaß – bis zu ihrem Tod am 16. Februar 1989 – den Mut, die Probleme der Zeit auf die Bühne zu bringen. Damit gab sie Borcherts Beckmann ihren Teil an Antwort.

»Etwas mehr Güte und Verstehen in der Welt«

Klara-Marie Faßbinder: Pazifistin im Kalten Krieg

Anfang der fünfziger Jahre machte sie erstmals Schlagzeilen: »Skandal um das ›Friedensklärchen‹« lautete eine unter den leidlich freundlichen. Tatsächlich mutete Professor Dr. Klara-Marie Faßbinder der in einer Atmosphäre des militanten Antikommunismus befangenen, eben erst gegründeten Bundesrepublik Deutschland viel zu: Die gläubige Katholikin, die engagierte Pazifistin suchte Kontakte und Verständigung mit »dem Osten«, als anderen daran keineswegs zu denken beabsichtigten.

Klara-Marie Faßbinder, die schon in den zwanziger Jahren in Friedensinitiativen mitgewirkt hatte, besuchte nicht nur die DDR, die man noch in Anführungszeichen setzte, wenn man es nicht überhaupt vorzog, sie SBZ zu nennen. Sie reiste damals sogar in die Sowjetunion, besuchte den Papst in Rom und initiierte die westdeutsche Frauen-Friedensbewegung.

Wenn sie zurückkehrte von ihren Reisen und auf Veranstaltungen darüber berichtete, war der Verfassungsschutz immer dabei. 1953 wurde die Geschichtsprofessorin an der Pädagogischen Akademie Bonn wegen ihrer politischen Betätigung des Amtes enthoben. Das war der »Skandal um das ›Friedensklärchen‹«, wie Klara-Marie Faßbinder, von den einen spöttisch, von den anderen liebevoll, genannt wurde.

Die Vorgänge um die Historikerin und Pädagogin, die damals übrigens Mitglied keiner Partei gewesen war, führten im nordrhein-westfälischen Landtag zu einer Anfrage der SPD-Fraktion, die der Abgeordnete und Rechtsanwalt Karl Siemsen begründete: »Frau Prof. Faßbinder ... hat an einer Reihe von Kongressen im In- und Ausland teilgenommen, darunter auch nach dem Jahre 1950 an Kongressen jenseits des Eisernen Vorhangs. In welchem

Sinne sie sich da betätigt hat, ergibt am sich am ehesten daraus, daß sie auf einem Kongreß in Wien im Jahr 1952 über das Thema ›Was kann der christliche Erzieher für den Frieden tun?‹ gesprochen hat. Frau Faßbinder hat außerdem Verbindung zu ostzonalen Behörden und auch zu Sowjetbehörden aufgenommen; sie hat Besprechungen mit Herrn Grotewohl (damals DDR-Ministerpräsident, A. D.) und mit Herrn Semjonow (Berater der sowjetischen Militäradministration in Deutschland, später Hochkommissar und Botschafter in Ost-Berlin, A. D.) gehabt. In welchem Sinne diese Besprechungen gewesen sind, ergibt sich daraus, daß sich der Untersuchungsrichter, der zuerst in ihrem Fall ernannt war, selber für befangen erklärt hat mit der Begründung, Frau Faßbinder habe sich mit Erfolg für die Freilassung eines Verwandten von ihm eingesetzt, der in einem sowjetzonalen Zuchthaus gesessen hatte.« Siemsen begründete die Anfrage mit noch anderen, in jener Zeit hinlänglich bekannten Tatsachen: Klara-Marie Faßbinder war bespitzelt worden, und zwar sowohl, wie es hieß, auf Initiative des Gesamtdeutschen Ministeriums als auch an der Hochschule durch Studenten, deren Mehrzahl jedoch später zu ihr stand. »Die Zeit, in der Kinder den Auftrag hatten, ihre Eltern zu bespitzeln, Schüler ihre Lehrer, Studenten ihre Professoren, liegt noch nicht allzu lange hinter uns«, bemerkte dazu der Landtagsabgeordnete. Es ging den Initiatoren der parlamentarischen Anfrage jedoch nur vordergründig um den »Fall Faßbinder«, denn: »Die Methoden, die . . . zur Anwendung kamen, sind nur Symptome für etwas, was viel ernster ist, nämlich dafür, daß unsere Demokratie überhaupt auf sehr schwachen Füßen steht und keineswegs gesichert ist.«

Das Verfahren gegen Klara-Marie Faßbinder wurde nach einem Jahr eingestellt, ihre Suspendierung aufgehoben. Aber die Professorin erhielt ihren Lehrstuhl nicht zurück. Bis zu ihrer Pensionierung wurde sie beurlaubt. Dies kam einer unehrenhaften Amtsenthebung gleich, zumal man es der Wissenschaftlerin verwehrte, vor ihren Studenten die sonst übliche Abschiedsvorlesung zu halten; man verbot Klara-Marie Faßbinder sogar, das Gebäude der Pädagogischen Akademie Bonn noch einmal zu betreten.

Man vermutete in ihr weiterhin die Agentin der »Stasi«, des DDR-Staatsicherheitsdienstes, und man observierte sie weiterhin. Eine andere – nämlich die pazifistische – Erklärung für ihre Aktivitäten schien damals nur wenigen Menschen vorstellbar zu sein.

Als junge Frau hatte Klara-Marie Faßbinder ähnlich gedacht wie manche unter den Menschen, die sie 50, 60 Jahre später noch immer nicht verstanden: Sie war nationalistisch und antidemokratisch gewesen. Sie hatte den Ersten Weltkrieg begrüßt und das danach errungene Frauenwahlrecht abgelehnt. Sie war sogar freiwillig ins Hauptquartier der III. Armee südlich von Sedan gegangen und hatte deutschen Soldaten »Vaterländischen Unterricht« erteilt.

Viele Männer, die noch begeistert »gen Engelland« und gegen »den Erbfeind Frankreich« ins Feld gezogen waren, kehrten nach vier Jahren völlig verändert heim, schlossen sich Friedensinitiativen an und wurden zu engagierten Anhängern der ersten deutschen Republik; zu ihnen gehörte auch der U-Boot-Kommandant Martin Niemöller, Klara-Marie Faßbinders späterer politischer Mitstreiter. Die einstige »glühende Nationalistin«, als die sie sich selbst bezeichnet hatte, benötigte für einen ähnlichen – und zwar vollständigen – Sinneswandel aber nur die Erfahrung von wenigen Kriegsmonaten.

Klara-Marie Faßbinder war am 15. Februar 1890 in Trier geboren und katholisch erzogen worden. Der Vater war Volksschullehrer, später Schulrat. Der Pädagogen-Beruf lag in der Familie: Verschiedene Vorfahren von der väterlichen, aber auch von der mütterlichen Seite sowie alle der insgesamt sieben Kinder waren Lehrer geworden. Es lag also nicht nur an der Rückständigkeit der Verhältnisse im kaiserlichen Deutschland, daß auch Klara-Maria Faßbinder damals einen jener ganz wenigen Berufe ergriff, die Frauen aus dem Bürgertum mit Anstand ausüben konnten. Mit 19 Jahren bestand sie ihr Lehrerinnen-Examen und bereitete sich schon während ihrer ersten pädagogischen Tätigkeit auf das schließlich für Frauen möglich gewordene Abitur vor. Ihr Examen

für das Höhere Lehramt in Deutsch, Geschichte, Französisch und Philosophie legte sie nach dem Studium in München und Bonn mit Auszeichnung ab.

Im Anschluß an den Kriegseinsatz setzte sie in Bonn das Studium fort, promovierte mit dem besten Prädikat und ging als Lehrerin 1920 nach Saarbrücken. Dort wechselte sie nach kurzer Zeit ihre Tätigkeit, indem sie die Landesgeschäftsführung des christlich orientierten Bühnen-Volksbundes übernahm, für den sie zuvor bereits ehrenamtlich gearbeitet hatte. Die geographische Nähe zu Frankreich erleichterte eine Vertiefung ihres starken Interesses für die französische Kultur.

Der Keim für dieses Interesse war früh gelegt worden, teils durch die Mutter, mehr aber durch die Aufführung der »Verkündigung« von Paul Claudel, die Klara-Marie Faßbinder als junge Frau in Hellerau bei Dresden gesehen hatte. Später erwarb sie sich Ruhm durch die Übersetzung Claudelscher Werke, die sie noch mehr begeistert hatten, nachdem sie sie im Original gelesen hatte. »Die eigentliche Übersetzungsarbeit«, so berichtete sie Jahrzehnte nach ihrem ersten Kontakt mit dem Werk Claudels, »›verdanke‹ ich Adolf Hitler. 1935 wurde ich von den Nazis entlassen und wollte einem Geistlichen ein Geschenk machen. Ich war zu arm, etwas zu kaufen, und übersetzte Claudels ›Kreuzweg‹ 1937. Daraus entwickelte sich dann meine weitere Arbeit.

Im Lauf der Jahre wurde Klara-Marie Faßbinder eine intime Kennerin der Franzosen und des französischen Geisteslebens »entre les deux guerres«, zwischen dem Ersten und dem Zweiten Weltkrieg. Sie lernte in Frankreich Menschen aller sozialen Schichten, insbesondere aus katholischen Kreisen, kennen, aber auch die von ihr verehrten Schriftsteller, darunter Paul Claudel und Romain Rolland. Sie publizierte sehr viel über diese Begegnungen und unternahm damit – lange vor Adenauer und de Gaulle – erste Schritte zu einer deutsch-französichen Annäherung. Klara-Marie Faßbinder sagte darüber bescheiden: »Ich denke mit Romain Rolland und Paul Claudel, daß die beiden Völker im Herzen Europas trotz oder wegen ihrer Unterschiedlichkeit sich ergänzen, daß die Rolle dessen, was man früher als Abendland bezeichnete, noch nicht zu Ende ist, ja, daß diese Geisteswelt gerade gegenüber Osteuropa etwas zu bedeuten hat. Ihr Einfluß in der aufsteigenden Dritten Welt, deren Antlitz sie in den früheren französischen Kolonien mitgeprägt hat, ist bis heute noch stark spürbar.«

Klara-Marie Faßbinders Engagement für die Aussöhnung der früheren »Erbfeinde« hatte viele Jahre später, als die Bundesrepublik Deutschland schon fast zwei Jahrzehnte bestand, ein Nachspiel, durch welches das »Friedensklärchen« wieder ins Gerede kam: Der französische Staatspräsident de Gaulle beabsichtigte 1967, der Vermittlerin von Kenntnissen über die französische Kultur in Deutschland, insbesondere wegen der Claudel-Übersetzungen, den Orden »Les Palmes Académiques« zu verleihen. Der Bundespräsident – er muß ausländischen Ordensverleihungen an deutsche Staatsbürger zustimmen – befand es jedoch für richtig, sein Einverständnis zu verweigern. Das deutsche PEN-Zentrum, die Vereinigung deutscher Wissenschaftler, aber auch viele französische Geisteswissenschaftler beklagten diese Entscheidung Heinrich Lübkes. Zwei Jahre später wurde sie durch den neuen Bundespräsidenten, Gustav Heinemann, revidiert: Klara-Marie Faßbinder erhielt die Insignien der Auszeichnung endlich im November 1969 aus den Händen des französischen Botschafters.

Was hat diese Frau gewissen Kreisen in der Bundesrepublik Deutschland so verdächtig gemacht, daß sie den Verfassungsschutz für sie bemühten und sie sogar im Ausland bei internationalen Veranstaltungen observieren ließen? Was machte sie so suspekt, daß man ihr den Lehrstuhl nahm und die Annahme einer ehrenvollen Auszeichnung verweigerte? Warum fürchteten – Jahre zuvor – die nationalsozialistischen Machthaber sie so sehr, daß sie sie ihres Amtes als Geschäftsführerin eines Theaterverbandes enthoben und sie als Lehrerin mit Berufsverbot an öffentlichen Schulen belegten? Wessen hat sich Klara-Marie Faßbinder schuldig gemacht, daß sie sich in der NS-Zeit auf die unsichere Existenz des freien, übrigens sehr produktiven, Schriftstellertums verwiesen sah? Warum durfte sie nur noch in einer kleinen Privatschule bei Köln unterrichten, deren planmäßiger Abbau die Lehrerin schließlich nötigte, über die Dörfer zu gehen und Nachhilfestunden zu erteilen? Und warum endete ihre bereits 1945 erfolgte Berufung an die Pädagogische Akademie Bonn in kürzester Zeit mit dem erwähnten Skandal?

Wenn auch sonst jeder Vergleich zwischen dem nationalsozialistischen Regime und dem jungen demokratischen System der Bundesrepublik Deutschland unzulässig ist – die Angst, die beide vor der unerschrockenen Pazifistin hatten, war, auch in ihren Folgen, vergleichbar. Wie sonst wäre der Wunsch, diese Frau mundtot machen zu wollen – als Lehrerin im Alltag unterm Hakenkreuz, als Hochschuldozentin in der zweiten deutschen Republik – zu verstehen?

Eine Freundin hat die Gemeinsamkeiten der Angst gegenüber Klara-Marie Faßbinder, aber auch die Gemeinsamkeit der Freude an ihr beschrieben: »Ihre Feinde fürchten, was ihre Freunde an ihr lieben: Wachen Geist, glänzende Reaktionsfähigkeit, umfassende Kenntnis in Geschichte und Kultur, Mut, Lauterkeit, Verstand, Herz. Auch den Gegner versucht sie zu verstehen und diese Grundhaltung bei anderen zu wecken.«

Wer nicht nur der Versammlungsrednerin Klara-Marie Faßbinder begegnet ist, sondern auch der Gelehrten und der Familien-Frau, hat Mühe, sich die Aggressionen vorzustellen, die sie in politisch eher konservativen Kreisen auslöste. Sie war eine kleine, zierliche Person, ein wenig gebeugt im Alter, im Privaten oft umgeben von Nichten und Neffen, Kindern ihrer vielen Geschwister, für die sie eine liebevolle, warmherzige Zuneigung und – fast immer – Zeit hatte. Im Gegensatz zu der großen Geduld, die sie diesen Jungen und Mädchen gegenüber zeigte, stellten erwachsene Gesprächspartner an ihr zuweilen jene intellektuelle Ungeduld fest, wie sie vielen geistig lebhaften Menschen eigen ist.

Während der Jahre, in denen sie in der Republik für Aufregung sorgte, lebte sie – bis kurz vor ihrem Tod am 4. Juni 1974 – in der Gemeinde Duisdorf bei Bonn; daß dieser Ort, wie auch andere,

1969 der Bundeshauptstadt einverleibt wurde, hat Klara-Marie Faßbinder noch erlebt. Die dortige Wohnung, in deren unmittelbarer Nähe sie begraben liegt, wurde eines Tages vom Bonner CDU-Oberbürgermeister aufgesucht: Er brachte Blumen und die Glückwünsche der Stadt, als das »Friedensklärchen« 80 Jahre alt wurde, eine Geste, die 20 Jahre zuvor undenkbar gewesen wäre.

Aus dem gleichen Anlaß erschien eine Festschrift, in deren Geleitwort der Kölner Erzbischof, Josef Kardinal Frings, über sie feststellte: »In der Friedensfrage nahm sie eine exzeptionelle Rolle ein, die unseren Politikern nicht immer Freude gemacht hat«. Der Geistliche umriß die Aktivitäten Klara-Marie Faßbinders mit den Worten: »Seit dem Kriegsende besucht sie in anstrengenden Reisen die östlichen Länder, einschließlich der Sowjetunion ... Sie bemüht sich um die Verwirklichung des Friedens und unterstützt Hilfsbedürftige. Niemand, der sie kennt, kann an der Aufrichtigkeit und Selbstlosigkeit dieser ihrer Tätigkeit zweifeln. Sie versammelte internationale Frauengruppen, darunter auch Nichtchristen, in Rom, um sie den Päpsten Johannes XXIII. und Paul VI. vorzustellen ...« Eine Kommunistin? Eine »Agentin des Ostens«? Womöglich so raffiniert mit einem christlichen Mäntelchen getarnt, daß sie den großen Johannes XXIII. ebenso zu täuschen vermochte wie den Adenauer-Vertrauten Kardinal Frings?

Klara-Marie Faßbinder hat es für ein tragisches Mißverständnis gehalten, daß an der Wahrhaftigkeit des Glaubens gezweifelt wird, sobald ein Christ sich in Diskussionen mit Nicht-Christen, noch dazu Kommunisten, begibt: »In den Kreisen des Weltfriedensrates und allmählich bald darüberhinaus galt ich ... eindeutig als Vertreterin christlicher, katholischer Interessen. Sie begreifen darum nicht, warum ich in meinem eigenen Lager angegriffen werde.« Sie selbst, freilich, begriff es durchaus: Das allgemeine politische Klima war verständigungsfeindlich. Wer gegen diese Stimmung agierte, wurde zum Außenseiter: Klara-Marie Faßbinder, Helene Wessel, Gustav Heinemann, Martin Niemöller ...

Als die Bundesrepublik Deutschland in der Folge des Zweiten

Weltkriegs entstand, waren die Mächte, welche Nazi-Deutschland gemeinsam niedergekämpft hatten, bereits in zwei Blöcke geteilt: West und Ost. Die Grenze, sogleich »Eiserner Vorhang« genannt, trennte das ehemalige Reich. Hier standen und stehen die Blöcke einander gegenüber. Doch die Entwicklung war noch frisch; der gegenseitige Argwohn unter den zuvor Alliierten beschwor bald mehrfach die Gefahr neuer Kriege herauf.

Der Schock der Berliner Blockade von 1948/49 war noch nicht überwunden, da begann im Juni 1950 der Korea-Krieg. In Korea aber sahen viele Menschen – nicht nur Deutsche – sehr ähnliche Verhältnisse wie in Deutschland: Das Land war geteilt in einen nördlichen Bereich unter sowjetischem und in einen südlichen unter amerikanischem Einfluß. Amerikaner und Sowjets befanden sich allerdings nicht als Siegermächte in Korea; sie hatten eigentlich gemeinsam einen demokratischen Staat herstellen wollen. Nachdem aber im Juni 1950 nordkoreanische Streitkräfte die durch den 38. Breitengrad gebildete »Zonengrenze« überschritten hatten und damit der »kalte« Krieg zu einem »heißen« geworden war, drängten sich die Parallelen auf: Auch Deutschland war geteilt worden aufgrund der unterschiedlichen Politik westlicher und sowjetischer Militärverwaltungen; auch in Deutschland war aus einer provisorisch gemeinten Zonengrenze eine Systemgrenze geworden.

Einige Wochen nach Beginn des Krieges in Korea erklärte Bundeskanzler Adenauer: »Wir müssen die Notwendigkeit der Schaffung einer starken deutschen Verteidigungskraft erkennen. Ich will nicht von einer Armee oder Waffen sprechen, aber diese Streitmacht muß stark genug sein, um jede mögliche, den Vorgängen in Korea ähnelnde Aggression der Sowjetzonenpolizei abzuwehren.« Damit drückte Konrad Adenauer einerseits die Ängste vieler Deutscher vor der UdSSR aus; auf der anderen Seite war für nachdenkliche Menschen eine Wiederbewaffnung Deutschlands – nur fünf Jahre nach Ende des Krieges – ein Gedanke, mit dem sie sich weder anfreunden konnten noch überhaupt wollten.

Sogar innerhalb der Bundesregierung war die Meinung zur

Absender

Bitte schicken Sie mir unverbindlich und kostenlos Informationsmaterial.
Ich interessiere mich besonders für

- ☐ Politik / Geschichte
- ☐ Frauenfragen
- ☐ Romane / Erzählungen
- ☐ andere Länder
- ☐ Kochen

Datum / Unterschrift

Antwort

Bitte freimachen

An den

J.Latka Verlag
Celsiusstraße 43
Postfach 14 01 21

D 5300 BONN 1

Liebe Leserin,
lieber Leser!

Wir hoffen sehr, daß Ihnen dieses Buch gefallen und neugierig auf weitere Titel aus unserem Programm gemacht hat. Bitte wenden Sie sich an Ihre Buchhandlung, wenn Sie das eine oder andere Buch kaufen möchten. Dort erhalten Sie auch die bestmögliche Beratung.

Wenn Sie regelmäßig über unsere Neuerscheinungen informiert werden möchten, schicken wir Ihnen gern und natürlich unverbindlich unsere Frühjahrs- und Herbstkataloge zu.

Bitte teilen Sie uns auf dieser Karte Ihre Adresse und Ihre speziellen Interessengebiete mit, damit wir Sie in unsere Versandkartei aufnehmen können.

Mit bestem Dank und
freundlichen Grüßen
Ihr

J.Latka Verlag Bonn

Frage der Wiederbewaffnung geteilt: Innenminister Gustav Heinemann, damals noch Christdemokrat, trat im Oktober 1950 von seinem Amt zurück. Er hatte sich aus prinzipiellen Erwägungen gegen eine Wiederbewaffnung entschieden und fürchtete zudem, daß ein auch militärisch wieder erstarkendes Deutschland in den ausländischen Nachbarstaaten auf heftiges Mißtrauen stoßen würde.

Deutsche wieder unter Waffen – das konnte und wollte sich auch Klara-Marie Faßbinder nicht vorstellen. Gemeinsam mit dem zwei Jahre jüngeren evangelischen Theologen Martin Niemöller, Mitglied der Bekennenden Kirche und KZ-Häftling von 1937 bis Kriegsende, nahm sie an einer Tagung des Weltfriedensrates in Ost-Berlin teil - zu einer Zeit, da Hunderttausende von Bewohnern der DDR unter dem Druck der Verhältnisse ihre Heimat verließen. Sie wandte sich öffentlich gegen die Wiederaufrüstungs-Politik des Bundeskanzlers und rief vor allem die Frauen auf, sich zu einer Friedensinitiative zu versammeln.

Klara-Marie Faßbinder hatte bereits in den zwanziger und Anfang der dreißiger Jahre verschiedenen internationalen Friedensinitiativen angehört. Sie wußte, wie wichtig es ist, gerade die Frauen für eine Politik der Verständigung zu gewinnen und hatte, nach dem Zweiten Weltkrieg, bereits im Februar 1948 an einem deutsch-französischen Frauentreffen in Speyer, dann, im Juni 1950, am Kongreß der »Weltbewegung der Mütter« in Paris teilgenommen. Nun, nachdem in der Bundesrepublik Deutschland Wiederaufrüstungspläne diskutiert wurden, rief sie selbst zu einem Frauen-Friedenstreffen auf. Es fand statt am 14. Oktober 1951 in Velbert.

Klara-Marie Faßbinder hatte sich nach 1945 an Aktivitäten der Weltfriedensbewegung zunächst nicht beteiligt. »Mit einem Schlage wurde das anders, buchstäblich mit einem Schlag«, schreibt sie in ihren autobiographischen Aufzeichnungen »Begegnungen und Einsichten«: Sie hatte die Zusammenfassung eines Adenauer-Interviews in der »New York Times« gelesen, »worin er von der Möglichkeit, ja ich muß wohl sagen, von der Unvermeidlichkeit eines Krieges zwischen den USA und der Sowjetunion sprach, nämlich sobald die Russen auch Bomben hätten und darum ›zurückschlagen‹ würden, wenn die Amis anfingen ... Da sei es wichtig, daß die Bundesrepublik Soldaten hätte usw. – Das war nach dem Zweiten Weltkrieg der eigentliche Anfang meiner Arbeit für den Frieden.«

Auf dem von Klara-Marie Faßbinder veranlaßten ersten Treffen deutscher Friedens-Frauen wurde im westfälischen Velbert vieles in die Wege geleitet, wobei zunächst Organisatorisches im Vordergrund stand: Gründung der »Westdeutschen Frauenfriedensbewegung« mit nach und nach eingerichteten Landesvertretungen, Schaffung einer monatlich erscheinenden Zeitung, »Frau und Frieden«, Kontaktpflege mit anderen Friedensinitiativen im In- und Ausland. Klara-Marie Faßbinder besaß diese Kontakte bereits in großer Zahl und zu Gruppen sehr unterschiedlicher weltanschaulicher Herkunft. Dorthin trug sie die politischen Vorstellungen, das Kampfziel der »Westdeutschen Frauenfriedensbewegung«: gegen ein wiederbewaffnetes Deutschland, für Verständigung mit dem Osten.

Es entstand auf diese Weise ein Netz, wenn auch ein dünnes, der Friedensbewegten, der Verständigungsbereiten – ein unglaublicher Tatbestand zur damaligen Zeit: Die in diesem Netzwerk Agierenden machten sich höchst verdächtig. Ihr Kampf gegen Widerstände und Vorurteile absorbierte unnötig viel Kraft. Die Mutmaßungen über die in Velbert entstandene neue »östlich gesteuerte und finanzierte Tarnorganisation« bezeichnete Klara-Marie Faßbinder als »ein Produkt der merkwürdigen Geisteshaltung in der Bundesrepublik, als ob es undenkbar sei, daß irgendein biederer Bundesbürger einen selbständigen politischen Gedanken haben könne. Entweder muß er ihn von Adenauer oder von Ulbricht entliehen haben ... Was in der Nazizeit Jude war, sind heute die Kommunisten. Und wehe denen, die sie und ihre Ideologie nicht restlos ablehnen oder bei aller Unterschiedlichkeit der Überzeugungen menschliche Kontakte und gar eine gemeinsame Friedensarbeit für möglich halten! Das aber war das

Zeichen, unter dem die ›Westdeutsche Frauenfriedensbewegung‹ entstanden ist.«

Zusammen mit bundesdeutschen Friedens-Frauen, gelegentlich aber auch als Mitglied anderer Vereinigungen oder gänzlich »auf eigene Faust« unternahm »das Friedensklärchen« in den fünfziger Jahren viele Reisen nach Ost und West: Sie leitete die erste Frauen-Delegation, die aus der Bundesrepublik in die UdSSR fuhr, und konferierte wenig später mit Vertretern der UNO während einer Studienfahrt durch die USA. Sie sprach mit Nikita Chruschtschow und Walter Ulbricht, aber auch mit Kardinal Bea und Papst Johannes XXIII.

Das Bundesamt für Verfassungsschutz bemühte sich weiterhin um die politisch so aktive alte Dame – ob sie sich in Paris an einem deutsch-französischen Lehrertreffen beteiltigte oder in München vor bayerischen Friedens-Frauen über die Ergebnisse einer vorangegangenen Tagung sprach: »In der anschließenden Diskussion ließ Frau F. ihren Standpunkt deutlicher erkennen«, vermerkte der als »zuverlässig« eingestufte Spitzel mit der Deckbezeichnung »15/GR« und berichtete weiter: »Der einzige Ausweg sei eine Neutralisierung aller deutschen Besatzungszonen und eine Stärkung der Kreise in Deutschland, die diese Neutralisierung wollten. Gleichzeitig ... könne man das Gespräch über die Wiedervereinigung Deutschlands beginnen.«

Klara-Marie Faßbinder ließ sich durch keine Bespitzelung, durch keine Verdächtigung entmutigen. Als Mitglied Nummer 5 trat sie der von Gustav Heinemann gegründeten Gesamtdeutschen Volkspartei bei und kandidierte, allerdings erfolglos, für den Deutschen Bundestag; als weit über Siebzigjährige tat sie sich zusammen mit den Jugendlichen der »68er Generation« und stritt für sofortige Beendigung des Vietnam-Krieges.

Ihre West-Ost-Kontakte pflegte sie mit Bedacht weiter, nachdem sie sie 1950, noch angstvoll, aufgenommen und 1952, erstmals vertieft, fortgesetzt hatte: Am 14. August 1952 nutzte sie ihre Teilnahme am Katholikentag in Berlin zu einem Besuch bei dem UdSSR-Botschafter Semjonow in Ost-Berlin. Die resolute alte

Dame wurde vorgelassen und verwickelte den Sowjet-Diplomaten in ein Gespräch über die Freilassung deutscher Kriegsgefangener, über Möglichkeiten der Kontaktaufnahme zwischen Zivilgefangenen und ihren Angehörigen, über die deutsche Wiedervereinigung, über seine Ansichten zu einer Neutralisierung Deutschlands, über die Oder-Neiße-Linie, über das Verhältnis zwischen Christen und Kommunisten. Es herrschte durchaus nicht immer Einmütigkeit zwischen diesen beiden so sehr verschiedenen Menschen aus höchst unterschiedlichen »Lagern«. Aber es war ein Anfang gemacht worden.

Klara-Marie Faßbinder hat über diese Begegnung und den Inhalt des zweistündigen Gesprächs uneingeschränkt sprechen und schreiben können. Dabei gestand sie eine gewisse Unsicherheit durchaus ein: »Hatte ich mit dieser Unterredung irgend etwas getan, was meinem Volk oder meiner Kirche Schaden bringen kann? Und während ich mich dies fragte, überfiel mich das Bewußtsein, wie tief doch auch in mir das Mißtrauen steckt, wo ich doch glaube, daß aus Mißtrauen nie etwas Gutes kommen kann.«

Mißtrauisch – auf andere Weise – zeigten sich anschließend die deutschen Behörden. Sie veranlaßten die Amtsenthebung der Geschichts-Professorin.

Am Ende ihrer autobiographischen Aufzeichnungen fragt sich Klara-Marie Faßbinder: »War der Weg richtig, den ich gegangen bin? . . . Habe ich dazu beigetragen, daß etwas mehr Güte und Verstehen in der Welt ist?« – Gewiß, ist in der Rückschau zu antworten! Und selbst wenn der lautere christliche Pazifismus der Klara-Marie Faßbinder von kommunistischer Seite, wie oft unterstellt wurde, politisch gelegentlich mißbraucht worden sein sollte, so hat die weitere West-Ost-Entwicklung der streitbaren Friedens-Frau eine späte Rehabilitation zuteil werden lassen. Sie war in der glücklichen Lage, als über Achtzigjährige den Beginn der deutsch-deutschen Wiederannäherung noch mitzuerlebt zu haben.

»Die Opfer der Vergeltung in unseren Trümmern aufnehmen!«

Martha Fuchs, Kommissarin für Flüchtlingsfragen

Den Zeitungsartikel, das merkt man sofort, hatte eine Frau geschrieben. Er wurde am 1. Oktober 1946 im Berliner »Telegraf« veröffentlicht. Annedore Leber, die Verfasserin, beklagte den von ihr wegen einer politischen Veranstaltung aufgesuchten »merkwürdigen Versammlungsplatz«, den sie als »düster und etwas gespenstisch« darstellte: eine Straßenbahnreparaturwerkstatt in Braunschweig. Der Ort wurde offenbar nicht anheimelnder durch roten Fahnen- und grünen Pflanzenschmuck. Und dennoch spürte die einfühlsame Autorin eine »fesselnde Atmosphäre«:

»In der Mitte, am Vorstandstisch, erhebt sich die breite, übermittelgroße, etwas schwere, aber keineswegs rundliche Gestalt mit dem graumelierten Kopf der Frau Martha Fuchs: Es ist die Frau Kultusminister ... Ruhig, warm und fest ertönt die Stimme, um die Versammlung einzuleiten. Der Kontakt zwischen ihr und der Zuhörerschaft ist hergestellt. Kein leichtes Leben liegt hinter dieser Frau, die sich zur Aufgabe gestellt hat, unter den Fachkräften ihres Ministeriums den mütterlich-menschlichen Einfluß geltend zu machen ...«

Eineinhalb Jahre zuvor war Martha Fuchs noch Häftling im Frauenkonzentrationslager Ravensbrück gewesen; kurz vor Veröffentlichung des Berichts im »Telegraf« bekleidete sie das außergewöhnlich schwierige Amt einer Staatskommissarin für Flüchtlingsfragen.

Doch zunächst wurde sie die erste deutsche Ministerin für Wissenschaft und Volksbildung, wie damals das Kultusministerium korrekt bezeichnet wurde. Sie besaß zur Ausübung dieses Amtes keinerlei spezielle Qualifikation, und sie wußte das: »Ich bin kein Fachmann mit umfassender Bildung, aber dafür ein Mensch mit

Menschenverstand. Als Frau und Mutter fühle ich mich als Erzieherin jedes Kindes, das ich für die Weltgemeinschaft bilden will.«

»Die Weltgemeinschaft«, ein großes Wort. Martha Fuchs meinte damit eine Gesellschaft aus kritischen, selbstbewußten, eigenverantwortlich denkenden und handelnden Menschen, auch wenn sie dies plastischer auszudrücken pflegte: »Beim Kind fängt es an, wenn ein Volk im demokratischen Geist wach und stark werden soll.« Sie selbst war in einem solchen Geist aufgewachsen.

Geboren wurde sie am 1. Oktober 1892 in Grubschütz bei Bautzen. Lange noch hörte man aus ihrer Sprache die sächsische Melodie heraus. Unter den fünf Kindern des Gastwirts Karl Büttner war sie das älteste. Als Johanna Maria Büttner, die Mutter, starb, war Martha erst dreizehn Jahre alt. Von nun an kümmerte sie sich, bis der Vater erneut heiratete, allein um den Haushalt, vor allem um die jüngeren Geschwister. Gleichzeitig besuchte sie, nachdem sie die Jahre an der Bürgerschule hinter sich hatte, die einjährige Handelsschule in Bautzen und arbeitete anschließend als Kontoristin und Buchhalterin.

Martha Büttner stand früh auf eigenen Füßen, allerdings nicht ganz freiwillig. Sie strebte fort vom Elternhaus, weil sie sich mit der Stiefmutter nicht verstand. Später kam sie in dieselbe Situation wie die zweite Frau ihres Vaters. Aber sie meisterte sie – vielleicht aufgrund der eigenen Erfahrungen als Stiefkind – vollkommen anders.

In die Sozialdemokratie ist sie gewissermaßen hineingewachsen. Im Lokal des Vaters pflegten die SPD-Männer und Gewerkschafter des Ortes ihre Versammlungen zu veranstalten. Dort wurde das älteste Kind des Gastwirts schon lange vor dem Ersten Weltkrieg bekannt mit deren Problemen: Niedrigstlöhne für Fabrikarbeiter, Zehnstundentag und später dann die Diskussionen um die Frage: Zustimmung zu den Kriegskrediten oder nicht?

Zu diesem Zeitpunkt war Martha Büttner bereits Georg Fuchs begegnet, dem Mann, den sie neun Jahre kannte, ehe sie ihn 1919 heiratete. Er war Redakteur verschiedener sozialdemokratischer Zeitungen, zuletzt bis zu seinem frühen Tod im April 1930 am

Braunschweiger »Volksfreund«. Mit ihm ging Martha Fuchs nach einer Zwischenstation in Magdeburg 1923 in die Stadt, deren Oberbürgermeisterin sie dreieinhalb Jahrzehnte später wurde. Nach Braunschweig gingen aber auch die drei Kinder aus der ersten Ehe von Georg Fuchs: Gretl-Rosa, Nora und Hans. Im Bewußtsein der Kinder wurde Martha Fuchs zu ihrer Mutter.

Ihre Berufstätigkeit hatte sie im Interesse dieser Kinder und zugunsten verschiedener ehrenamtlicher Funktionen aufgegeben. Mitglied der braunschweigischen Stadtverordnetenversammlung wurde Martha Fuchs im April 1925, des braunschweigischen Landtags im November 1927.

Braunschweig, damals noch Land, erlangte traurige Berühmtheit durch die Tatsache, daß es Adolf Hitler, dem Österreicher, rechtzeitig vor dessen Kandidatur zur Reichspräsidentenwahl im März 1932 die erforderliche Voraussetzung dafür verschaffte: Durch Braunschweig wurde Hitler Deutscher. Bis 1930 hatten die Sozialdemokraten die Mehrheit im Landtag gehabt; danach aber regierte eine Koalition aus Deutsch-Nationaler Volkspartei und NSDAP. Sie sorgte dafür, daß Hitler zum Regierungsrat an der braunschweigischen Gesandtschaft in Berlin ernannt – und damit deutscher Staatsbürger wurde.

Im März 1933 verlor Martha Fuchs ihre Mandate, ein Vierteljahr später auch ihre Arbeit als Gewerbeaufsichtsbeamtin, durch die sie nach dem Tod ihres Mannes sich und seine Kinder ernährt hatte.

Mit verschiedenen durchaus unpolitischen Jobs, darunter Bürotätigkeiten und gut besuchte Kochvorführungen, erarbeitete sie weiterhin den Unterhalt für die Familie. Zwar galt Martha Fuchs als »politisch unzuverlässiges Element«, wie das im Nazi-Jargon hieß; aber daß sie in einem Hinterzimmer unmittelbar neben dem von Gestapoleuten durchsetzten Polizeipräsidium in der Münzstraße illegale politische Treffs organisierte, hat niemand entdeckt. Häufige Hausdurchsuchungen fanden bei ihr ergebnislos auf Verdacht statt. Festgenommen wurde Martha Fuchs erst im Zuge der Verhaftungswelle, die dem 20. Juli 1944 folgte.

Wenige Tage vor Ende des Zweiten Weltkriegs, als das Konzentrationslager Ravensbrück evakuiert und Martha Fuchs mit anderen Überlebenden auf den Marsch geschickt wurde, um vielleicht im Gas zu enden, gelang ihr zusammen mit zwei Jüdinnen die Flucht. Im August 1945, ein Jahr nach ihrer Verhaftung, kehrte die Totgeglaubte in ihre Wahlheimatstadt zurück, von der sie immer sagte, sie habe sie »vom ersten Augenblick an geliebt«.

Die acht Monate im KZ haben viele nachhaltige Eindrücke in der damals bereits über 50jährigen Frau hinterlassen. Einer davon war: »Die politisch Uninteressierten sind leichter zugrunde gegangen. Es hielt sie eben keine Überzeugung. Ich aber wollte leben bleiben und habe mich deshalb mit dick angeschwollenen Wasserbeinen zur Arbeit geschleppt, um nicht zur Vernichtung aussortiert zu werden.« Diese Erfahrungen sowie die vielen Verhöre durch Gestapo-Beamte, die zahlreichen Hausdurchsuchungen, denen sie und ihre Familie vorher ausgesetzt gewesen waren, haben sie für ihre spätere Tätigkeit zusätzlich geprägt: »Ich habe die Bitternis des Lebens in dem rechtlosen Nazi-Deutschland kennengelernt. Der Jugend zu einem besseren Deutschland zu verhelfen, soll meine mich voll erfüllende Aufgabe sein.« Sie bekam sehr bald Gelegenheit dazu.

Im Dezember 1945 wurde Martha Fuchs Mitglied des damals noch ernannten Braunschweiger Stadtrats, im Januar 1946 Abgeordnete des Landtags, am 7. Mai 1946 Ministerin für Wissenschaft und Volksbildung. »Eine Sorge liegt mir besonders am Herzen«, sagte sie kurz nach ihrer Berufung: »Ich möchte ... junge Frauen als Nachwuchs heranziehen. Das wird nicht einfach sein; denn die zwölf Jahre der Unterdrückung wollen erst überwunden werden.« Da die Ministerin sowohl Realistin als auch Optimistin war, meinte sie: »Das wird uns gelingen. Wenn wir abtreten, werden andere, jüngere Kräfte unsere Aufgabe fortführen.«

Martha Fuchs hatte sich kaum eingearbeitet, kaum einen Mitarbeiterstab aufgebaut, da verlor sie, ein halbes Jahr nach ihrer Ernennung zur Ministerin, das Amt: Braunschweig, das Land, das ohnehin einen großen Teil seines Gebietes an die spätere DDR verloren hatte, wurde am 1. November 1946 auf Anordnung der britischen Militärregierung integriert in das Land Niedersachsen. Die ehemals preußische Provinz Hannover sowie die früheren Länder Oldenburg und Schaumburg-Lippe, später auch Teile des Landesgebiets von Bremen zählten außerdem zu dem neu gebildeten Land Niedersachsen. Braunschweig brauchte keine eigene Regierung mehr; die Kultusministerin war überflüssig geworden.

Sie hat in dem halben Jahr ihrer Tätigkeit trotzdem erstaunlich viele wichtige Anstöße gegeben: erste Initiativen zur Beseitigung der Schulraumnot und Entfernung aller etwa noch vorhandenen Vertreter des Nazi-Kulturunwesens aus Schule, Wissenschaft, Kunst und Kultur. Viele Künstler und Wissenschaftler wurden damals fürs Leben zu ihren Freunden, Begegnungen, die ihrer Familie – Martha Fuchs lebte zusammen mit einer ihrer Töchter und deren zwei Kindern – in der an materiellen Gütern so armen Zeit wichtige, positive Eindrücke hinterließen.

Doch Martha Fuchs beeindruckte, umgekehrt, auch die Menschen, denen sie als Ministerin begegnete, durch den Elan und die Zuversicht, mit denen sie an die Arbeit ging. Sie ließ sich nicht irritieren durch den Umstand, daß sie als Frau, wie sie wußte, »mit dem Widerstand der Männer zu rechnen habe. Auch in meiner Behörde! Aber«, sagte sie, »ich bin kein Mensch, der empfindlich ist. Ich war immer mit Männern zusammen und habe manchen Strauß mit ihnen ausgefochten.«

Da schwang ein wenig Zweckoptimismus mit; denn sie war zwar nicht empfindlich, aber außerordentlich sensibel, eine Eigenschaft, die sie mit einer burschikos-humoristischen Attitüde zu überspielen suchte. Ihre Enkelin Barbara erinnert sich zudem: »Später hat sie sich im öffentlichen Bereich – allerdings nie im privaten – sogar eine etwas herrische Art im Umgang mit Menschen angewöhnt. Das stand in einem merkwürdigen Widerspruch zu ihrem an sich mütterlichen Wesen, lag aber daran, daß sie als Frau eigentlich immer gegen Widerstände von Männern hat ankämpfen müssen.«

Von derartigen Widerständen ist nichts zu ahnen in den Berichten über die vielen Würdigungen, die Martha Fuchs zuteil wurden: als sie 1959 Oberbürgermeisterin der Stadt Braunschweig wurde, als sie das 70. Lebensjahr vollendete, als sie am 8. Januar 1966 starb. Allenthalben wurden ihre praktische Hilfsbereitschaft, die ihr eigene Synthese von Herz und Verstand, ihre bescheidene Würde, ihr aufopferungsvolles »Leben der Arbeit für das Gemeinwohl« – so der damalige Innenminister Otto Bennemann – hervorgehoben. Vergessen schienen die Schwierigkeiten, die Kritik, ja, die Anfeindungen, denen die vielfach Geehrte in ihrem schwersten Amt – vollkommen ohne eigenes Verschulden – ausgesetzt gewesen war.

Martha Fuchs war nach Auflösung des Landes Braunschweig nur zwei Monate – sie fielen in den strengen, viele Todesopfer fordernden Winter 1946/47 – ohne verantwortungsvolles öffentliches Amt gewesen: Am 20. Januar 1947 wurde sie zum niedersächsischen Staatskommissar für das Flüchtlingswesen ernannt. Ihr sozialdemokratischer Parteifreund Hinrich-Wilhelm Kopf, damals und während vieler weiterer Jahre Ministerpräsident des Landes Niedersachsen, tat ihr keinen Gefallen damit; denn er stattete seine Kommissarin nicht mit den Kompetenzen, Befugnissen und Geldmitteln eines Ministeriums aus. Martha Fuchs leitete das Landesflüchtlingsamt; aber sie besaß keine politische Entscheidungsgewalt, und sie hatte keinen Etat. Die Erwartungen ihrem Amt gegenüber aber waren ungeheuer groß.

Niedersachsen stellte das größte Einfallstor für die Ströme von Flüchtlingen aus dem Osten dar. Es kamen zu Tausenden heimkehrende Evakuierte, Bombengeschädigte, Vertriebene und Ausgewiesene. Gegen Ende des ersten von insgesamt nur eineinhalb Amtsjahren der Flüchtlingskommissarin gab es unter den insgesamt ungefähr 6,7 Millionen Bewohnern des späteren Bundeslandes etwas über 4,2 Millionen Eingesessene und fast 2,4 Millionen Flüchtlinge. Über ein Drittel der in Niedersachsen lebenden Menschen waren im Spätherbst 1947, nach einer damals angestellten Erhebung, also Flüchtlinge, von denen kaum jemand mehr besaß als das, was er selbst hatte transportieren können.

Besonders schlimm waren jene mehr als 1,6 Millionen Menschen dran, die aus den polnisch besetzten Gebieten nach Niedersachsen gelangten. Sie hatten überhaupt nur das mitnehmen dürfen, was sie selbst in Rucksäcken tragen konnten. Schmuck und andere Wertgegenstände sowie alles Geld waren ihnen – bis auf einen Betrag von 500 Reichsmark – vor der Ausweisung abgenommen worden.

Mit Flüchtlingen aus anderen Gebieten des ehemaligen Deutschen Reiches hausten sie in Lagern. Dort dienten Nissenhütten, Wellblechbaracken und zweckentfremdete Eisenbahnwaggons als Unterkünfte, in denen die Menschen Kälte und Hitze fast schutzlos ausgeliefert waren. Viele von ihnen starben. Sie hatten den Krieg hinter sich, sie hatten die Flucht hinter sich; nun ertrugen sie das Elend des Lagerlebens, den Hunger, die räumlichen Beschränkungen, schnell sich ausbreitende Krankheiten nicht mehr.

»Das Problem der Vertriebenen ist mit den Möglichkeiten und Mitteln des Landes Niedersachsen nicht zu lösen.« Mit dieser lapidaren Feststellung beginnt der Text des niedersächsischen Flüchtlingsbetreuungsgesetzes vom 11. Juni 1947. »Der niedersächsische Landtag ruft die Menschlichkeit und die wirtschaftliche Vernunft der alliierten Sieger an, um durch großzügige Maßnahmen . . . die untragbare Überfüllung der britischen Besatzungszone rückgängig zu machen.«

Martha Fuchs, die Flüchtlingskommissarin, wurde deutlicher. In einem Bericht, den sie im Frühjahr 1948 über die Situation der Flüchtlinge anfertigte, schrieb sie: »Es gibt kein Beispiel in der Geschichte für die augenblickliche Lage, in der sich das besiegte und zerschlagene Deutschland nach seiner bedingungslosen Übergabe befindet. Mit der Vertreibung von zehn Millionen Menschen aus den östlichen Gebieten . . . ist für Restdeutschland eine Katastrophe heraufbeschworen worden . . . Wir wurden ungefragt vor die Zwangsaufgabe gestellt, die Opfer von Haß, Vergeltung und nationalsozialistischem Imperialismus in unseren Trümmern aufzunehmen!«

Selbstverständlich war Martha Fuchs bewußt, daß die Deutschen mit diesem Problem, das ein großer Teil von ihnen mitverursacht hatte, fertig werden mußten. Sie sagte unumwunden: »Auch die Flüchtlinge tragen in ihrer Gesamtheit nicht mehr, natürlich auch nicht weniger Schuld als wir daran, daß Deutschland dieses Unglück widerfahren konnte.« Aber sie erwartete, daß die Siegermächte »Restdeutschland«, wie sie es nannte, bei der Bewältigung der Aufgaben nicht allein ließen; denn: »Die Flüchtlinge weiterhin mit der Hoffnung auf eine baldige Rückkehr zu vertrösten, hieße nicht nur, sie betrügen, sondern würde gleichzeitig eine starke Gefährdung des Wiederaufbaus in den verbliebenen Gebieten darstellen, da eine große Anzahl von ihnen wohl als Konsumenten Ansprüche erheben würden, als Produzenten aber ausfielen infolge der aus dem Zustande des Abwartens auf gepackten Bündeln resultierenden Apathie.«

Diese Auffassung entsprach ganz den Buchstaben des Flüchtlingsbetreuungsgesetzes, in dessen erstem Paragraphen die Linderung der besonderen Not auf der Basis prinzipieller Gleichberechtigung zwischen Flüchtlingen und Einheimischen als besonders wichtig dargestellt wird. Zudem wird das Ziel genannt, den Flüchtlingen »eine neue Heimat zu schaffen und sie vor allem in das Arbeits- und Wirtschaftsleben des Landes einzugliedern«.

Tatsächlich war die Beschaffung von Arbeitsmöglichkeiten – nach der Versorgung der noch Heimatlosen mit einer Bleibe, mit dem Nötigsten an Hausrat und Kleidung – eine vordringlich zu lösende Aufgabe, »denn Arbeit«, so stellte Martha Fuchs zutreffend fest, »ist das einzige uns verbliebene Zahlungsmittel, mit dem wir uns den Weg aus dem Elend zu einem menschenwürdigen Lebensstandard erkaufen können.«

40 Prozent der in Niedersachsen angekommenen Flüchtlinge galten als erwerbsfähig. Der große Frauenüberschuß – in den »besten Jahren« zwischen 20 und 45 standen unter den Flüchtlingen 60 Frauen 40 Männern gegenüber – mag zu der relativ geringen Zahl der als erwerbsfähig aufgeführten Personen beigetragen haben. Die Staatskommissarin konnte jedoch nach einem reichli-

chen Jahr Amtsführung feststellen, daß unter den erwerbsfähigen Flüchtlingen bereits 60 Prozent in ihren ursprünglichen Berufen und 20 Prozent berufsfremd Beschäftigung gefunden hatten.

Martha Fuchs hielt es für eine volkswirtschaftliche Verschwendung, daß »bei den Flüchtlingen noch ein gewaltiges Arbeitspotential ungenutzt (ruht)«. Dies freilich hatte seine Ursache in Umständen, die sie nicht und die Landesregierung nur sehr bedingt zu beeinflussen vermochte: die unterschiedliche Politik der Besatzungsmächte in den einzelnen Zonen, die unzulänglichen Verkehrs- und anderen Kommunikationswege, die Schwierigkeiten, von einer Zone in die andere zu wechseln, die Sorge vor den Unwägbarkeiten einer zu erwartenden Währungsreform.

In scharfer Form kritisierte die Flüchtlingskommissarin deshalb die »erschreckende Uninteressiertheit in- und ausländischer Kreise, die es angeht«. Martha Fuchs argwöhnte aufgrund ihrer Erfahrungen im Amt gar, daß das ganze Flüchtlingsproblem »aus politischen Erwägungen bewußt vernachlässigt« werde, »sei es des Zieles der Schaffung einer ›revolutionären Masse‹ durch Verelendung wegen, oder sei es wegen der Hoffnung, ... von dem Anspruch auf gleichmäßige Kriegslastenverteilung abzulenken«.

Das waren harte, bittere Worte. Martha Fuchs konnte sich nur schwer vorstellen, daß die Siegermächte der Situation mehr oder weniger unvorbereitet gegenüberstanden, und daß außerdem jedes Land im Westzonenbereich bestrebt war, so wenige Flüchtlinge wie möglich zugewiesen zu bekommen. Darüber hinaus kritisierte die niedersächsische Flüchtlingskommissarin die ablehnende Haltung der Westalliierten gegenüber deutschen Auswanderungswilligen. Es würde, so wurde argumentiert, »ein plötzlicher Zustrom ihr Wirtschaftsleben in gefährlicher Weise stören«. Dem hielt Martha Fuchs entgegen, daß »diese Länder nicht nur unversehrt aus dem Kriege hervorgegangen (waren), sondern durch ihn einen ungeahnten wirtschaftlichen Aufschwung erfahren (hatten)«.

Die Staatskommissarin für das Flüchtlingswesen konnte in nur sehr begrenztem Maß helfen. Immer wieder mußte sie bei dem ihrer Familie freundschaftlich verbundenen Alfred Kubel, damals Wirtschaftsminister, vorstellig werden; mußte das unvorstellbare Elend, dem sie bei ihren häufigen Lagerbesuchen gegenüberstand, darstellen; mußte Mittel für Soforthilfemaßnahmen erbitten. In dem von ihr verfaßten Bericht liest sich der Erfolg dann so: »Das Wirtschaftsministerium konnte bewogen werden, dem Kommissariat Sonderkontingente an Gebrauchsgütern zur Verteilung unter den Flüchtlingen zur Verfügung zu stellen. Bereits im vergangenen Jahr konnte eine Sonderaktion ›Flüchtlingsbetten‹, 150 000 Stück, in die Wege geleitet werden und größte Notstände beheben ...«

Das Flüchtlingsbedarfsgesetz schuf die Basis für derartige Hilfsaktionen; das Geld zu ihrer Realisierung entstammte einem Teilhaushalt des Wirtschaftsministers. Dieses Gesetz regelte jedoch auch einen anderen – übrigens arbeitsintensiven – Aspekt der Hilfe für Flüchtlinge: »Es gibt die Handhabe zur Beschlagnahme von gehortetem und überschüssigem Hausrat zwecks Übereignung an bedürftige Flüchtlinge und Ausgebombte. Das Ziel bleibt jedoch«, so betonte Martha Fuchs in diesem Zusammenhang, »auf der Basis der Freiwilligkeit Vermietung, Verkauf oder Schenkung derartiger Güter zu erreichen.«

Die heimatlos gewordenen Menschen sollten aber auch eine Beziehung zu der Gegend gewinnen, in der sie nun einmal gestrandet waren. Die Kleinsiedlung auf durchschnittlich nur 1250 Quadratmetern Land, häufig ehemaliges Wehrmachtsgelände, sollte dazu verhelfen und zudem Möglichkeiten der Kleintierhaltung und des Anbaus von Gemüsepflanzen bieten. An einigen Orten wurden derartige Pläne schon während der kurzen Amtszeit der Flüchtlingskommissarin erfolgreich erprobt. »In der Durchführung dieser ›Inneren Kolonisation‹«, so sagte sie, »sehe ich den einzig gangbaren Weg, um das Flüchtlingsproblem – und damit unser aller Problem – in absehbarer Zeit einer Linderung zuzuführen.«

Tatsächlich konnte Martha Fuchs nur einen Aspekt des Flüchtlingsbetreuungsgesetzes im Ansatz verwirklichen: die »besondere Not« der Flüchtlinge »lindern«, wie es im ersten Artikel heißt.

Die Betroffenen aber sahen nur ihre eigene, oft hoffnungslos erscheinende Situation. Sie wußten nichts von der faktischen Machtlosigkeit der Kommissarin, die ständig mit massiven Forderungen, mit verzweifelt vorgetragenen Bitten der Flüchtlinge konfrontiert wurde. »Es kam vor«, erinnern sich Familienmitglieder, »daß ganze Flüchtlingsfamilien wutschnaubend in unserer Wohnung an der Herzogin-Elisabeth-Straße in Braunschweig erschienen und die Frau Staatskommissarin zu sprechen wünschten, während sie in der Landeshauptstadt Hannover saß. Was sollten wir tun? Mutter deponierte also bei uns im Korridor auf dem Schrank eine Reihe von Kochtöpfen, die aus Stahlhelmen umgearbeitet waren, und wir versuchten, die Aufgebrachten zu beruhigen, indem wir ihnen erst einmal einen Kochtopf gaben. Es half meistens.«

Wie sehr Martha Fuchs unter den Umständen litt, an denen sie nichts zu ändern vermochte, erfuhren nur die Verwandten und die allernächsten Freunde. Sie litt im wirklichen Sinn des Wortes mit den Menschen, deren Not kurzfristig kaum zu beheben war. Sie kam Tag für Tag, persönlich tief betroffen, nach Hause und wurde nach einiger Zeit so krank, daß sie Jahre brauchte, ehe ihre Gesundheit ganz wieder hergestellt war. »Es war wohl die schwerste und undankbarste Arbeit, die sie, abgesehen von der unmenschlichen Arbeit im KZ, jemals hatte«, berichtete einer ihrer Vertrauten. »Es war eine glatte politische Fehlentscheidung, für diese Aufgabe nicht von vornherein ein Ministeramt geschaffen zu haben.«

Das Problem verminderte sich in den frühen Nachkriegsjahren nicht; es verschärfte sich: Noch zur Amtszeit von Martha Fuchs vergrößerte sich die niedersächsische Bevölkerung monatlich um 20 000 bis 25 000 Personen.

Durch räumliche Enge und materielle Not, so warnte Martha Fuchs in ihrem Bericht »zur tatsächlichen Lage der Flüchtlinge«, »bildet sich eine Reizbarkeit, die vielfach in menschlichen Tragödien endet. Außerdem führen diese Zustände zu einem Radikalismus, der sich . . . zu einer Gefahr für die Demokratie und damit letzten Endes für den kulturellen und wirtschaftlichen Aufbau Deutschlands auswirken wird.«

Im Sommer 1948 wurde in Niedersachsen endlich ein Flüchtlings-Ministerium geschaffen. Es wurde nicht mit Martha Fuchs besetzt. Heinrich Albertz, der Sozialdemokrat und evangelische Theologe, erhielt das Amt. Er konnte aufbauen auf den einschlägigen Erfahrungen seiner Vorgängerin.

»Stärker als die Gestapo«

Annedore Leber: Frühe Berichte über den Widerstand

»Über den 20. Juli 1944 ist bereits sehr viel . . . berichtet worden, das zum Teil das Bestreben einer persönlichen Rechtfertigung zeigt. Übereifrige haben den Tag bereits zum Aufstand des Militärs abgestempelt. Durch solche Darstellungen wurde das Unternehmen nicht nur in den Reihen unseres Volkes, sondern auch in den Augen der Weltöffentlichkeit diskreditiert.« – Annedore Leber schrieb dies nicht etwa aus Anlaß »runder Gedenktage« – zehn Jahre 20. Juli, zwanzig Jahre 20. Juli und sofort. Nein, als die »Lübecker Freie Presse« ihren Artikel über den 20. Juli veröffentlichte, lag das Ereignis nurmehr drei Jahre zurück; und Julius Leber, ihr Mann, war erst zweieinhalb Jahre tot, hingerichtet durch Hitlers Henker am 5. Januar 1945.

Annedore Leber hat den Tod ihres Mannes, hat das Ende aller Männer des 20. Juli als Vermächtnis verstanden. Sie war eine der ersten, die über den deutschen Widerstand zu sprechen und zu schreiben begann. Freilich hat sie sich dabei zunächst auf den Teil des Widerstandes beschränkt, über den sie Authentisches aussagen konnte, weil sie ihn miterlebt hatte: die Aktivitäten, die zum gescheiterten Attentat auf Adolf Hitler am 20. Juli 1944 führten.

Ihr lag daran zu vermitteln, »daß sich . . . aus allen Schichten des deutschen Volkes Menschen zum Widerstand gegen den Nationalsozialismus zusammenfanden, ein Tatbestand, der gerade im Hinblick auf den Vorwurf der Welt gegen das deutsche Volk nicht unterschätzt werden darf«. Diesem »Vorwurf der Welt« gegenüber den Deutschen wollte sie mit Information begegnen. Entgegenwirken wollte sie aber auch dem sich damals bereits verbreitenden Schweigen über die zwölf Jahre nationalsozialistischer Herrschaft und jener bequem-banalisierenden Einstellung, die aus Terror und millionenfachem Mord einen Betriebsunfall, aus Zustimmung und Mitläufertum lediglich einen Fauxpas machen wollte.

»Es gibt kein größeres Anliegen«, schrieb sie später, »als der Jugend nahezubringen, daß der höchste Lebenszweck des Menschen in einem verantwortungsvollen Wirken für die Mitwelt liegt.« Dazu aber brauche der junge Mensch »nicht nur das Wissen um historische Auseinandersetzungen früherer Perioden, sondern auch das Wissen um aufwühlende Geschehnisse aus unserer jüngsten Vergangenheit«. Der Vermittlung dieser Kenntnisse widmete Annedore Leber einen bedeutenden Teil ihres letzten Lebensdrittels.

Dieses Leben hatte am 18. März 1904 in einem behüteten Berliner Elternhaus begonnen. Annedore Rosenthal wurde jedoch nicht in der Reichshauptstadt, sondern in der Hansestadt Lübeck groß, wo der Vater die Leitung eines Gymnasiums übernommen hatte. Nach dem Abitur, auf das sie durch Privatstunden vorbereitet wurde, ging sie nach München, um Jura zu studieren. Doch schon nach fünf Semestern gab sie die Juristerei zugunsten einer handwerklichen Berufsausbildung auf. Annedore Rosenthal zog es vor, in ihrer Geburtsstadt Berlin die Schneiderei zu erlernen, eine Wahl, die – sehr viel später – der Familie zugute kam.

In Berlin traf sie den ihr aus Lübeck flüchtig bekannten Julius Leber wieder. Gegen den Willen der Eltern heiratete sie im November 1927 den aus dem Elsaß stammenden Kleinbürgersohn. Freilich war Leber bei der Eheschließung bereits ein erfolgreicher Politiker; er war Doktor der Nationalökonomie, Reichstagsabgeordneter und Chefredakteur des sozialdemokratischen »Lübecker Volksboten«. Die Vorurteile der Eltern Rosenthal gegenüber dem bei der Heirat eben 36jährigen Schwiegersohn wurden nach und nach abgebaut. Jedenfalls waren sich nach der nationalsozialistischen Machtübernahme beide Seiten einig in der Ablehnung des Regimes. Und als Annedore Leber während der späteren jahrelangen Haftzeiten ihres Mannes oft darauf angewiesen war, die 1929 und 1931 geborenen Kinder Katharina und

Matthias versorgt zu wissen, nahmen sich die Großeltern Rosenthal stets der Enkel an.

Annedore Leber war zunächst politisch fast indifferent gewesen. Sie sei, berichtete sie rückschauend, im Grunde erst durch die Jahre der NS-Herrschaft politisiert worden. Allerdings hatte sie »schon als junges Mädchen gegen die Tradition meines bürgerlichen Elternhauses bei der ersten Wahl, die ich ausübte, die Stimme den Sozialdemokraten« gegeben. Das Elternhaus war nicht nur bürgerlich, sondern auch katholisch.

Doch für Annedore Leber bestand auch später kein Widerspruch zwischen praktiziertem Glauben und Entscheidung für die Sozialdemokratie, zumal ihre politische Sympathie lange Zeit überwiegend gefühlsbestimmt gewesen war. Für ihren Mann wurde sie vom »Saulus« zum »Paulus«, nachdem sie – durch die Nähe zu ihm – über die emotionalen Beweggründe hinaus zu ihrer sozialistischen Überzeugung gelangt war. »Mein lieber Paulus« – so sind viele Briefe von Julius an Annedore Leber überschrieben, Briefe aus Gefängnissen und Konzentrationslagern.

Einigermaßen unbeschwertes familiäres Zusammensein erlebten die Lebers in ihrem Lübecker Heim nur bis zum Frühjahr 1933. Danach begann für Julius Leber die Zeit in Untersuchungs- und in »Schutzhaft«, die Jahre in den Lagern Esterwegen, Sachsenhausen, Ravensbrück.

Annedore Leber zog nach Berlin. Dort wußte sie persönliche und politische Freunde, darunter Gustav Dahrendorf, Ludwig Schwamb, Ernst von Harnack. Zudem hoffte sie, in der großen Stadt leichter eine berufliche Existenz aufbauen zu können, als ihr dies in Lübeck möglich schien. Sie legte die Meisterprüfung im Schneiderhandwerk ab, eröffnete ein kleines Geschäft, arbeitete zeitweilig aber auch in der Schnittmusterabteilung eines Berliner Verlagshauses. So brachte sie sich und die Kinder durch.

Gleichzeitig versuchte sie, durch Briefe und Bittgänge die Freilassung ihres Mannes zu erwirken. Sie wandte sich an den Reichsinnenminister, an die Gestapozentrale, an den Inspekteur der Konzentrationslager, an Himmler, an Hitler – und hatte Erfolg.

Die Berliner Kohlenhandlung Bruno Meyer Nachf., in der Gustav Dahrendorf Julius Leber ein bescheidenes Auskommen verschaffte, wurde zur Kontaktadresse jener Widerstandsgruppe, in deren Mittelpunkt der Mann Annedore Lebers stand.

Viereinhalb Jahre lang hatte Julius Leber in Konzentrationslagern zubringen müssen, ein Jahr davon in Dunkelarrest. Ungebrochen kämpfte er weiter, hielt die Verbindungen zu sozialdemokratischen Freunden wie Reichwein, Schwamb, Mierendorff, Haubach. Er besaß aber auch das Vertrauen oppositioneller Militärs und von Persönlichkeiten des Kreisauer Kreises. Als er vierzehn Tage vor dem Anschlag auf Hitler, verraten durch einen Spitzel, zum letztenmal verhaftet wurde, ließ Stauffenberg, der Attentäter, Annedore Leber wissen: »Wir sind uns unserer Pflicht bewußt.« Er konnte sicher sein, daß Leber, der für die Zeit nach Hitler vorgesehene Reichinnenminister, nichts preisgeben würde.

Zehn Jahre nach dem gescheiterten Anschlag auf Adolf Hitler, fünf Jahre nach Gründung der Bundesrepublik Deutschland erschien im »Mosaik«-Verlag, Berlin/Frankfurt, ein reich bebildertes großformatiges Buch, das in der deutschen Presse, aber auch im Ausland auf lebhaftes Interesse stieß: »Das Gewissen steht auf« von Annedore Leber. Die Autorin war gleichzeitig die Verlegerin und Gründerin des Verlages, in dem bereits seit 1949 politische und pädagogische Publikationen erschienen.

Jahrelang hatte Annedore Leber – in Zusammenarbeit mit Karl Dietrich Bracher und Willy Brandt – an dem Buchprojekt gearbeitet, ehe sie die »64 Lebensbilder aus dem deutschen Widerstand 1933–1945« – so der Untertitel – veröffentlichte. »Der erste Gedanke zu diesem Buch liegt Jahre zurück«, schrieb sie im Vorwort. »Den Anstoß gaben Bilder aus der Zeit der nationalsozialistischen Gerichtsbarkeit. Sie wurden in dem Verhandlungsraum des Volksgerichtshofs ... während der Prozesse, die der Aktion vom 20. Juli 1944 folgten, aufgenommen. Damals haben weder die betroffenen Familien noch die Öffentlichkeit etwas von diesen Fotografien gewußt. Bald nach dem Zusammenbruch wurden sie mir zugänglich gemacht. Schon unter dem ersten Eindruck meinte ich, daß niemals Worte das Geschehen unter der modernen totalen Diktatur eindringlicher vermitteln könnten als diese Bilder.«

Sie sammelte Informationen über weitere Persönlichkeiten aus dem Widerstand, erbat Fotos, verfaßte Kurzbiographien, ordnete die individuellen Lebensläufe den sozialen und historischen Zusammenhängen zu und veröffentlichte wenig später in gleicher Ausstattung und Aufmachung ein zweites Buch: »Das Gewissen entscheidet – Bereiche des deutschen Widerstandes von 1933–1945 in Lebensbildern«.

Weder diese beiden je über zweihundert Seiten starken Bücher noch das bereits 1946 im Berliner »Telegraph«-Verlag erschienene Bändchen »Den toten, immer lebendigen Freunden« erhoben den Anspruch, auch nur halbwegs vollständig zu sein. Doch durch die Art der Darstellung, durch die Ausstattung mit großformatigen, teilweise erschütternden Bilddokumenten fanden sie in Teilen der Öffentlichkeit eine größere Aufmerksamkeit als andere, damals bereits veröffentlichte Werke über die Zeit des Nationalsozialismus, etwa Eugen Kogons »SS-Staat« oder »Der lautlose Aufstand« von Günther Weisenborn.

In Annedore Lebers Büchern wurden – hierin annähernd vollständig – viele Aspekte des deutschen antifaschistischen Kampfes berücksichtigt, der Arbeiterwiderstand ebenso wie der von Militärs, der Widerstand von Christen und Kommunisten, von Intellektuellen und von Mitgliedern sogenannter politischer Splittergruppen.

Die beiden Bücher erwecken keineswegs den Anschein, als handelte es sich hier um Julius-Leber-Gedenkpublikationen. Seiner Witwe kam es vielmehr darauf an, mit Hilfe der Darstellung individueller Schicksale Informationen über die damals jüngste deutsche Geschichte zu vermitteln. Sie hoffte, »manches festzuhalten, was einer späteren Geschichtsschreibung nicht verlorengehen sollte«, überließ es jedoch dem Leser zu entscheiden, »ob die Tragik unserer jüngsten Geschichte für Gegenwart und Zukunft fruchtbar werden kann, oder ob wir vor der klaren Stellungnahme gegenüber dieser Vergangenheit und ihren polaren Erscheinungen von Untat und Widerstand ausweichen«.

Den Objekten ihrer publizistischen und verlegerischen Tätigkeit setzte Annedore Leber ein Denkmal zu einer Zeit, in der sich die Republik längst angeschickt hatte, die jüngste deutsche Vergangenheit mit dem Mantel des Schweigens zu verhüllen.

Annedore Leber war zum Zeitpunkt des Erscheinens ihrer beiden großen Text-Bild-Bände im Berlin der frühen Nachkriegszeit längst eine bekannte Persönlichkeit. Bis zum erzwungenen Zusammenschluß von SPD und KPD in der sowjetischen Besatzungszone war sie – ab Oktober 1945 – Leiterin des Frauensekretariats und Mitglied des Zentralausschusses der SPD gewesen. Gleichzeitig besaß sie zusammen mit Arno Scholz als Chefredakteur und dem früheren Reichstagspräsidenten Paul Löbe die Genehmigung der Militärbehörden zur Herausgabe einer Zeitung. Viereinhalb Jahre lang war Annedore Leber Mit-Lizenzträgerin der Tageszeitung »Telegraf« und gab zeitweilig zusätzlich eine Frauenzeitschrift heraus. Sie nannte diese Zeitschrift »Mosaik«, wie ihren späteren eigenen Buchverlag.

Annedore Leber hatte viele andere Ämter inne. Unter anderem war sie Mitglied der Deutschen UNESCO-Kommission sowie, bei Gründung der Bundeswehr, eines von 38 Mitgliedern des für die höheren Offiziere zuständigen Personalgutachterausschusses für die Streitkräfte und während der ersten, der schwersten, Legislaturperiode Mitglied der Berliner Stadtverordnetenversammlung.

Dort hielt sie am 29. Juni 1948, wenige Tage nach Beginn der Berliner Blockade, eine Rede, mit der sie um Unterstützung eines Appells an die Vereinten Nationen bat; Berlin war zuvor nicht nur abgeriegelt, sein Parlament war auch an der Ausübung seiner demokratischen Pflichten gehindert worden. »Wir, die wir leider nicht in den Kreis der Vereinten Nationen gehören dürfen, obwohl wir nicht nur aus innerpolitischen Gründen, sondern auch wegen der Völkerrechtsbrüche Hitler bekämpften, wir glauben, daß wir das Prinzip der freien demokratischen Welt hochgehalten haben und daß wir nun wohl auch unsere freien demokratischen

Freunde in aller Welt daran erinnern dürfen, daß auch sie das Prinzip hochzuhalten haben und es an uns erfüllen müssen. ... Wir glauben, nicht zuviel zu verlangen, wenn wir die Vereinten Nationen bitten, Berlins Bevölkerung in dieser ernsten Stunde Hilfe und Unterstützung zuteil werden zu lassen.«

Annedore Leber verstand die Stadt Berlin nach dem Ende des Zweiten Weltkriegs als »Schauplatz für das Neuwerden einer europäischen, ja,... einer Weltgesinnungs- und Prinzipientreue«.

Im Lauf ihrer Rede zur Berliner Blockade bezog sie sich noch einmal auf die eben überwundene Zeit des Nationalsozialismus: »Wer ein Prinzip hat, darf nicht meinen, daß altes Unrecht durch neues Unrecht gesühnt werden kann. Er darf auch nicht einmal dulden, daß neues Unrecht begangen wird, um so weniger, als nämlich dem deutschen Volk von der freien demokratischen Welt zu Recht der Vorwurf gemacht wird, es habe stillschweigend Übeltaten und Menschlichkeitsvergehen geduldet und sich dadurch mitschuldig gemacht.«

In einer kleinen Broschüre wurde diese Rede abgedruckt, zusammen mit den Debattenbeiträgen der liberalen Stadtverordneten Ella Barowsky und der Christdemokratin Lucia Krüger. »Berliner Frauen appellieren an die Menschlichkeit«, heißt es im Titel des Heftes. »Möge die Welt diese Stimmen hören und sich ihrer Verantwortung bewußt werden!« schrieb Louise Schroeder, die damals Amtierende Oberbürgermeisterin der Stadt, in ihrem Vorwort...

Trotz ihrer vielen Aktivitäten im engeren und weiteren politischen Raum, blieb Annedore Leber immer als Vermittlerin von Geschichte, jüngerer deutscher Geschichte, tätig. Als sie am 28. Oktober 1968 starb, hinterließ sie eine beeindruckende Anzahl von Zeitungsartikeln, Redemanuskripten und ein weiteres Buch, das sie zusammen mit Freya Gräfin Moltke, deren Mann ebenfalls von den Nationalsozialisten umgebracht worden war, herausgegeben hatte. Auch dieses Buch war gedacht »für die nachfolgende Generation«.

Eine ihrer zahlreichen frühen Veröffentlichungen zum Thema »Verfolgung und Widerstand« widmete Annedore Leber einem bis dahin fast vollständig unbeachtet gebliebenem Personenkreis: den Frauen und Kindern der Opfer, den Menschen, die die NS-Henker zu Witwen und Waisen gemacht hatten. Sie schilderte dort Lebensumstände, die auch sie selbst und ihre Kinder hatten erleiden müssen:

»Hanna Kiep hat nach dem Tode ihres Mannes in dem Konzentrationslager Ravensbrück neben jüdischen Frauen auf das Kriegsende und die Befreiung gewartet ... Emmi Bonhoeffer landete mit ihren drei Kindern nach einer Flucht, bei der sie die Elbe durchschwimmen mußte, in dem von Flüchtlingen stark überbesetzten Ort Gronenberg ... Die Frau Adolf Reichweins hat ... eine Praxis als Heilgymnastin, obwohl sie daneben vier Kinder erziehen mußte. ... ›Versuchen wir es‹, sagte die Frau des Bergarbeiters und Gewerkschaftlers Nikolaus Groß, die mit ihren sechs Kindern standhaft das Leben meisterte. Im gleichen Sinne entschied sich Charlotte von der Schulenburg, die ebenfalls sechs Kinder hat, von denen das jüngste 1943 geboren wurde. ... So blieben viele Frauen und Kinder nach den dem 20. Juli 1944 folgenden Prozessen zurück«, Frauen, die, wie Annedore Leber in dem 1952 veröffentlichten Zeitungsartikel feststellte, »nicht kapituliert haben«, Frauen, die »stärker blieben als die Gestapo«.

». . . inmitten von Ratlosigkeit und Verzweiflung«

Lotte Lemke beschritt neue Wege sozialer Arbeit

Lotte Lemke, sonst ein durchaus realistisch denkender Mensch, glaubte an »ein wirkliches Wunder«: Gewissermaßen aus dem Nichts hatten alte Mitstreiter und Freunde, vorwiegend Frauen, die Arbeiterwohlfahrt (AW) wieder aufgebaut, »und das unmittelbar nach dem Zusammenbruch, also noch inmitten der unaufgeräumten Trümmerstädte, inmitten der Flüchtlingsströme, inmitten der zurückkommenden Soldaten, inmitten von Hunger und Obdachlosigkeit und vielfacher Ratlosigkeit und Verzweiflung«. Die Geschäftsführerin der Wohlfahrtsorganisation entdeckte staunend auf ihren mühseligen Rundreisen durch die drei Westzonen, daß in Selbsthilfeaktionen aus Trümmern schon feste Häuser errichtet worden waren: für die Heimkehrer oder als Werkstätten von Flüchtlingen für Flüchtlinge, zur Unterbringung der so wichtigen Nähstuben oder als Kindertagesstätten.

»Am meisten . . . überraschte mich«, so berichtete später Lotte Lemke, »daß bereits im Sommer 1946 viele tausend Kinder in . . . Tageserholungsheimen der Arbeiterwohlfahrt Aufnahme fanden, und zwar in Schleswig-Holstein ebenso wie in Bayern, in Nordrhein-Westfalen wie in Niedersachsen, in Baden-Württemberg und in der Rheinpfalz . . . Wie ist das möglich gewesen? Zauberei, könnte man denken. Nein, keineswegs Zauberei, aber Phantasie, Einfallsreichtum, Aufspüren von möglichen Hilfsquellen, Mut, Mut zur Improvisation! . . . Und das alles mit ehrenamtlichen Helferinnen und Helfern. Sie arbeiteten bis zur Erschöpfung.« – Das Verdienst Lotte Lemkes an dieser Wiederaufbauarbeit ist nicht weniger beeindruckend.

Ohne sie wäre die Arbeiterwohlfahrt gewiß auch wieder erstanden; aber die Reibungsverluste wären größer gewesen.

Zudem wäre der Verband länger ideologisch fixiert geblieben; er wäre nicht so bald gleichberechtigter Partner unter den Organisationen der freien Wohlfahrtspflege geworden. Und schließlich wäre ohne Lotte Lemkes Mitwirken ein Erfahrungsschatz ungenutzt geblieben: Sie war seit ihrer Jugend in der Sozialarbeit tätig gewesen.

Lotte – eigentlich Charlotte – Lemke stammte aus dem ostpreußischen Königsberg. Dort wurden sie und ihre Zwillingsschwester am 28. Januar 1903 geboren. Obwohl der Vater als gelernter Tischler ein qualifizierter Arbeiter war, lebte die Familie in ärmlichen Verhältnissen. Die Mutter und bald auch die Kinder mußten durch Heimarbeit dazuverdienen. Die Ausbildung an einer Handelsschule, die Lotte nach der Volksschulzeit absolvierte, bedeutete für die Familie ein großes Opfer. Gewöhnlich gingen Arbeitertöchter ungelernt »in Dienst«, nämlich als »Mädchen für alles« in bürgerliche Haushalte, während Arbeitersöhne im günstigen Fall ein Handwerk erlernten.

Lotte fand durch ihre büro- und verwaltungstechnischen Fertigkeiten bald eine Tätigkeit an der Hauptwohlfahrtsstelle für Ostpreußen. Dort war sie faktisch als Sachbearbeiterin beschäftigt und organisierte in den frühen zwanziger Jahren unter anderem Erholungsaufenthalte für Kinder aus dem damals außergewöhnliche Not leidenden Ruhrgebiet: Ihr Interesse für praktische Sozialarbeit war geweckt. Es war naheliegend, daß sie, die sich mit 17 bereits der Arbeiterjugendbewegung angeschlossen hatte, nun auch Mitglied der Arbeiterwohlfahrt wurde.

Die Arbeiterwohlfahrt war erst wenige Jahre zuvor, im Dezember 1919, gegründet worden, und zwar als Bestandteil der sozialdemokratischen Parteiorganisation. Auslösend war die Not nach dem Ende des Ersten Weltkriegs gewesen. Ursächlich aber wirkte die Kritik der organisierten Arbeiterschaft am staatlichen – und das hieß: am bürgerlichen – Verständnis von »Armenpflege« und »Fürsorge«. »Bei Beendigung des Krieges«, so schrieb Marie Juchacz, die Gründerin der Arbeiterwohlfahrt, Anfang der zwanziger Jahre, »standen die meisten Wohlfahrtsorganisationen ...

noch immer zu der überlieferten Anschauung, die in der Hauptsache persönliche Minderwertigkeit und Schuld des einzelnen als Ursache für die Hilfsbedürftigkeit annimmt und auch dementsprechend handelt.« Demgegenüber vertraten die Initiatoren der Gründung einer sozialdemokratischen Wohlfahrtsorganisation die damals durchaus ungewöhnliche Überzeugung: Soziale Fürsorge sei grundsätzlich Aufgabe des Staates, der nicht nach Schuld zu fragen habe. »Diese Anschauung«, so Marie Juchacz, »stützt sich auf den demokratischen Grundsatz der kameradschaftlichen Hilfe, die nicht niederdrückt, und setzt einen Geist voraus: den Geist der Solidarität.«

Mit dieser Grundeinstellung, aus der auch Anspruch auf Hilfe in Not abzuleiten war, setzte sich die AW in krassen Gegensatz zu den damals bestehenden Fürsorgeverbänden, die um so mißtrauischer reagierten, je stärker die Arbeiterwohlfahrt bemüht war, ihr Konzept von Sozialarbeit in die politischen Entscheidungsgremien zu tragen. Bestes Beispiel war Marie Juchacz selbst: Sie war 1919/20 sozialdemokratische Abgeordnete der Verfassunggebenden Nationalversammlung gewesen und gehörte von 1920 bis 1933 dem Reichstag an, wo sie sich engagiert für eine menschenwürdige Sozialpolitik einsetzte.

Lotte Lemke umriß viel später das auch für die Zeit nach dem Zweiten Weltkrieg noch gültige Ziel mit den Worten, die freie Wohlfahrtspflege sei »nicht nur als Träger sozialer Maßnahmen, sondern auch als Träger gestaltender demokratischer Kräfte zu sehen, welche für das Leben der Gesellschaft und der Menschen untereinander bedeutsam sind«.

Marie Juchacz war während der zwanziger Jahre auf die inzwischen durch eine Zusatzausbildung zur Kreisfürsorgerin avancierte Lotte Lemke aufmerksam geworden und bot ihr in Berlin den Posten einer stellvertretenden Geschäftsführerin des Hauptausschusses für Arbeiterwohlfahrt an. Das war eine Auszeichnung, die die erst 26jährige kaum anzunehmen wagte. Doch sie faßte sich ein Herz, ging in die Reichshauptstadt und kümmerte sich in der AW-Geschäftsführung vor allem um den Aufbau der

Wohlfahrtsschulen zur Ausbildung qualifizierter Mitarbeiterinnen und Mitarbeiter. Auch an der Schaffung des »Immenhofes«, des modellpädagogischen Berufserziehungsheims für junge Mädchen, beteiligte sie sich mit besonderem Interesse.

Zu Beginn der Weltwirtschaftskrise, 1930, wurde Lotte Lemke Geschäftsführerin. Der Schwerpunkt der Arbeit verlagerte sich nun mehr und mehr auf die Lösung kurzfristiger Probleme: Die Arbeitslosenzahl hatte zu Jahresbeginn die Drei-Millionen-Grenze überschritten und erreichte bis Jahresende 4,3 Millionen. Gewerkschaftlich Organisierte waren mit einem Arbeitslosenanteil von 30 Prozent besonders hart betroffen. In den Vordergrund der Sozialarbeit trat nun das Bemühen, die Not der unter Arbeitslosigkeit leidenden Familien zu lindern.

Den Nationalsozialisten fielen 1933 Hunderte von Einrichtungen einer gut funktionierenden Wohlfahrtsorganisation in die Hände: Heime für Kinder, Lehrlinge, Erholungsuchende, Obdachlose, Tagesstätten für junge und alte Menschen, Werkstätten für arbeitslose Jugendliche, gemeinnützig arbeitende Wirtschaftsbetriebe, über tausend Nähstuben, Wohlfahrtsschulen und der berühmt gewordene »Immenhof«. Ein Teil der 135 000 ehrenamtlichen Mitarbeiterinnen und Mitarbeiter ging in den politischen Untergrund; andere mußten ins Exil flüchten.

Die Sozialarbeiterin Lotte Lemke wurde mit Berufsverbot belegt. Es gelang ihr, die Emigration zu vermeiden. Sie ließ sich zur Buchhalterin ausbilden, betrieb zeitweilig einen kleinen Zeitschriftenhandel, fand Arbeit bei einer Schirmfabrik in Königsberg, war dann, berufsnäher, als Sekretärin an der Wohlfahrtsschule ihrer Heimatstadt tätig und konnte schließlich sogar wieder als Fürsorgerin arbeiten. Aber sie tat nicht nur dies. Sie arbeitete auch im politischen Widerstand.

Lange Zeit hielt sie unter dem Tarnnamen »Gerda« Kontakt zu dem nach Prag emigrierten SPD-Exilvorstand. Sie riskierte es auch, illegale Geldtransporte für die Arbeiterwohlfahrt zu übernehmen, die in verschiedenen Tarnorganisationen weiterwirkte. Sie stellte schließlich Verbindungen her zwischen politisch unverdächtigen Personen, die sich um Verhaftete und deren Familien kümmerten. Lotte Lemke wurde in jenen Jahren mehrfach Verhören durch die Gestapo unterzogen, konnte aber als »Gerda« nie identifiziert und überführt werden. Bei Kriegsende flüchtete sie nach Lübeck und ging dann nach Berlin.

Kurt Schumacher, 1945 nach zwölfjährigem Leiden aus dem Konzentrationslager befreit, betrieb von Hannover aus die Wiedergründung der deutschen Sozialdemokratie. Er vertraute der Kompetenz und der Einsatzbereitschaft Lotte Lemkes und bat sie schon im folgenden Jahr, die Arbeiterwohlfahrt – nun als eine von der SPD unabhängige Organisation – wieder aufzubauen. Eine Mitstreiterin Lotte Lemkes schilderte deren Reaktion: »Die brennende Energie und Leidenschaft, mit der sie mir das vortrug, sind mir unvergeßlich. Zu jener Zeit brauchte wohl jeder, der Deutschland bei seinem Neubeginn helfen wollte, solche Energie und Leidenschaft.«

Lotte Lemke war nun Geschäftsführerin einer Organisation, die es formell noch zu schaffen galt. Sie blieb in Hannover, wo sich auch andere politische Freunde um Kurt Schumacher sammelten. Später erst, auf der – noch Reichskonferenz genannten – zentralen Tagung der Arbeiterwohlfahrt, die im Mai 1947 in Herleshausen stattfand, wurde sie durch Robert Görlinger offiziell ins Amt berufen. Görlinger war Kölner Oberbürgermeister und der erste Nachkriegs-Vorsitzende der AW.

Als 40 Jahre nach Kriegsende in Dortmund ein Bildungswerk nach Lotte Lemke benannt wurde, erinnerte die Sozialpolitikerin Elfriede Eilers dankbar an jene Anfangsjahre: »Mit einer kleinen Schar von Mitarbeitern arbeitete Lotte Lemke in einem winzigen Büro daran, die Bemühungen der überall wieder entstehenden Ortsausschüsse zu koordinieren. Das erforderte nächtelange Fahrten in ungeheizten, unvorstellbar überfüllten Zügen, illegale Reisen in die französische Besatzungszone. Sie schaffte die Verbindungen zu den Besatzungsmächten, um zu erreichen, daß die Arbeiterwohlfahrt als ein den anderen gleichwertiger Spitzenverband der freien Wohlfahrtspflege anerkannt und an der Auslandshilfe entsprechend ihrer Leistung beteiligt wurde. Lotte Lemke war gleichsam ein Symbol und die Repräsentation des Wiederaufbaus und aller sich daran knüpfenden Hoffnungen.«

Lotte Lemkes unermüdlichen, gelegentlich auch als rastlos beschriebenen Aktivitäten mochten im nachhinein als »Symbol des Wiederaufbaus« erinnert werden – sie selbst entsann sich konkreter Probleme und der Versuche, sie zu lösen: »Der Aufbau der Arbeit vollzog sich zunächst auf örtlicher Ebene, ohne jede Anweisung von ›oben‹, ohne jeden Auftrag. Es bestand auch zunächst gar keine Verbindung untereinander. ... Welche Hemmung allein bedeuteten damals die Zonengrenzen, für deren Überschreitung immer erst eine besondere und oft langwierig einzuholende Erlaubnis notwendig war! Wie knapp waren Papier und alle anderen technischen Mittel, die nun einmal für den Aufbau eines Organisations- und Verwaltungsapparates unentbehrlich sind! Wie knapp waren aber vor allen Dingen die geeigneten Menschen für die Arbeit in den Beratungsstellen, den Volksküchen, Nähstuben, Flüchtlingsunterkünften, in den vielen verschiedenartigen Einrichtungen jener Aufbauzeit!«

Beispiel Hannover, einer der wenigen AW-Bezirke, über die exaktes Zahlenmaterial aus jenen Jahren vorliegt: Die Mitarbeiter befanden sich im Besitz einer Schreibmaschine. Man hatte ihnen einen winzigen Raum zugewiesen. Der später größere in der Friedrichstraße war nicht komfortabler, denn in ihm mußten der überregional tätige Hauptausschuß, der Bezirks- und der örtliche Ausschuß Platz finden. Die Geschäftsführerin erledigte ihre Büroarbeiten zeitweilig an der Längsseite des Schreibtisches von Alfred Nau im SPD-Parteibüro in der Jacobstraße. »Da habe ich dann mein erstes Rundschreiben ... verfaßt, beantwortete Briefe, und wenn der Alfred Besuch bekam, dann mußte ich mich auf den Flur setzen und sehen, wie ich weitermachte.«

Unterdessen ging es im eigentlichen AW-Büro nicht angenehmer zu. »Trotz hoher Kältegrade«, so heißt es in einem Bericht, »mußte die Arbeit den Winter über im ungeheizten Raum, manchmal mit Frostbeulen an Händen und Füßen, durchgehalten werden.« Denn: »In diese Zeit fielen die ersten namhaften Quäker-Spenden. Damit konnte innerhalb der Stadt Hannover wenigstens ein Teil der schlimmsten Not behoben werden.« Freilich auch durch Paketsendungen der von Marie Juchacz im amerikanischen Exil gegründeten »Arbeiterwohlfahrt New York«.

Trotz der schwierigen äußeren Bedingungen verfügte der Bezirk Hannover der AW bereits 1948 über 4825 ehrenamtliche Helferinnen und Helfer, über 503 Beratungsstellen, 33 Kindergärten und 174 Nähstuben – eine ganz erstaunliche Leistung in der Umgebung einer Stadt, die mit 70 Prozent so schwer zerstört worden war, daß auf ihrem gesammelten Trümmerschutt später das riesige Niedersachsen-Stadion aufgebaut werden konnte.

Lotte Lemke bewegte im damaligen Hannover am stärksten die Initiative einer Gruppe von jungen Menschen: »Jugendliche (bauten) in Selbsthilfe das alte Militärgefängnis am Waterlooplatz aus zu einem Jugendwohnheim. Das war eine großartige Sache! Dieses Jugendwohnheim ›Waterlooplatz‹ werde ich nie vergessen. Ich habe viele Stunden dort mit jungen Leuten zugebracht. Es war eine typische Modelleinrichtung, die große Beachtung fand und weithin ausstrahlte.«

Diese Jugend-Initiative beeindruckte um so mehr, als es gleichzeitig immer wieder, wie Lotte Lemke es einmal nannte, jenen »menschlichen, geistigen und materiellen Substanzverlust durch Unterdrückung, Verfolgung und Beraubung« zu beklagen gab, der die Wiederaufnahme der Arbeit nach zwölfjähriger NS-Herrschaft so sehr erschwert hatte.

Die Geschäftsführerin mußte sich jedoch intensiver um übergeordnete Aufgaben kümmern. Die Koordination der Wiederaufbau-Aktivitäten in den einzelnen Besatzungszonen gehörte zu den vordringlichen Zielen. In der sowjetischen Besatzungszone war unter kommunistischer Führung die »Volkssolidarität« gegründet und damit die Neubildung der Arbeiterwohlfahrt unmöglich geworden. Die Zusammenarbeit zwischen den AW-Vertretern aus der amerikanischen und der britischen Zone verlief verhältnismäßig problemlos. Dagegen erhielten die Repräsentanten der

Arbeiterwohlfahrt aus der französischen Zone zu den ersten überregionalen Zusammenkünften keine Ausreiseerlaubnisse; auch die erste Reichskonferenz der AW fand im Mai 1947 in Herleshausen ohne die Delegierten aus der französisch besetzten Zone statt.

In ihrem dort vorgelegten Geschäftsbericht betonte Lotte Lemke die Selbständigkeit und Unabhängigkeit der Arbeiterwohlfahrt, die sich zwar zum demokratischen Sozialismus bekenne, in ihrer praktischen Arbeit jedoch Hilfe zur Selbsthilfe für jeden – »ohne Ansehen politischer oder konfessioneller Zugehörigkeit« – leisten wolle.

Diese Arbeit begleitete Lotte Lemke, die am 19. April 1988 starb, noch jahrzehntelang. 1951 wurde sie zur Stellvertreterin des Vorsitzenden Heinrich Albertz gewählt, der Robert Görlinger 1949 im Amt gefolgt war. 1965 wählten die Delegierten Lotte Lemke zur Bundesvorsitzenden der Arbeiterwohlfahrt. Sie versah dieses Amt bis zur Wahl von Kurt Partzsch im Jahr 1971 und wurde dann – nach der 1949 nach Deutschland zurückgekehrten Marie Juchacz – zur zweiten Ehrenvorsitzenden des Verbandes ernannt.

Während des langen Zeitraums der Tätigkeit Lotte Lemkes in der Führung der Arbeiterwohlfahrt gab es viele Veränderungen in der Organisationsstruktur und zahlreiche Erweiterungen im Aufgabenbereich, darunter die Altenpflege, die Betreuung ausländischer Arbeiter, die Entwicklungshilfe. Die Basis dafür wurde jedoch unmittelbar nach dem Zweiten Weltkrieg gelegt.

Die Geschäftsführerin und spätere Vorsitzende hatte dabei manche Widerstände in den eigenen Reihen zu überwinden. Der Loslösung von der Sozialdemokratie stimmten keineswegs alle Mitglieder und Mitarbeiter begeistert zu. Doch nur die organisatorische Unabhängigkeit eröffnete der AW die Möglichkeit zur Zusammenarbeit mit anderen Spitzenverbänden der freien Wohlfahrtspflege. Lotte Lemke hielt diese Zusammenarbeit für erforderlich und für fruchtbar und setzte die Voraussetzung dazu mit ihrer ganzen Überzeugungskraft innerhalb der eigenen Organisation durch.

Die Vorstandsmitglieder der Arbeiterwohlfahrt und die Mitarbeiter in der Zentrale hatten sich daran gewöhnen müssen, daß Lotte Lemke die Überzeugungen, die sie einmal gewonnen hatte, in der Regel auch durchzusetzen verstand. Die Umsetzung einmal getroffener Entscheidungen pflegte sie ebenso zielstrebig wie zügig zu verfolgen. Dabei verlangte sie von den Mitarbeitern ebensoviel wie von sich selbst; und das war nicht wenig. Zwar besaß sie eine natürliche Autorität; aber sie galt als eine unbequeme Chefin, die nicht nur dazu neigte, perfektionistisch zu sein, sondern auch außerordentlich kritisch war und das, was sie als kritikwürdig empfand, in aller Deutlichkeit auszusprechen pflegte.

Menschen, die Lotte Lemke nur in dem beruflichen, nicht auch in dem privaten Feld erlebten, ahnten nichts von ihrer aufrichtigen Treue und loyalen Hilfsbereitschaft. Viele der Freundschaften, die sie als junge Frau geschlossen hatte, dauerten bis zu ihrem Tod. Besonders ihren jüdischen Freunden, auch wenn sie nicht heimgekommen waren aus dem Exil, bewahrte sie stets ihre Zuneigung und Hilfsbereitschaft. Dabei kontrastierte ihre Warmherzigkeit nur vordergründig mit der ostpreußischen Herbheit ihres Wesens. Es gab andere, nur scheinbare Widersprüche an Lotte Lemke zu entdecken: ihre tiefe Gläubigkeit als protestantische Christin und ihre sozialistische Überzeugung, ihre bescheidene schulische Bildung und ihr Kenntnisreichtum auf kulturellem Gebiet, ihr eigener Ideenreichtum und die Bereitschaft, von anderen dazuzulernen.

»Die Arbeiterwohlfahrt«, sagte eine ihrer guten Bekannten, »ist nicht erst nach dem Tod Lotte Lemkes, sondern bereits bei ihrem Ausscheiden aus der aktiven Leitungsarbeit ärmer geworden.« Das trifft auch für die Bundesarbeitsgemeinschaft der freien Wohlfahrtspflege zu, deren Vorsitz Lotte Lemke dreimal innehatte, nachdem es ihr gelungen war, die Mitgliedschaft der AW in dieser Arbeitsgemeinschaft zu erreichen.

Deren Mitglieder beneideten die AW um eine Einrichtung innerhalb der Organisation, die später von vielen kopiert wurde:

die Fachausschüsse. Es handelt sich dabei um Gremien, denen sowohl Mitglieder des Verbandes als auch organisationsungebundene Experten für die verschiedenen Aufgabenbereiche der Arbeiterwohlfahrt angehören. Die ersten vier dieser Fachausschüsse wurden bereits 1946, am Jahresbeginn, gebildet. Sie hatten damals und haben noch heute die Aufgabe, die Mitarbeiter in der AW-Zentrale zu beraten, aber auch dort ihre Kenntnisse einzubringen, wo es etwa um die Formulierung von Eingaben für die Änderung oder Schaffung von Gesetzen geht.

Lotte Lemke zeigte sich häufig innerlich flexibler als andere AW-Mitglieder und -Mitarbeiter ihrer eigenen Generation. Sie stand neuen Entwicklungen und Erfordernissen aufgeschlossen gegenüber, knüpfte in ihren vielen mündlichen und schriftlichen Äußerungen über Sozialarbeit aber immer gern an die Tradition der Arbeiterwohlfahrt und deren Wurzeln in der Arbeiterbewegung an. Friedrich Eberts, des ersten Reichspräsidenten, bündige Definition, die Arbeiterwohlfahrt sei »Selbsthilfe der Arbeiterschaft«, interpretierte sie mit der Bemerkung, »daß Selbsthilfe nicht nur unmittelbare materielle Hilfe umfaßt, sondern die ganze Fülle von Maßnahmen und gesetzlichen Regelungen, die geeignet sind, die Gesamtlage der abhängigen Menschen zu verbessern«. Sie wollte »mit den Mitteln der Politik die gesetzlichen Grundlagen und die verwaltungsmäßigen Voraussetzungen der Wohlfahrtspflege« positiv verändern.

Aufgrund dieser Einstellung zielte ihre Arbeit stets in zwei Richtungen: Hilfe zur Selbsthilfe in der Praxis der sozialen Tätigkeit auf der einen Seite vermitteln, gleichzeitig aber auf der anderen Seite Anstöße geben für einen grundsätzlichen Wandel der gesellschaftlichen Verhältnisse zugunsten Benachteiligter. Auch im Alter, als Ehrenvorsitzende der Arbeiterwohlfahrt, wurde sie in Zusammenhang mit prinzipiellen Diskussionen »stets als Motor empfunden, der immer wieder neue Gedanken einbrachte«, wie eine jüngere AW-Vorstandsfrau sich erinnert. Diese neuen Gedanken fußten freilich auf einem Programm, das Lotte Lemke selbst häufig interpretiert hat.

Auf der Reichskonferenz in Berlin 1953 – damals war der Verband mit seiner Zentrale bereits nach Bonn umgezogen – hat sie es in einem Vortrag über »Humanitäres Handeln aus politischer Verantwortung« wohl am plastischsten dargestellt: Das Programm der Arbeiterwohlfahrt, so sagte sie dort, »umschließt die tägliche fürsorgerische Kleinarbeit ebenso wie die Planung an neuen Gestaltungen« und »die Anwendung überkommener und bewährter ... Methoden ebenso wie die tapferen Versuche, in dieser unserer unzulänglichen Gegenwart nach dem Maß unserer Kräfte schon etwas von dem zu verwirklichen, was gemeinhin immer erst als Folge der Herstellung einer sozialistischen Ordnung gesehen wird.«

Sie war schon mit siebzehn davon überzeugt gewesen, daß ein stilles Herbeiwünschen dieser Ordnung allein nichts bewirkt.

»Wir wollten damals den Frieden erfinden«

Lore Lorentz: Kabarett gegen die Restauration

Ein Sommerabend in Den Haag: Die Vorstellung war zu Ende, das Rampenlicht ausgeschaltet. Die Besucher hatten den Saal verlassen. Kay und Lore Lorentz saßen im abgedunkelten Zuschauerraum. Sie entspannten sich, verschnauften, wie Lore Lorentz erzählte: »Wir reden kein Wort, wir sind ganz still. Da hören wir Schritte, langsame Schritte, vom trockenen Klopfen einer Holzkrücke begleitet. Ein Mann steht vor uns und hält Kay auf der ausgestreckten Hand eine kleine Trillerpfeife entgegen.« Der Mann, Abgesandter ehemaliger KZ-Häftlinge, erklärte die Geste: Er sei gekommen, um gegen das Auftreten einer deutschen Künstlergruppe in den Niederlanden zu demonstrieren; er hatte die Vorstellung mit der Trillerpfeife stören wollen. Er tat es nicht. »Er schenkte uns die Pfeife, bedankte sich für den Abend, er habe ihm sehr gefallen. Dann drehte er sich um und humpelte langsam aus dem Theater. – Ich glaube, wir haben den Atem angehalten.«

Das politisch-literarische Kabarett »Kom(m)ödchen« aus Düsseldorf war das erste deutsche Ensemble, das nach Beendigung des Zweiten Weltkriegs in den Niederlanden auftrat. Auch anderswo im Ausland waren Kay und Lore Lorentz mit ihrer Bühne die ersten Deutschen, die sich nach draußen wagten – und willkommen waren. In London traten sie 1951 erstmals auf, in Zürich bereits 1949. »Es war fast unheimlich, dort im ›Hirschen‹ zu spielen und zu wissen, daß das letzte deutsche Kabarett, das da aufgetreten war, Erika Mann mit der ›Pfeffermühle‹ gewesen war«, empfindet Lore Lorentz noch viele Jahre später.

Das Gastspiel in Den Haag erhielt aus anderem Grund ein besonderes Gewicht. Zunächst war der Empfang durch die holländische Presse so »niederschmetternd« gewesen, daß Lore Lorentz ihre »lückenhaften niederländischen Sprachkenntnisse als ein gütiges Geschick« bezeichnete: »Wahrscheinlich wären wir sonst sofort wieder nach Hause gefahren.«

Aber es geschah bei ausverkauftem Haus, was sie bis dahin noch nicht erlebt hatte: »Applaus, Verbeugung, Applaus, Verbeugung, Einzelverbeugung, und als ich vor dem Vorhang stehe, merke ich eine Bewegung im Zuschauerraum. Was machen denn die Leute? Die erste Reihe steht auf, die zweite Reihe auch, der ganze Saal steht da und klatscht.« Lore Lorentz erlebte die erste »standing ovation«.

Das war 1952. Die Bundesrepublik Deutschland war drei Jahre alt, »Das Kom(m)ödchen« aber bereits fünf. Im deutschsprachigen Raum war das Kabarett schon bekannt, freilich keineswegs überall beliebt. Das Radio nahm seine Programme auf und machte das »Kom(m)ödchen-Lied« von Bert Markus und Emil Schuchardt zum Ohrwurm: »Wenn es dem Kom(m)ödchen nicht gefällt, was sich so ereignet auf der Welt...«

Selbstironie, Witz, kritische Distanz zur deutschen Gegenwart und Vergangenheit, dazu die behutsame Conférence von Kay Lorentz und die brillante Darstellungskunst von Lore Lorentz haben den niederländischen Zuschauern gezeigt, daß es auch andere Deutsche gibt, als jene, die sie wenige Jahre vorher hatten erleben müssen. »Wir wollten damals den Frieden erfinden«, sagte Lore Lorentz, wieder selbstironisch, viel später einmal. Tatsächlich hat »Das Kom(m)ödchen« für den Frieden, jedenfalls für die Wiederannäherung ehemals von den Deutschen mit Krieg überzogenen Ländern mehr getan, als historisch meßbar ist.

Botschafterin der Verständigung wurde Lore Lorentz gern; doch sie wurde es ohne Absicht. Auch Vortragskünstlerin, Chansonsängerin, kurz: Diseuse, war sie geworden, ohne dieses spezielle Metier gezielt angestrebt zu haben. Immerhin war bei ihr früh, schon in der Kindheit, schauspielerisches Talent entdeckt und gefördert worden. Und so fand sie später: »Es wäre nicht aufzuhalten gewesen. Was immer ich gemacht hätte, irgendwie wäre ich auf der Bühne gelandet.«

Lange, nachdem »Das Kom(m)ödchen« bereits bestand, »landete« Lore Lorentz gelegentlich auch auf anderen, größeren Bühnen: Im Düsseldorfer Schauspielhaus spielte sie die »Mirandolina« von Goldoni und die »Jenny« in der »Dreigroschenoper« von Brecht und Weill; die Deutsche Oper am Rhein engagierte sie als »Öffentliche Meinung« in Offenbachs »Orpheus in der Unterwelt«. Andere Aufgaben kamen hinzu, darunter ab 1976 die Dozentur für die Fächer Chanson, Song und Musical an der Folkwang-Schule in Essen. Zur Professorin wurde sie durch das Land Nordrhein-Westfalen zwei Jahre später ernannt.

Ihre Laufbahn hängt eng zusammen mit Erfahrungen und Erlebnissen in Kindheit und Jugendzeit.

Lore Lorentz stammt – ihre Sprache verrät dies noch heute – aus Mährisch Ostrau. Sie wurde dort am 12. September 1920 geboren und wuchs als einziges Kind in einem musisch sehr interessierten, liberalen Elternhaus auf. Schon Roman Schirmer, der Vater, von Beruf Ingenieur, hatte einen Hang zur Bühne und war während seines Studiums in Prag häufig in der Statisterie der Oper aufgetreten. Die Tochter hat diese Neigung geerbt, schrieb schon als Gymnasiastin Stücke – »die Hauptrollen immer für mich« – und erhielt noch während der Schulzeit Unterricht bei Hermann Valentin, einem Schauspieler am deutschen Theater in Ostrau, der seiner jüdischen Abstammung wegen Berlin hatte verlassen müssen.

Nach dem Abitur aber fand Lore Schirmer, sie sei für die Schauspielerei nicht hübsch genug, ging nach Wien und studierte dort sieben Semester Geschichte, Philosophie und Germanistik. Zum Wintersemester 1943/44 wechselte sie nach Berlin. Weil »das da nicht so lustig war, was Geschichte anbelangt«, schaute sie sich an der Humboldt-Universität woanders um, ließ eine Vorlesung über »Deutsche Außenpolitik von 1914 bis 1918« ausfallen und hörte statt dessen im Audimax einen Vortrag über »Publizistik in den USA«.

Ein Student der Hochschule für Politik, der eigentlich sein arabisches Seminar hätte besuchen müssen, hatte es ebenfalls vorgezogen, sich über die amerikanische Publizistik zu orientieren. Es handelte sich um den gleichaltrigen Kay Lorentz, der nach Abitur und Studienbeginn eingezogen worden war, nun aber ein Semester lang Studienurlaub erhalten hatte. Er war in Chemnitz geboren worden, in Magdeburg aufgewachsen, seit 1936 in Düsseldorf zu Hause und wollte eigentlich Diplomat werden.

Über die weitere Entwicklung hat Lore Lorentz einmal geschrieben, in der dritten Person übrigens: »Als er schon längst wieder an der Front war und sie sich im heimeligeren Wien unter Bomben und Granaten auf ihr Staatsexamen vorbereitete, träumten sie von den journalistischen Möglichkeiten in Übersee und dachten daran, nach dem verlorenen Krieg auszuwandern. Sie heirateten und merkten zu ihrem Erstaunen, daß diese Tatsache und das Verlieren des Krieges ungeahnte Energien freizusetzen vermag.«

Die Lorentzens blieben. Schließlich: Warum, eigentlich, sollte man gehen? »Wir fanden auf einmal: Das ist doch die Chance: Hier was machen aus den Trümmern!«

Sie waren noch Studenten. Lore Lorentz wollte an der Kölner Universität ihre Dissertation erarbeiten. Aber dazu hätte sie erst zwei Semester lang immatrikuliert sein müssen. Doch wovon leben in dieser Zeit? Zudem gab es da bereits ein Baby, Constanze, das erste, dem Kathinka, Kay-Sebastian und Christopher in den nächsten zehn Jahren folgten. Es galt, Geld zu verdienen, egal womit. Und da geschah »diese unglaublich kitschige Geschichte«, wie Lore Lorentz den Anfang nennt.

»Ein Freund von Kay wollte ein Kabarett aufmachen und sagte zu ihm: ›Du hast doch immer gute Aufsätze geschrieben . . .‹ Da sagte der Kay: ›Die Lore müßte auch etwas haben.‹ Sie setzten mich an die Kasse. Wir hatten keine Ahnung vom Kabarett; wir hatten nie eins gesehen. Aber Kay wußte: Einer singt. Als dann die vorgesehene Diseuse, das war Barbara Wagner aus Wuppertal, als sie absagte und wir auch sonst keine kannten, die bereit war, mit rauchiger Stimme klare Wahrheiten den Spießbürgern ins Gesicht zu schleudern, da sagte der Kay: ›Es nützt alles nichts:

Du mußt singen.‹ Und wenn eine Grotesktänzerin ausgefallen wäre, hätte ich wahrscheinlich auch getanzt.« So kam die spätere First Lady, die Grande Dame des deutschen Kabaretts auf die Bühne. Ihr Mann ist noch heute überzeugt: »Sie hätte damals auch den Löwen gespielt.«

Sie erfuhren viel Hilfe. Ums Baby kümmerten sie sich gemeinsam, aber auch Lore Lorentz' Mutter und eine Säuglingsschwester, die all die Jahre bei der Familie blieb und heute den Haushalt führt. Beim Aufbau des Kabaretts half vor allem »Fatty« Lemke, »einer«, wie Lore Lorentz sagt, »dieser raren Menschen, die so viel können, Maler sein, Wirt, Karikaturist, Mutmacher und Ideenzauberer.«

»Fatty« verabredete vorbereitende Besprechungen grundsätzlich mittags in seiner Kneipe. So konnte er den Lorentzens immer, wie beiläufig, etwas zu Essen servieren. »Fatty« gab den Tip für die Räumlichkeit, in der »Das Kom(m)ödchen« bis 1967, als die Bauaufsicht Einwendungen erhob, zu Hause war.

Sie arbeiteten buchstäblich unter Trümmern, holten ihre künftige Bühne erst einmal aus dem Schutt hervor. Es handelte sich um das stehengebliebene Erdgeschoß eines Hauses in der Düsseldorfer Hunsrückenstraße; dort fand »Das Kom(m)ödchen« sein erstes Quartier, nur wenige Meter entfernt von der späteren Adresse im Gebäude der Kunsthalle. Acht mal acht Meter war der Raum groß, in dem die Gründerjahre der Republik, ihre Politik und ihre Repräsentanten, aber auch deren Wähler, mit überwachen Augen kritisch betrachtet, mit bissiger Zunge satirisch begleitet wurden. Der Keller unter Zuschauerraum und Bühne diente als Garderobe, der grasbewachsene Fußboden des zerbombten Geschosses über ihnen gelegentlich als Dachterrasse.

Die weiteren Umstände entsprachen denen der meisten Menschen, die damals, nach dem Krieg, etwas aufbauen wollten: »Sie tauschten eine Leica gegen 36 Stangen ›Pall Mall‹, diese dann wieder gegen Ziegelsteine, Vorhangstoff und zwei Lampen«, so erzählte es Lore Lorentz einmal. »Sie begegneten 120 Menschen, die ihnen abrieten, 240, die ihnen zurieten, 50, die ihnen halfen«, darunter »den Journalisten Bert Markus, der Texte schrieb, den angehenden Zeitungsmann Hanswalter Clasen, der im Notfall auch Sopran sang, den Opernsänger Werner Vielhaber, der alles spielen konnte, außer Gangster, Emil Schuchardt, der von der Kirchenmusik kam und komponierte, Eduard Marwitz, der Bühnenbilder malte, selbst mitspielte und jemanden kannte, der wiederum einen Verwandten hatte, der Farben auf Pump lieferte . . .«

Da Lore Lorentz von der Kassiererin zur Hauptdarstellerin reüssiert war, noch ehe das erste Programm des »Kom(m)ödchens« gespielt wurde, wollte Kay Lorentz seiner Frau auch eine exzellente Rolle bieten. »Ich kauf' dir einen Chanson«, sagte er, schwang sich aufs Trittbrett eines Kohlentenders und erreichte nach zwei Tagen München. Dort stellte sich heraus, daß der in Aussicht genommene Textdichter, Herbert Witt, zu teuer war. Vier Pfund Speck sollte das Liedchen kosten.

So dichtete Kay Lorentz selbst: »Made in Germany«. Das etwas verruchte Chanson, in dem eine Barsängerin ihre Dienste anbietet, vorzugsweise in Etablissements der westlichen Besatzungsmächte, war das erste von vielen späteren, das Kay Lorentz für seine Frau schrieb; es war auch das erste, das sie sang, und es »paßte wie ein Handschuh«.

Lore Lorentz wurde rasch zum Star des »Kom(m)ödchens«, ja, der gesamten, allmählich sich entwickelnden bundesdeutschen Kabarett-Szene. Talent allein machte das nicht. Unter Kollegen gilt sie als »Arbeitstier«, als ein Mensch von Fleiß, perfektionistischer Präzision und beeindruckender Disziplin. Dabei ist sie nie nur Interpretin von Texten, sondern immer auch Anregerin für Texte.

Von sich selbst behauptet Lore Lorentz, »wütend, engagiert und ungerecht« zu sein und »auf Dummheit allergisch« zu reagieren, Eigenheiten, die sie sich unbedingt erhalten will. »Ihre Wut ist noch jung«, titelte »Die Zeit«, als die Kabarett-Künstlerin 65 wurde – frei nach einem Lied, das Werner Schneyder für sie geschrieben hat: »Die Wut ist jung,/ so können sie nicht mit mir verfahren./ Ich schenke ihnen nach all den Jahren/ doch nicht mein

Schweigen.« Resignation fände sie »entsetzlich. Dann würde ich an Magengeschwüren oder Herzdrücken sterben.«

Bei all dem Zorn, den sie artikuliert, ist sie eine charmante, äußerst warmherzige Frau. Lore Lorentz liebt die Menschen. »Menschenhasser«, findet sie, »dürften überhaupt nicht auf die Bühne.«

Es dauerte – nach Gründung des »Kom(m)ödchen« – nicht lange, da galt es als chic, die Premieren der satirischen Bühne in Düsseldorf zu besuchen; und auch aus der Bundeshauptstadt eilten die Zuschauer herbei. Den Lorentzens ist die Gratwanderung bewußt, auf die sie sich einlassen, wenn sie die politische Wirklichkeit kritisieren, während deren Protagonisten amüsiert auf den vorderen Plätzen im Parkett sitzen. Nur Bundeskanzler Adenauer verschmähte eine durch den nordrhein-westfälischen Justizminister ausgesprochene Einladung: »Ich brauch' kein ›Kom(m)ödchen‹; ich hab' heut' Fraktionssitzung.«

Engagement und Erfolg hatten überwiegend positive Wirkung. Schmähbriefe – »Euch hat man auch zu vergasen vergessen!« – gab es immer, gibt es noch heute; aber sie bilden die Ausnahme. Dagegen stehen Ehrungen und Auszeichnungen, bei deren Akzeptanz die »Kom(m)ödchen«-Gründer allerdings wählerisch waren. Die Stadt Köln verlieh dem Ehepaar Lorentz den »Jacques-Offenbach-Preis«, das Bundesland Nordrhein-Westfalen den Staatspreis. Das Bundesverdienstkreuz hingegen lehnten beide »mit freundlich-dankbarer Entschiedenheit« ab: Es hatten zu viele Menschen in dieser Republik die Auszeichnung erhalten, denen die Lorentzens äußerst kritisch gegenüberstanden.

Als »Das Kom(m)ödchen« 1987 im vierzigsten Jahr bestand, bat man Kay und Lore Lorentz, sich ins Goldene Buch der Stadt Düsseldorf einzutragen. Sie taten es – und dachten dabei intensiv an die Anfangsjahre zurück. »Was war so herrlich, so einmalig in dieser Zeit?« fragte sich Lore Lorentz beim Bilanzieren nach Jahrzehnten: »Wenn ich alles abwäge, ich komme nur zu einem Schluß: Es war die Zeit, in der noch alles drin war, die Chance der Stunde Null.«

»Positiv dagegen« war der Titel des ersten »Kom(m)ödchen«-Programms. »Positiv dagegen« steht für das »Kom(m)ödchen« und sein Programm durch alle Zeiten. Der Vorhang auf der Bühne zwischen Trümmern hob sich erstmals am 27. März 1947. »Die CDU war unserem Programm mit ihrem Ahlener Programm um genau einen Monat voraus, die Bundesrepublik kaum gedacht«, erinnert sich Lore Lorentz, und: »Strauß war Landrat, Kohl stand vor dem Abitur, der 74jährige Adenauer rüstete sich, Rhöndorf gegen Frankfurt auszustechen, Schumacher war zwar voll da, aber in einer legendären Weise unwirklich, Carlo Schmid noch Carlo und nicht ›einer der Väter des Grundgesetzes‹.«

»Anfangs, im Nachkriegs-Kabarett, war es leicht«, findet Lore Lorentz. »Wir konnten noch Personen angreifen. Aber schon zehn Jahre später mußten wir auf das Symptomatische gehen: Als Kabarettistin oder Kabarettist greift man die Zustände an: den Mißbrauch der Macht, den Mißbrauch der Demokratie. Das kann die Regierung sein, das kann die Opposition sein, das können Interessenverbände sein, das kann die Gewerkschaft sein.«

Die Gefahr des Beifalls von der falschen Seite ist dabei immer gegeben. Den hat Lore Lorentz erlebt, mehr als einmal, und unter anderem, als sie die Politik des Vertriebenen-Funktionärs Seebohm angriff. »Verrat«, riefen da die Vertriebenenverbände, die sehr wohl wußten, woher die »Kom(m)ödchen«-Prinzipalin stammt. »Wir haben einen Drohbrief gekriegt mit Tränengaspulver drin. Es war wirklich schlimm. Die Kinder standen unter Polizeischutz. Das Peinlichste aber war: Der tschechische Rundfunk und das Fernsehen kamen an, auch aus der DDR, und wollten ein Interview. So etwas wollten wir aber nicht machen. Wenn wir Zustände in der Bundesrepublik kritisieren, dann hier.«

Die häufig gestellte Frage nach der Notwendigkeit von Polarisationsfiguren, die Kabarett angeblich erst möglich machen, läßt Lore Lorentz in Rage geraten: »Das ist ein wahnsinniger, unglaublicher Irrtum!« Zwar wurde Hans Globke, der »Rassegesetz«-Kommentator unter Hitler und Kanzleramtsleiter unter Adenauer, vom »Kom(m)ödchen« angegriffen; aber gemeint war ein Demokratie-Unverständnis, das derartige Karrieren möglich machte. Zwar wurde die NRW-Kultusministerin Christine Teusch mit einem bösen Chanson von Lore Lorentz attackiert; aber gemeint war »diese ganze Atmosphäre um sie herum; das war eine so kleinkarierte und spießbürgerliche und hatte so gar nichts mit Kultur zu tun, mit Aufbruch in der Nachkriegszeit!«

Auch andere Erscheinungsformen der damals noch jungen deutschen Demokratie ließen Aufbruchstimmung vermissen; dagegen wurden restaurative Tendenzen rasch zur Gewißheit. Vom »Kom(m)ödchen« wurden sie schon in den allerersten Programmen aufs Korn genommen. »So laßt ihm doch das kindliche Vergnügen!« betitelte Kay Lorentz einen der frühesten Sketche, den das kleine Ensemble spielte: Stammtischtreffen dreier alter Militaristen 1947. Sie haben demokratische Sprüche drauf, doch die Gesinnung nicht verändert. Bald hocken die alten Kämpfer unterm Biertisch, gehen in Stellung und spielen eine ihrer alten Schlachten. Die Ankunft eines gespenstisch aussehenden Kriegsversehrten kann sie nur kurz irritieren, denn er bittet sogleich – mitmachen zu dürfen . . .

»Aus Alt mach Neu« heißt ein anderer Sketch aus der Zeit noch vor der Währungsreform. Gemeint ist aber kein Ulk über Modekreationen aus Wehrmachtsmänteln; es handelt sich vielmehr um die Firmenbezeichnung eines »Büros zur Reinigung und demokratischen Erneuerung unzeitgemäßer Lebensläufe«. Je nach finanzieller Einsatzbereitschaft werden da nicht-arische Großmütter, antinazistische Doktorarbeiten, und heldenmütiger Widerstand gegen das NS-Regime in die »demokratisch erneuerten Lebensläufe« hineingefälscht. Die Satire unterschied sich von der Wirklichkeit jener Jahre nur graduell.

In der »Neuen Bürgerballade« besang Lore Lorentz 1947 das neue Schiebertum, das alte Spießertum. Und ein »Chor der Rechtsradikalen«, getextet von Kay Lorentz, rüstete sich bereits im Gründungsjahr der Republik zum Sammeln: »Ruhig Blut und feste Schritte,/ und dann wär' es doch jelacht,/ Käm'n wir nicht bis dreiundfuffzig/ wieder mal ›legal‹ zur Macht . . .«

Gelegentlich schrieb Lore Lorentz auch damals schon ihre Texte selbst. Einmal nahm sie den »New Look«, frisch importiert aus USA, zum Anlaß, die Wandlungen, denen Frauen sich zu unterziehen hatten, darzustellen – je nach Männerwunsch und Modediktat: Eben noch Munitionsarbeiterin im Blaumann, nun wieder elegantes Weibchen: »Doch eins, meine Herren, ich warne Sie/ vor einem Stimmungssturz./ Die Zöpfe auf unserem Kopf sind falsch,/ der Verstand wurde deshalb nicht kurz . . ./ Wir sind ja doch emanzipiert,/ wir spielen Weibchen ad hoc!/ Bis – ja bis wir wieder je nachdem,/ der Welt macht sowas Spaß,/ in langen Sälen Granaten dreh'n./ Dann – pfeifen wir Euch was!«

Sie selbst, Lore Lorentz, hat mit der Emanzipation übrigens keine Probleme und meint, nicht mitreden zu können, wenn sie als erfolgreiche Künstlerin danach gefragt wird: »Ich bin von einem Mann erzogen worden, der mich emanzipiert aufwachsen ließ. In dem Jahr, in dem mein Vater starb, hab' ich geheiratet, und zwar einen Mann, der mich emanzipiert sein läßt. Ich hab' also nie diesen Kampf, den andere Frauen führen müssen, erlebt. Das verdanke ich – ist das nicht komisch? – zwei Männern. Und Selbstverwirklichung, die hab' ich jeden Abend auf der Bühne.«

Auf der Bühne, freilich, ging es in den frühen Jahren des »Kom(m)ödchen« nicht immer ohne Schwierigkeiten ab. Es gab Neider; es gab Zensurmaßnahmen durch die Besatzungsbehörden. Die Neider waren Kneipiers in der Düsseldorfer Altstadt. Sie sorgten dafür, daß »die Bedürfnisfrage für Düsseldorf« gestellt wurde, die »Bedürfnisfrage« nämlich nach einer weiteren Lokalität in der Nähe ihrer Gaststuben. Es ging nicht um Politik, es ging ums Geschäft. Die Kneipiers setzten sich durch. »Das Kom(m)ödchen« sollte geschlossen werden; ein Polizist erschien zum Vollzug. Er besaß den Geschmack, bis zum Ende der Vorstellung zu warten – als seiner Mitteilung niemand mehr zuhörte.

Doch die Lorentzens sorgten für Publizität, hatten anderntags die gesamte niederrheinische Presse auf ihrer Seite und spielten ungerührt weiter. Eine politische Dimension erhielt die Angelegenheit dann doch noch: Die Prügel bezog, im übertragenen Sinn, der Leiter des Ordnungsamtes. Er war Kommunist. Ihm wurde unterstellt, was er keineswegs beabsichtigt hatte: Zensurmaßnahmen gegenüber einem bürgerlichen Kabarett.

Von anderer Seite allerdings fand Zensur durchaus statt. Sogenannte Control-Officers der britischen Militäradministration pflegten sich nach dem Prinzip der Stichprobe »Kom(m)ödchen«-Vorstellungen anzusehen. Nicht immer waren sie des Deutschen so kundig, daß sie sprachliche Feinheiten zu deuten vermochten. Das führte gelegentlich zu kuriosen Situationen. So lieferte das aus Gründen des Lokalkolorits ins Programm aufgenommene Löwen-Gedicht eines Düsseldorfer Autors den Anlaß für eine Zensur-Maßnahme.

Lore Lorentz schilderte die Situation: »Fauchend und böse strich der Wüstenkönig an den Stäben seines Käfigs entlang und überlegte, wie er den Wärter hinter Gitter und sich selbst in die Freiheit bringen könnte. – Wer ahnte denn, daß sich alle mit diesem Löwen identifizieren würden? Die geschlagenen Deutschen jubelten als hungernde Löwen, die Besatzungsmacht, als englischer Löwe, verbot uns.«

Ernster war der Hintergrund der Zensurierung bei der ersten Radiosendung, die »Das Kom(m)ödchen« in München aufnahm. Der dort zuständige amerikanische Control-Officer hatte sich zuvor in Düsseldorf begeistert »So laßt ihm doch das kindliche Vergnügen!« angeschaut. Nun, fürs Radio, verbot er den Sketch: Der Kalte Krieg hatte inzwischen begonnen; Antimilitarismus war nicht mehr erwünscht.

Das war zur Zeit der Berliner Blockade, der die Währungsreform unmittelbar vorausgegangen war. Die Menschen, die ihre mehr oder weniger wertlosen Reichsmark gern für Kunst, Kultur und eben auch fürs Kabarett ausgegeben hatten, geizten nun im Umgang mit ihrer neuen D-Mark. Und wenn sie sie ausgaben, dann für Dinge, die urplötzlich in den Geschäften vorhanden waren. (Lore Lorentz kaufte sich übrigens für die 40 Mark »Kopfgeld« einen Regenschirm . . .)

Für viele kleine Bühnen bedeutete diese Situation den finanziellen Ruin. Auch dem »Kom(m)ödchen« ging es damals, ab Sommer 1948, kurzfristig finanziell sehr schlecht; und es hätte vielleicht ebenfalls schließen müssen, wäre da nicht die Vielseitigkeit der Inhaberin gewesen: Lore Lorentz trat im Rundfunk auf, sang einen Operetten-Part, erhielt das in jener Zeit traumhaft gute Honorar von 700 harten D-Mark und rettete damit ihr Kabarett.

Es ist nicht leicht, mit der Künstlerin über andere Schwierigkeiten und Rückschläge zu sprechen, die »Das Kom(m)ödchen« auch sonst gelegentlich noch erlebt hat. »Ich habe einen wahnsinnigen Fehler«, erläutert sie dann: »Ich erinnere mich fast nur an die schönen Dinge.« Zum Beispiel der Besuch eines weiteren Control-Officers: »Also, der Kay hatte eine herrliche Geschichte aus dem Nibelungen-Lied gemacht, das ganze deutsche Heldentum mit Haß, Verrat, Von-hinten-Erstechen auseinandergepflückt. Beim Rausgehen sagt der Officer: ›Ihr müßt jetzt ganz schnell wieder etwas gegen die Engländer sagen; sonst glaubt Euch das Publikum nichts mehr.‹– Ist das nicht herrlich?«

Nun, es ging nicht um den Glauben; es ging um Glaubwürdigkeit. Die ist aber für die Lorentzens nur herzustellen, wenn gesagt wird, was ist und was werden könnte: »Oft haben wir Entwicklungen vorausgesagt«, erinnert sich Lore Lorentz. »Noch öfter sind wir von den Tatsachen eingeholt worden.« Und so wurden die Kritiker des kabarettistischen Ensembles meistens Lügen gestraft, auch solche Kritiker übrigens, die die bissige Satire von Kay und Lore Lorentz an sich schon als eine Gefährdung der damals jungen Republik betrachteten. »Wir sind Demokraten«, sagt Lore Lorentz dazu nur. »Kay und ich haben nicht an Parteien gedacht. Aber: Dieses Land hat ein phantastisches Grundgesetz; auf dem stehe ich heute noch. Doch was wird daraus gemacht?«

1955, zehn Jahre nach Ende des Zweiten Weltkriegs, acht Jahre, nachdem sich im »Kom(m)ödchen« zum erstenmal der Vorhang gehoben hatte, veröffentlichte Kay Lorentz »Das Kom(m)ödchen-Buch«, eine Sammlung von Bildern und Texten aus der Anfangszeit. Am Ende des kurzen Vorworts sagt er: »Kritik an seinem Vaterland kann nur jemand üben, der es sehr lieb hat.«

Aus dieser Liebe bezieht Lore Lorentz noch heute die Wut, die sie braucht, um nicht zu resignieren. Freilich hat sie den Glauben der frühen Jahre, nämlich »alles ändern zu können«, verloren. »Ich weiß heute, daß man mit politischem Kabarett nichts verändern kann; es ist nichts anderes als das artikulierte Unbehagen an der Zeit. Vielleicht kann Kabarett bewußt machen; das wäre schon viel.«

»Jeder trägt Verantwortung für jeden«

Marie-Elisabeth Lüders, »stärkster Mann« der Liberalen

Gunzenhausen ist eine mittelfränkische Kreisstadt. Von dort ging am 24. September 1945 der folgende Brief ab: »... Habe bei einem Buchbinder die Treuhandschaft übernommen und spiele nun Ladenbesitzer. Als Kind habe ich mir immer gewünscht, Verkäufer zu sein – also! Vormittags erledige ich meine Schreibsachen im warmen Sparkassenraum gegenüber, nachmittags verzapfe ich Englisch, Französisch, Lateinisch und an zwei Kinder deutsche Grammatik, übersetze auch x Eingaben bzw. amerikanische Liebesbriefe. Früher war ich mal Reichstagsmitglied, 1937 Zuchthäusler, eineinhalb Monate 1945 auch mal Bäuerin und Schweinemagd; habe mich also seit Juli 1945 wieder hinaufgearbeitet. Jetzt will ich ... den Deutschen Akademikerinnen-Bund wieder aufbauen. Politik gibt es in Gunzenhausen nicht, bis auf unterirdisches Nazitum. Leider scheint man vielerorts wieder mal Politik und Religion zu verquicken in einer ›Christlich-Demokratischen Union‹. Wir können die Romantik nicht lassen, trotzdem wir uns an Träumen, Ideologien etc. eigentlich genug verbrannt haben ...«

Die Briefschreiberin verschwieg, daß sie auch zu Holzfällerarbeiten herangezogen worden war, eine Tätigkeit, die ihr hätte erspart bleiben können, wenn sie im Radio die Aufrufe gehört hätte, mit denen sie gebeten worden war, nach Berlin zurückzukommen, um dort die Leitung der Gesundheitsbehörde zu übernehmen. Aber sie war zweimal ausgebombt und besaß kein Radio. Ohnehin war sie der Auffassung, daß sie von Gunzenhausen nach Berlin gar nicht hätte gelangen können, da die Eisenbahnverbindungen noch zerstört waren.

Sie folgte deshalb einer anderen Aufforderung und ging nach

Oberammergau. Dort, an der amerikanischen Militärschule, unterrichtete sie US-Soldaten in deutscher Sprache, Geschichte, Politik, Wirtschaftskunde. Nach einigen disziplinarischen Schwierigkeiten, für die ihre Schüler mit Urlaubsentzug büßen mußten, entwickelte sich ein freundschaftliches Verhältnis zwischen den GIs und ihrem »instructor«, den sie schließlich »Granny« nannten.

Tatsächlich war die Lehrerin mit damals 68 Jahren bereits im Großmutteralter. Ehe sie in ihre Heimatstadt Berlin zurückging, erhielt die Leiterin der amerikanischen Militärschule durch den beträchtlich jüngeren Captain Harold E. Kuttner ein Zeugnis ausgehändigt: »Dieses Zertifikat ist ausgestellt für Dr. Lüders als Anerkennung für ihre außergewöhnlichen Leistungen als Lehrer ... in der Zeit vom 1. Februar 1946 bis Juli 1946. Das Hauptquartier hat festgestellt, daß Dr. Lüders vollkommen vertrauenswürdig und zuverlässig ist ... Die Division empfiehlt Dr. Lüders für jede Tätigkeit ..., die sowohl einen hohen Intelligenzgrad als auch umfassende Kenntnisse deutscher Politik und psychologisches Feingefühl erfordert.«

Marie-Elisabeth Lüders – denn um sie handelt es sich – trieb nicht nur heimatliche Verbundenheit nach Berlin zurück, sondern ein moralisches Empfinden, das sie selbst, in anderem Zusammenhang, einmal formuliert hat: »Jeder trägt nicht allein die Verantwortung für sich selber und sein persönliches Schicksal, sondern jeder trägt sie für jeden. Unsere menschliche Verantwortung vor Gott kann uns niemand abnehmen, unsere politische Verantwortung gegenüber Land und Volk ebenfalls nicht. Beides lastet in seiner ganzen Schwere auf dem irdischen Dasein jedes einzelnen, einerlei wo er in der Gemeinschaft steht.«

In Berlin wurde Marie-Elisabeth Lüders 1948, nun schon hochbetagt, mit dem schwersten Amt betraut, das es – gerade dort und zur damaligen Zeit – überhaupt zu vergeben gab: Sie übernahm die Leitung des gesamten Sozialwesens der Stadt und stellte rasch fest: »An dieser Stelle wirkte sich – wie sonst in keiner Magistratsabteilung – alles aus, was in der Sowjetzone, ja sogar in der

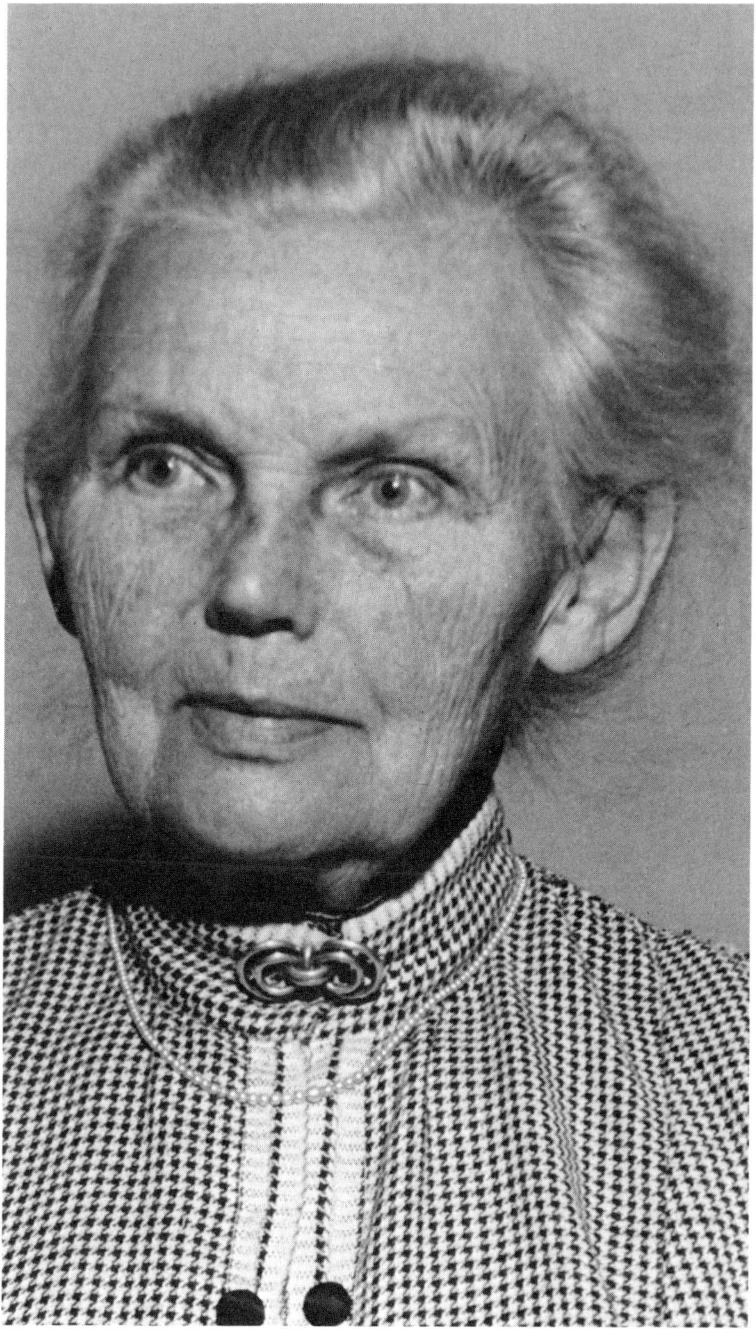

internationalen Politik vor sich ging oder in ihr vorbereitet wurde. Die sachlichen Schwierigkeiten und die menschliche Notlage waren ein trauriges Spiegelbild der politischen Lage.«

Für Sozialpolitik hatte sich Marie-Elisabeth Lüders früh interessiert. Dennoch war das Feld, auf dem sie später eine so große Bedeutung erlangte, für sie gewissermaßen zweite Wahl gewesen. Eigentlich hätte sie gern ein naturwissenschaftlich-technisches Studium absolviert. Doch als sie jung war, durften Frauen weder studieren noch konnten sie überhaupt die Voraussetzung dazu, die Reifeprüfung, erlangen. Marie-Elisabeth Lüders war schon über 30 Jahre alt, als sie beides, Abitur und Studium, nachholte.

Sonst aber war sie ein privilegierter Mensch, der in großbürgerlichen Verhältnissen, umgeben von Künstlern und Geisteswissenschaftlern, in Berlin-Charlottenburg aufwuchs. Dort wurde Marie-Elisabeth Lüders als jüngstes von sechs Kindern des Beamten im preußischen Kultusministerium Carl Christian Lüders und seiner Frau Friederike Laura Sophie am 25. Juni 1878 geboren. Das Mädchen, das die feinen Gesichtszüge und die große überschlanke Gestalt des Vaters geerbt hatte und ihm weit mehr zugetan war als der Mutter, hatte eigentlich Elsabe heißen sollen; doch der Standesbeamte verschrieb sich, und so wurde daraus Elisabeth.

Mädchenhafte Spiele lagen dem jüngsten Lüders-Kind nicht; es schloß sich lieber den Brüdern und deren Freunden als seinen Schwestern an. Ihre ungewöhnliche Körpergröße empfand Marie-Elisabeth in der Kindheit als Vorteil; bei Prügeleien war sie allen gleichaltrigen Jungen weit überlegen. Später beschrieb Reichstagspräsident Paul Löbe sie als »lange Dürre: groß, schlank, hochachtunggebietend«. So wurde sie noch Jahrzehnte später von einem anderen sozialdemokratischen Parlamentarier, Egon Bahr, geschildert: »Sie sollte als Alterspräsidentin den Deutschen Bundestag eröffnen. Groß, ein wenig gebeugt, die eine Hand auf einen Stock gestützt, ging sie nach vorn und vergewisserte sich: ›Ich nehme an, ich bin hier die Älteste.‹ – Sie war die Älteste. Aber selbst wenn dies nicht zugetroffen hätte – es hätte niemand gewagt, ihr zu widersprechen.« Die allgemeine Hochachtung erwarb sich die Politikerin überwiegend durch weitere Qualitäten: umfassende Kenntnisse, sicheres Urteilsvermögen, bemerkenswertes Redetalent – und Charme.

Keinesfalls hatte Marie-Elisabeth Lüders als junges Mädchen das Schicksal der meisten »höheren Töchter« teilen und nach der Schulzeit tatenlos auf eine standesgemäße Ehe warten wollen. Sie nutzte die Zeit, um zu lernen. Einer photographischen Lehre folgte der Besuch einer landwirtschaftlichen Frauenschule, die es immerhin schon gab, und anschließend die Ausbildung zur Kindergärtnerin. Durch die Tätigkeit in der Leitung der »Mädchen- und Frauengruppen für soziale Hilfsarbeit« und durch Aktivitäten in der Berliner »Zentrale für private Fürsorge« wurde ihr sozialpolitisches Interesse geweckt und gefördert. Zu dieser Zeit hatte Marie-Elisabeth Lüders bereits Kontakte zum bürgerlichen »Bund Deutscher Frauenvereine« gefunden, der von der Pädagogin Helene Lange und von der Schriftstellerin Gertrud Bäumer geleitet wurde.

Das Ziel, ein Studium zu absolvieren, ließ sie jedoch nicht aus den Augen. Ab 1906 bereitete sich Marie-Elisabeth Lüders privat auf die Abiturprüfung vor und studierte gleichzeitig, allerdings noch mit einer Ausnahmegenehmigung, an der Berliner Universität Nationalökonomie. Reifeprüfung und Doktorarbeit folgten kurz hintereinander, nachdem seit 1909 Frauen auch offiziell zum Studium zugelassen worden waren. Mit einer Arbeit über »Die Fortbildung und Ausbildung der im Gewerbe tätigen weiblichen Personen und deren rechtliche Grundlagen« wurde Marie-Elisabeth Lüders als erste Frau in Deutschland zum Dr. rer. pol. promoviert.

Auch in der Praxis interessierte sie sich schon lange für dieses Thema. Bereits vor Abschluß ihrer Dissertation hatte sie, zusammen mit Josephine Levy-Rathenau, den »Verband für handwerksmäßige und fachgewerbliche Ausbildung der Frau« gegründet. Hier wirkte möglicherweise das Vorbild des Vaters; als Wirklicher Geheimer Oberregierungsrat im preußischen Kultusministerium hatte er sich große Verdienste um die berufliche Bildung im Handwerk erworben.

Das Interesse für Politik wurde in Marie-Elisabeth Lüders indirekt durch ihre sozialpolitische Tätigkeit, direkt durch die Frauenbewegung geweckt. Als es Frauen ab 1908 gestattet wurde, politischen Vereinigungen beizutreten, wurde sie, wie Helene Lange und Gertrud Bäumer, Mitglied der Fortschrittlichen Volkspartei, später der liberalen Deutschen Demokratischen Partei (DDP). Diese Vorläuferorganisation der FDP vertrat sie als Nachrückerin seit August 1919 in der Verfassunggebenden Nationalversammlung, nachdem Friedrich Naumann, Mitgründer und Vorsitzender der DDP, gestorben war.

Wie Naumann lag auch ihr die Lösung sozialpolitischer Probleme besonders am Herzen, zumal sie während des Ersten Weltkriegs und in den vorangegangenen Jahren viele Erfahrungen über die Nöte der Bevölkerungsmehrheit hatte sammeln können: Sie war die erste Wohnungspflegerin der damals noch selbständigen Stadt Charlottenburg und Leiterin der Abteilung Kriegsfürsorge. Anschließend arbeitete sie an führender Stelle in der Sozialabteilung der deutschen Zivilverwaltung in Belgien, dann stand sie der Frauenarbeits-Zentrale im preußischen Kriegsministerium vor; schließlich wurde sie Leiterin der niederrheinischen Frauenakademie zur Ausbildung von Fürsorgerinnen. Marie-Elisabeth Lüders hatte also Sozialarbeit aus sehr verschiedenen Blickwinkeln kennengelernt, ehe sie Parlamentarierin wurde.

Dem Reichstag gehörte sie als Abgeordnete 1920/21 und von 1924 bis 1930 an. Sie beteiligte sich dort engagiert an den Bemühungen um eine Eherechtsreform und um die Sicherung des wirtschaftlich schwächeren Partners im Fall einer Scheidung. Sie forderte gleiche Rechte für männliche und weibliche Arbeitslose und kämpfte, übrigens auch sehr praxisbezogen, für die Vermeidung sozialer Schäden durch einen verbesserten Wohnungsbau. Sie arbeitete mit am Reichsjugendwohlfahrtsgesetz und trat immer wieder ein für volle Gleichberechtigung der Frauen, wie sie vom »Bund Deutscher Frauenvereine« vertreten wurde.

Parlamentarier, die Marie-Elisabeth Lüders im Reichstag und dann von 1953 bis 1961 als sehr kundiges Mitglied verschiedener Ausschüsse und als Alterspräsidentin des Deutschen Bundestages erlebt haben, berichten übereinstimmend von ihrem beeindrukkenden Kenntnisreichtum und ihrer umfassenden Bildung. Gelegentlich wurde sie damals als »stärkster Mann der Liberalen« bezeichnet. Gefürchtet allerdings war die entschiedene Art und Weise, in der sie im Parlament, doch keineswegs nur dort, ihre Meinung zu vertreten pflegte. Das hohe Alter, das Marie-Elisabeth Lüders erreichte, hat keine dieser Fähigkeiten und Eigenschaften relativiert: Drei Jahre, bevor sie am 23. März 1966 in Berlin starb, wurden ihre autobiographischen Aufzeichnungen veröffentlicht. Auch da hat sie – in der Sache und gegenüber Personen – kein Blatt vor den Mund genommen.

Den im Februar 1956 erfolgten Übertritt von 16 FDP-Abgeordneten, darunter Minister, in andere Parteien bezeichnete sie noch Jahre später als »schmählichen Vorgang« und »Verrat«; dem Bundeskanzler Adenauer warf sie »unklares und sich fortwährend widersprechendes Verhalten« in Zusammenhang mit den EWG-Debatten vor. Das erst spät beschlossene sogenannte Gleichberechtigungsgesetz gestaltete sie entscheidend mit, bewertete das Ergebnis jedoch äußerst kritisch, weil sie selbst weitergehende Forderungen gestellt hatte.

Doch auch Vorkommnisse, die weiter zurücklagen, wurden aus der Sicht von Marie-Elisabeth Lüders nicht harmloser, weil inzwischen viele Jahre vergangen waren: Das devote Verhalten Gertrud Bäumers, der Mitstreiterin aus der Frauenbewegung, gegenüber den Nationalsozialisten hat sie ebenso heftig kritisiert, wie die Egoismen jener Menschen, die von Ausbombung, Flucht und Vertreibung verschont geblieben waren und sich Flüchtlingen gegenüber außerordentlich abweisend verhielten. – In Berlin erhielt Marie-Elisabeth Lüders ein Amt, das sich nahezu ausschließlich der Hilfe für jene widmete, die mittel- und heimatlos nach dem Westen strömten.

Im Dezember 1948 wurde Marie-Elisabeth Lüders ins Berliner

Stadtparlament gewählt und gleichzeitig zur Stadträtin für das Sozialwesen ernannt. Sie hatte zuvor, kaum angelangt in ihrer Heimatstadt, die Freie Demokratische Partei mitbegründet, deren Bundesfrauenausschuß sie später sieben Jahre lang leitete und deren Ehrenvorsitzende sie 1957 wurde.

Als sie die Leitung des Amtes für Sozialwesen übernahm, war über Berlin noch die Blockade verhängt; das Ausmaß der Schwierigkeiten, denen Marie-Elisabeth Lüders – zu diesem Zeitpunkt und in dieser Stadt – gegenüberstand, wirkte auf andere Menschen hoffnungslos entmutigend: Tausende von Flüchtlingen, Vertriebenen, heimgekehrten Kriegsgefangenen und kriegsverletzten Soldaten waren schon unmittelbar nach Kriegsende in die Stadt geströmt. Die Blockade verschärfte die Situation der Menschen dramatisch. Die Stadt war vollständig isoliert; es fehlte ihr das Hinterland, es fehlten ihr Produktionsstätten. Berlin wurde mit dem Nötigsten aus der Luft versorgt. Gleichzeitig vollzog sich in jenem Jahr die endgültige Spaltung der Stadt. Abgesehen von der politischen Dimension dieses Vorgangs wurden durch die Trennung der ehemaligen Metropole Menschen auseinandergerissen und mühsam wieder aufgebaute Verwaltungsstrukturen zerstört.

Das Wohlfahrtswesen, einschließlich der ebenfalls von einer Frau geleiteten Abteilung für die medizinische Versorgung, mußte, nun bezogen auf die West-Stadt, organisatorisch umgestaltet werden – dies alles mit Menschen, die mit dem Überleben zwischen Trümmern allein schon fast genug zu tun gehabt hätten. Aber, so sagte Marie-Elisabeth Lüders: »Wer nach den Erfahrungen der sechs Kriegsjahre noch Kraft und Willen zum Leben hatte, durfte auf keinen Fall den Anruf, mitzuarbeiten und mitzuhelfen, überhören, wenn die persönlich-menschlichen Bedenken auch noch so groß waren.«

Keinerlei Bedenken allerdings empfand Marie-Elisabeth Lüders gegenüber jener Persönlichkeit, die zur gleichen Zeit die Hauptlast der Sorgen und Verantwortung für Berlin trug, gegenüber Louise Schroeder, der Amtierenden Oberbürgermeisterin. Die beiden Frauen – die Liberale damals 70, die Sozialdemokratin

61 Jahre alt – kannten und schätzten einander aus der parlamentarischen Arbeit im Reichstag. Beide hatten sich dort als engagierte Sozialpolitikerinnen hervorgetan.

Nun arbeiteten diese beiden Frauen in den zwei wichtigsten Ämtern, die im zerstörten Berlin am Ende der vierziger Jahre zu vergeben gewesen waren. Gemeinsam wirkten sie darüber hinaus auch in den Berliner Frauenausschüssen, deren Vorsitzende Louise Schroeder war. Auch diese Ausschüsse hatten zunächst, wie Marie-Elisabeth Lüders schrieb, nur das Ziel, »durch persönliche Hilfeleistungen der unvorstellbaren Not zu steuern und dafür mit allen Kräften nach Mitteln und Wegen zu suchen«.

Nach Beendigung der Blockade im Mai 1949 verbesserte sich die Lage Berlins nicht sehr wesentlich; so jedenfalls stellte sich die Situation der Leiterin des Amtes für das Sozialwesen dar. Der Gründung der Bundesrepublik Deutschland im Mai 1949 folgte im Oktober 1949 formell auch die Gründung der Deutschen Demokratischen Republik. »Schon vorher«, so berichtete Marie-Elisabeth Lüders, »waren viele Flüchtlinge, Heimatvertriebene und Arbeitslose nach Berlin gekommen. Jetzt stieg deren Zahl rapide. Von 1949 bis 1953 strömten über 617 000 Menschen aus der sowjetischen Zone nach Berlin. Mein Amt stand ... mit 300 000 Arbeitslosen vor einer unmöglichen Aufgabe.«

Hinzu kam die Sorge um die heimkehrenden Kriegsgefangenen, 1949 immerhin noch 24 000, und die vielen Kriegsverletzten, die in den zunächst äußerst dürftig ausgestatteten Krankenhäusern untergebracht werden mußten und oft über lange Zeit weit mehr als nur körperliche Betreuung brauchten. Das galt in besonderem Maß auch für entwurzelte alte Menschen, die unter ihrer Vereinsamung häufig nicht weniger litten als unter Krankheit und materieller Not. »Die Durchführung der Arbeit«, so erinnerte sich später die Stadträtin für das Sozialwesen, »war auch deshalb besonders schwierig, weil mir anfangs alle Personalkenntnisse der mehreren hundert Angestellten fehlten. Aber die Not ungezählter tausend Menschen drängte so, daß keine Zeit blieb, um über die eigene Lage nachzudenken.«

Zeitweilig schien es eine Sisyphusarbeit zu sein, die Marie-Elisabeth Lüders und ihre Mitarbeiterinnen und Mitarbeiter leisteten; aber ihre Anstrengungen blieben nicht sinnlos wie die Bemühungen der griechischen Sagengestalt. Notunterkünfte wurden geschaffen, Teile des Versicherungswesens neu geordnet, Krankenhäuser aufgebaut und allmählich wieder ausgestattet, ein fürsorgerischer Dienst eingerichtet, die Verteilung der Paketsendungen von internationalen Hilfsorganisationen geregelt, Heimkehrer-Ausschüsse gebildet, viele der Flüchtlinge nach und nach aus Berlin nach West-Deutschland gebracht. »Nicht alle deutschen Länder waren über die Ankunft der Flüchtlinge erfreut«, stellte Marie-Elisabeth Lüders fest, »während sich andererseits für Berlin der zusätzliche Druck durch die politischen Flüchtlinge immer stärker auswirkte, . . . da alle von der Flüchtlingsstelle . . . Abgewiesenen nicht nach dem Osten zurückgeschoben werden konnten, sondern als hilfsbedürftige Obdachlose hierblieben, und viele von ihnen in Gefahr gerieten, zu Vagabunden abzusinken.«

Als menschlich am schwersten empfand Marie-Elisabeth Lüders den Umgang mit früheren Verfolgten des Nazi-Regimes: »Viele waren von begreiflichen Haßgefühlen erfüllt, andere hatten jeden Glauben an den Menschen, ja an das Gute überhaupt verloren. Der Weg zur Gemeinschaft war für viele hoffnungslos verschüttet. Zwischen ihnen und uns standen die Toten auf – fordernd, anklagend. Kein Wunder nach den oft grauenvollen Erlebnissen. Die materielle Wiedergutmachung, die wirtschaftliche Entschädigung konnten den Betroffenen die Verbitterung und das tiefe Mißtrauen nicht nehmen. Es steht trotz aller Bemühungen auch heute immer noch unsichtbar zwischen ihnen und uns.«

Dabei war Marie-Elisabeth Lüders gegenüber den Opfern des NS-Staates ein glaubwürdiger Partner. 1933 war sie mit Berufs-, mit Rede- und Publikationsverbot belegt worden und hatte 1937 vier Monate lang in Gestapo-Haft gesessen. Am Institut für Meereskunde der Universität Berlin hatte sie danach ein unpolitisches, rein wissenschaftliches Arbeitsgebiet erhalten, bis sie 1944 der

Evakuierung nach Osten durch ihren Umzug nach Süddeutschland zuvorgekommen war.

In den nur reichlich zwei Jahren ihrer Tätigkeit als Stadträtin für das Sozialwesen – erst später wurde in Berlin die Bezeichnung Senator/in für derartige Positionen eingeführt – ist Marie-Elisabeth Lüders weit mehr gelungen, als die Grundsteinlegung für den Wiederaufbau des gesamten Wohlfahrtssystems und der medizinischen Versorgung der Stadt. Sie zählt dadurch nicht nur zu den bedeutendsten Sozialpolitikern der deutschen Parlamentsgeschichte, sondern auch zu den insgesamt wenigen Persönlichkeiten, die es gemeistert haben, Theorie und Praxis der politischen Arbeit miteinander zu vereinigen.

Ab 1950 kümmerte sich Marie-Elisabeth Lüders stärker, als es ihr vorher möglich gewesen war, um die Arbeit innerhalb ihrer Partei. Insbesondere aber bemühte sie sich um die Wiederaufnahme von Kontakten zu internationalen Frauenorganisationen, Kontakte, die früher bestanden hatten, jedoch durch die NS-Zeit abgerissen waren.

Der Sozialpolitik aber widmete sie sich weiterhin, auch noch als über Achtzigjährige im Deutschen Bundestag. Dies ist umso bemerkenswerter, als sie die Wirkungsmöglichkeiten sozialpolitischen Handelns durchaus realistisch, wenn nicht gar kritisch beurteilte. In Erinnerung an ihre Amtszeit als Stadträtin für das Sozialwesen in Berlin schrieb sie: »Trotz allen guten Willens blieb, wie überall in Deutschland, an allen Ecken und Enden ein quälender Rest. Es war der Rest, der aller sozialen Arbeit, wenn sie sich nicht im Routinemäßigen erschöpfen will, anhaftet: menschliches Leid, Lebensnot und Lebensangst. Ihnen gegenüber ist alles nur ein Tropfen auf den heißen Stein. Alle Gesetze und Verordnungen sind leere Worte. Niemand weiß das besser als die, denen Akten keine ›Vorgänge‹, sondern Schicksale, denen ›Fälle‹ lebendige, um ihre Existenz, um ihre Menschenwürde ringende Menschen sind, deren Schatten uns auf Schritt und Tritt verfolgen, deren menschliches Leid man nicht z. d. A., zu den Akten, schreiben kann. Alle noch so ausgeklügelte Verwaltungsperfektion, alle wechselnde Wortwahl, ob ›Fürsorge‹ oder ›Sozialhilfe‹, geht am Menschen vorbei, solange wir auch nur einen, der das Licht sucht, im Dunkeln tappen lassen.«

». . . denkt wenigstens an Eure Töchter!«

Gertrud Mahnke, Gewerkschafterin des Neubeginns

Die Bückeburger Börde lernte Gertrud Mahnke zu einer Zeit kennen, als noch immer Flüchtlinge ins grenznahe Niedersachsen und eben auch in diesen Landstrich strömten. Erste Gründungen kleinerer und größerer Betriebe fanden statt, oft angesiedelt zwischen Manufaktur und Industrie. Soweit sie Metall verarbeiteten, kannte Gertrud Mahnke sie alle: Sie war 1951 erster – und lange Zeit einziger – weiblicher Bezirkssekretär der Industriegewerkschaft Metall; ihre Dienststelle befand sich in Hannover. Von dort aus fuhr sie oft auch nach Stadthagen, einem kleinen Ort in der Bückeburger Börde, der einst vom Steinkohlenbergbau gelebt hatte. Aber damit war es schon lange vorbei; es hatten sich statt dessen eisenverarbeitende Betriebe angesiedelt. Einer von ihnen beschäftigte besonders viele Frauen; deren Mobilisierung für gewerkschaftliche Arbeit lag der Bezirkssekretärin besonders am Herzen. Betriebsversammlungen dieses kleinen Unternehmens besuchte sie deshalb grundsätzlich.

Vor einer solchen Versammlung berichtete ihr eine Betriebsrätin die folgenden Geschichte: Eine Arbeiterin, die gerade ein Kind bekommen hatte, pumpte, wie es auch andere Frauen in dieser Situation zu tun pflegten, ihre Muttermilch aus der Brust ab, um, wie die Kolleginnen dachten, die gesammelte kostbare Nahrung am Abend dem Baby zu geben. »Da wird sich mein Vater freuen«, sagte die Mutter zu den anderen Fabrikarbeiterinnen. Die wunderten sich: Der Vater? Wieso der Vater? Die junge Mutter klärte ihre Kolleginnen auf: Der Vater habe im Nebenerwerb eine kleine Landwirtschaft; er verfüttere die Milch an die Schweine. – Die Betriebsrätin lachte, als sie der Gewerkschaftssekretärin diese Geschichte erzählte.

Gertrud Mahnke aber fand sie nicht sehr komisch: Die Schweinemast war wichtiger als die Ernährung eines Babys! Waren 1951 nicht die allerschlimmsten Zeiten bereits vorbei? Hatte man das Ärgste nicht schon überstanden? Jedenfalls hatte Gertrud Mahnke in den vorangegangenen Nachkriegsjahren wirtschaftlich trostlosere Verhältnisse kennengelernt. Sie hatte in Wolfsburg gearbeitet und dort, gleich nach Kriegsende maßgeblich mitgewirkt am Aufbau der Gewerkschaftsorganisation.

Gertrud Mahnke, geboren am 18. Mai 1907, ist ein Kind vom Prenzlauer Berg, Tochter des Kupferschmieds Max Hecht und seiner Frau Luise. Kindheit und Jugend verbrachte sie, zusammen mit einem sieben Jahre älteren Bruder, in dem alten Berliner Arbeiterstadtteil.

Den Sinn für Politik, vor allem für gewerkschaftliches Engagement, hat ihr der Vater vermittelt. Denn während die Mutter, ganz der auch in Arbeiterfamilien üblichen Tradition verhaftet, sich aufs zurückgezogene Hausfrauendasein beschränkte, orientierte sich Max Hecht stark nach außen. Im Geburtsjahr seiner Tochter wurde er Berliner Bevollmächtigter seiner Gewerkschaft, später Vorsitzender des Verbandes der Kupferschmiede Deutschlands. Zeitweilig war er auch sozialdemokratischer Stadtverordneter. Doch stand die gewerkschaftliche Arbeit gegenüber der kommunalpolitischen für ihn immer im Vordergrund.

Das galt – viel später – auch für seine Tochter: »Ich wollte gewerkschaftlich arbeiten, eigentlich nicht parteipolitisch, sondern nur gewerkschaftlich.« Diese Entscheidung hatte nicht nur mit dem väterlichen Vorbild zu tun, sondern auch mit einem Erlebnis aus den zwanziger Jahren, das Gertrud Mahnke in ihrem langen Leben nie vergessen konnte: »Da nahm mein Vater mich eines Tages mit ins Rote Rathaus. Ich war noch keine zwanzig Jahre alt. Mein Vater war unten bei den Stadtverordneten; ich saß oben auf der Empore. Auf einmal ging da ein unglaubliches Getöse los. Trillerpfeifen, Kinderrasseln. Einer hatte dicke Folianten vor sich liegen. Die stemmte er hoch und ließ sie auf den Tisch niederdonnern; immer wieder machte er das. Ich weiß nicht

einmal, ob die Störenfriede Rechte oder Linke waren. Das zu erfahren, war mir dann auch gar nicht mehr wichtig. Ich merkte eben nur: Die wollten jemanden einfach nicht anhören! Und ich dachte: Das wollen erwachsene Männer sein? Stadtverordnete von Berlin? – Dieses Verhalten, das war ein richtiger Schock für mich!«

SPD-Mitglied wurde sie trotzdem, »aber«, wie sie sagt, »mehr aus Tradition«. Vorher schon hatte sie sich dem Zentralverband der Angestellten angeschlossen. Im Gründungsjahr der Bundesrepublik Deutschland erhielt sie ein Buchgeschenk zu ihrem silbernen Gewerkschaftsjubiläum. Als junge Buchhändlerin war sie dem ZdA beigetreten. »Meine Eltern hatten gesagt: Materiell können wir unseren Kindern nichts mitgeben, dafür aber eine gute Bildung.«

Sie besuchte ein Lyzeum, durchaus ungewöhnlich für die Tochter eines Kupferschmieds, lernte dann bei der Verlagsbuchhandlung des Allgemeinen Deutschen Gewerkschaftsbundes und fand anschließend dort auch Beschäftigung – bis die Gewerkschaften im Mai 1933 zerschlagen, ihre Häuser zerstört, ihre Mitarbeiter mißhandelt, einige ihrer Funktionäre ermordet wurden.

Gertrud Mahnke war arbeitslos, der Mann, den sie heiratete, ebenfalls. Gemeinsam eröffneten sie in der Nähe der Warschauer Brücke im Osten Berlins eine Milch-»Budicke« und standen von sechs bis 19 Uhr in ihrem kleinen Laden. Als Max Mahnke, der eigentlich in der Metallbranche gelernt hatte, in der Stadt des KdF-Wagens Arbeit fand, ging sie mit ihm.

Mit seiner 1500 Meter langen Front war das Volkswagenwerk an den Mittellandkanal gestellt worden. Gebiete der Gemeinde Fallersleben sowie einiger umliegender Dörfer hatte man für das Gelände, auf dem am 1. Juli 1938 die Stadt des KdF-Wagens gegründet wurde, beansprucht. Die Gegend war bis dahin ausschließlich landwirtschaftlich genutzt worden. Nun zog sie Handwerker an, Autoschlosser, Mechaniker, Techniker, Karosserielackierer, Entwicklungsingenieure. Aber statt Kraft durch Freude per Volkswagen entstanden erst einmal Kübelwagen. Vierzehn

Monate nach Gründung der Kunststadt hatte der Zweite Weltkrieg begonnen.

Schon seit 1940 arbeitete Max Mahnke, den Gertrud 1934 geheiratet hatte, in der Stadt des KdF-Wagens. Als kinderlose Ehefrau – 1937 war ein nicht lebensfähiges Baby zur Welt gekommen – wurde Gertrud Mahnke 1943 dienstverpflichtet. Sie arbeitete als Bürokraft in einem Zweigwerk, dem kriegswichtigen Flugbetrieb der Fabrik in Braunschweig-Waggum. Dort erlebte sie das Ende des Zweiten Weltkriegs.

Bei Kriegsende war das Volkswagen-Werk zu ganz erheblichen Teilen zerstört. Trotzdem begann dort, nachdem KdF-Stadt von den Amerikanern geräumt und von den Briten besetzt worden war, eine lebhafte Geschäftigkeit. Menschen strömten hin und her. Die Zwangsarbeiter wurden repatriiert; aber aus der nahen sowjetischen Besatzungszone Deutschlands kamen die Flüchtlinge zu Tausenden über die noch offene Grenze, weil sie ihr Glück lieber in der britischen als in der sowjetischen Besatzungszone versuchen wollten. »Das war ein zusammengewürfelter Haufen«, erinnert sich Gertrud Mahnke. »Da tauchte auch eine Menge Leute unter, die Dreck am Stecken hatten.«

In dieser chaotischen Situation, zwischen Trümmern, Zigarettenwährung und Schwarzmarkt, wurde die Stadt im Grunde noch einmal gegründet. Man ließ diskret den erst sieben Jahre alten Namen verschwinden und gab ihr mit Wolfsburg einen neuen. Entlehnt ist die Bezeichnung dem gleichnamigen Gut der Familie von der Schulenburg; auch auf einem Teil ihrer Ländereien war die Stadt des KdF-Wagens erbaut worden.

Unter äußerst schwierigen Bedingungen versuchte die Militärverwaltung, die örtliche Automobilindustrie in Gang zu bringen. Mit der Begründung, sie benötigten Fahrzeuge für ihr Besatzungsgebiet, erreichten die Briten einen Aufschub der Demontage um vier Jahre; er kam dort einer völligen Vermeidung des Abbaus deutscher Industrieanlagen gleich.

Wenig später aber bremsten die britischen Besatzungsbehörden die Produktion. Den Grund nannte im Sommer 1946 die »New

York Times«: »Es ist ein offenes Geheimnis, daß der Export von Volkswagen nicht vorangetrieben wird aus Angst vor dem Wettbewerb mit englischen Wagen in Skandinavien, Südamerika und anderen Märkten.« Immerhin, in jenem Sommer wurde mit einer Monatsproduktion von 1350 Autos ein erster Rekord aufgestellt. Er hätte höher ausfallen können, wenn die Ernährungslage nicht so außerordentlich schlecht gewesen wäre.

In dem Bericht eines britischen Besatzungsoffiziers ist zu lesen, »daß um drei Uhr nachmittags aufgrund des Hungers das Produktionstempo nachließ. Die Arbeiter waren einfach zu müde, und ihre Leistungsreserven waren erschöpft. Man konnte merken, daß an den Tagen, an denen sie Suppe mit Fleischeinlage bekamen, die Produktionsleistung viel besser war.« Ein anderes Handicap war der Rohstoffmangel. Es kam vor, daß die Besatzungsbehörden am Rande oder auch außerhalb der Legalität für Produktionsmaterial sorgten. Es gab ganze Kohlezüge, die scheinbar wundersamerweise auf dem Gelände des Werkes statt an ihrem eigentlichen Bestimmungsort landeten. Nicht selten war ein »Käfer«, für Privatpersonen damals unerreichbar,der Lohn.

Gertrud Mahnke hatte unmittelbar nach Kriegsende »beim Engländer« im VW-Werk Arbeit gefunden. Nach kurzer, allerdings völlig unproblematischer Überprüfung ihrer politischen Vergangenheit, wurde sie als Sekretärin und Korrespondentin beschäftigt. Das fiel ihr zuerst sehr schwer. »Ich hatte doch bloß mein Schulenglisch. Und das war lange her. Ich mußte also ordentlich pauken.« Aber gelernt, immer wieder Neues, hat sie ihr Leben lang.

Schon im Januar 1946 nahm sie für 180 Reichsmark im Monat eine andere Arbeit auf: Sie wurde hauptamtliche Gewerkschafterin. In einer Baubaracke am Schillerteich, einem der Stadtteile von Wolfsburg, befand sich ihr neues Büro. Es besaß keinen Wasseranschluß, es war nicht zu heizen; die Schreibmaschine mußte Gertrud Mahnke selbst mitbringen. Aber es war ein Anfang und eigentlich das, was sie immer tun wollte.

Es war nicht »die Gewerkschaft«, es war noch weniger »der

Gewerkschaftsbund«, der für Gertrud Mahnkes Beschäftigung und Bezahlung sorgte. »Die Gewerkschaften«, sagt sie rückblikkend, »das waren damals ein paar Männer, die sich zusammengetan hatten – mehr war das nicht.« Und: »So war das auch bei VW. Da hat sich gleich so eine Art Betriebsrat gebildet – nicht gewählt; es haben da einfach ein paar Leute die betriebsrätliche Arbeit übernommen. Auch Wilhelm Kiesel, unser Gewerkschaftsvorsitzender für den Kreis Gifhorn, zu dem Wolfsburg damals noch gehörte, war selbsternannt und wurde erst später durch Wahlen bestätigt. Außerdem gab es noch keine Industriegewerkschaften. Wir hatten eine allgemeine Gewerkschaft und waren für alle Branchen zuständig.«

Gertrud Mahnke hat das Handwerk des Gewerkschaftsgeschäftsführers von der Pike auf erlernt. Und sie hat in diesem Bereich Karriere gemacht. In Rente ging sie 1972, mit vielen Ehrungen versehen, als einziges weibliches Mitglied des Geschäftsführenden Vorstands der IG Metall, dem sie als Nachfolgerin von Margarethe Traeder in dieser Position elf Jahre lang angehört hatte. Glücklicher aber war sie in den schwierigen Jahren davor gewesen. »Im Vorstand oben ist die Luft kalt«, bemerkt sie dazu knapp.

Am Anfang, 1945, war vollkommen offen, wie die Gewerkschaften sich entwickeln würden. In der britischen Besatzungszone wurden zunächst ausschließlich örtliche gewerkschaftliche Aktivitäten zugelassen. Dieser Umstand widerstrebte vielen Gewerkschaftern, die – gerade aufgrund der Erfahrungen am Ende der Weimarer Zeit – starke, zentralistisch organisierte Gewerkschaften gewünscht hätten. Nichtsdestoweniger prägten die Entwicklungen in der englischen Zone schließlich die Wiedererstehung der deutschen Gewerkschaftsbewegung:

Mit der Einrichtung eines Zonensekretariats und eines Zonenausschusses, beschlossen auf einer ersten Gewerkschaftskonferenz im März 1946, wurde der Weg der Entwicklung markiert. Eine weitere Konferenz, die im August 1946 in Bielefeld stattfand, propagierte das Prinzip »ein Betrieb – eine Gewerkschaft«, das später für den Bereich des Bundesgebietes Geltung erhielt. Der Deutsche Gewerkschaftsbund, noch mit dem Zusatz »britische Zone«, wurde im März 1947, ebenfalls in Bielefeld, gegründet. Der DGB entstand in seiner späteren Organisationsform im Gründungsjahr der Bundesrepublik Deutschland.

In der amerikanischen und in der französischen Zone war der organisatorische Wiederaufbau gegen Jahresende 1947 gleichfalls abgeschlossen. In einem Gewerkschaftsrat, der die britische und die amerikanische Zone einschloß, entstand eine starke Zusammenarbeit der Gewerkschaftsbünde, der sich bald der in der französischen Zone gegründete Gewerkschaftsbund anschloß. Dagegen scheiterten die Versuche einer Kooperation mit dem im sowjetischen Besatzungsgebiet entstandenen FDGB.

Bereits 1945 hatte sich abgezeichnet,daß es »die Einheitsgewerkschaft« nicht einmal im Westzonen-Gebiet geben werde; eine große Zahl von Angestellten organisierte sich in der Deutschen Angestellten-Gewerkschaft. Unter den DGB-Organisationen wurde weitere Zusammenarbeit auf verschiedenen Interzonenkonferenzen beschlossen. Dort diskutierte man auch erste programmatische Ziele. In ihrem Mittelpunkt stand die demokratische Neuordnung der Wirtschaft, einschließlich einer umfassenden Mitbestimmung der Arbeitnehmer.

Selbstbewußt hatte Hans Böckler, der erste DGB-Vorsitzende, schon im März 1946 erklärt: »Wir müssen in der Wirtschaft selber als völlig gleichberechtigt vertreten sein, nicht nur in einzelnen Organen der Wirtschaft, nicht in den Kammern der Wirtschaft allein, sondern in der gesamten Wirtschaft. Also der Gedanke ist: Vertretung in den Vorständen und Aufsichtsräten der Gesellschaften.«

An der Basis allerdings ging es damals zunächst um Vordergründigeres, wie Gertrud Mahnke sich erinnert. »Ich mußte die allerersten Mitglieder sammeln. Ich ging also in dic größeren und kleineren Betriebe des Kreises Gifhorn und ermittelte, wo sich Gewerkschaftsleben regte und wer die Kollegen waren, die ich ansprechen konnte. Das war mühsam. Immerhin hatte ich ein

Auto zur Verfügung, eine Errungenschaft; ein Kollege von der Feuerwehr fuhr mich herum. Es gab eine Menge von Kleinbetrieben in dem Kreis. Viele dachten damals doch, sie könnten sich kleine Existenzen aufbauen. Es war ja nichts da, und es wurde alles gebraucht und vieles aus dem Nichts produziert.«

Die Gewerkschaftssekretärin traf bei den Inhabern der Betriebe auf eine große Bereitschaft, Gewerkschaftsarbeit zuzulassen. Gertrud Mahnke glaubt, dies lag an dem Umstand, »daß damals noch niemand so recht wußte, wo es politisch mal langgehen würde«. Bei den Arbeitern und Arbeiterinnen galt es allerdings, »eine gewisse Abwehr gegen alles Politische« zu überwinden. »Aber es bestand eine größere Abneigung gegenüber den Parteien, die sich damals gleichzeitig entwickelten, als gegenüber den Gewerkschaften.«

Gertrud Mahnke, die Kreisgewerkschaftssekretärin, richtete ambulante Sprechstunden ein, wurde immer häufiger aber auch von Belegschaften und Betriebsleitern als Referentin angefordert. »Da brachte ich den Leuten das ABC des Gewerkschaftslebens bei, das organisatorische und das inhaltliche. Ich machte sie mit Arbeits-, Unfall- und Mutterschutz bekannt, erklärte ihnen, daß sie statt der Tarifordnungen Tarifverträge fordern müssen, ermunterte sie später auch, notfalls vom Streikrecht Gebrauch zu machen und erläuterte ihnen, warum im Sozialversicherungswesen das Selbstverwaltungsprinzip durchgesetzt werden müsse.«

In der Landwirtschaft allerdings mußte sie »den Arbeitern erst einmal Mut machen, sich überhaupt zu organisieren. Dort waren besonders viele Flüchtlinge beschäftigt, die zum großen Teil aus der Landwirtschaft gekommen waren, aus Pommern oder Ostpreußen; die hatten von den Gewerkschaften wenig Ahnung.«

Die Motivierung der Arbeitnehmer für ihre gewerkschaftliche Organisation verlief, insgesamt gesehen, jedoch sehr positiv. Allein im britisch besetzten Niedersachsen waren wenige Wochen nach Zulassung der Gewerkschaften schon 94 000 Arbeitnehmer organisiert; im gesamten britischen Besatzungsgebiet schlossen sich bis Mai 1947 mehr als zwei Millionen Arbeitnehmer den

Gewerkschaften an. In den drei Westzonen, das Saargebiet und Berlin nicht mitgerechnet, befanden sich bis Jahresende 1948 unter den 12 028 000 Beschäftigten 4 779 000 Gewerkschaftsmitglieder; das entspricht einem Organisationsgrad von nahezu vierzig Prozent.

Als schwer allerdings erwies sich, die weiblichen Arbeitnehmer für die Vertretung ihrer eigenen Interessen zu gewinnen. Sie waren, wie Gertrud Mahnke feststellen mußte, weder leicht von der Bedeutung gewerkschaftlicher Arbeit zu überzeugen, noch für sehr viel vordergründigere Vorteile zu interessieren.

»Bei VW habe ich verstärkt den Kontakt zu den Frauen gesucht. Zusammen mit der Werksleitung und der Frauensekretärin der IG Metall habe ich ein Qualifizierungsprojekt entwickelt, das ich ungefähr fünfhundert Frauen bei VW auf einer Versammlung vortrug: Ihr könnt Euch in nur zwei Jahren bei achtzig Prozent Eures derzeitigen Lohns zur Facharbeiterin ausbilden lassen. – Von den fünfhundert Frauen meldeten sich bloß zwei! So scheiterte das Projekt«, und sie fügt hinzu: »Vielleicht war das damals alles zu früh.«

Es gab jedoch nicht nur eine Abwehr durch Frauen, sondern auch sehr deutliche Vorbehalte gegenüber Frauen. Gertrud Mahnke hatte zeitweilig auch ein politisches Mandat. Sie wurde Kreistagsabgeordnete – dies jedoch nur, weil der Kreistag, damals noch benannt und nicht gewählt, sonst ausschließlich aus Männern bestanden hätte. Sie waren von der Wahlbevölkerung nominiert und dann durch die Besatzungsbehörden delegiert worden. »Den Engländern«, erinnert sich Gertrud Mahnke, die sich um eine Nominierung beworben hatte, »fiel auf, daß da bloß Männer waren. Sie waren es, die sagten: ›Ihr müßt auch Frauen dazu nehmen!‹ So kamen dann noch zwei Frauen in den Kreistag, eine vom Land und ich aus der Stadt, weil ich bei der Nominierung unter den Frauen die meisten Stimmen gehabt hatte.«

Im Gewerkschaftsbereich erlebte sie vergleichbares. Während ihrer mehrjährigen Tätigkeit als weiblicher Gewerkschaftssekretär in der Zeit des Wiederaufbaus gab es eineinhalb Jahre lang keinen Kreisgewerkschaftsvorsitzenden. Es hätte nahegelegen, die Frau, die diese Arbeit ohnehin seit langem tat, die die wirtschaftlichen und sozialen Verhältnisse der Gegend bestens kannte, zur Kreisvorsitzenden zu wählen. Aber nein: »Die hätten niemals eine Frau in eine solche Position gewählt.«

Doch Gertrud Mahnke war ehrgeizig. Sie wollte nicht ewig die Geschäfte der Gewerkschaften im Kreis Gifhorn führen. Als Wolfsburg kreisfreie Stadt wurde, ließ sie sich in den Rat wählen.

Dann aber entdeckte Otto Brenner sie. Brenner, ebenso alt wie Gertrud Mahnke, in Hannover geboren und ursprünglich Elektromonteur, war in seiner Heimatstadt seit 1947 Bezirksleiter der IG Metall. Später wurde er Vorsitzender der größten Einzelgewerkschaft der Welt und 1961 – Gertrud Mahnke wurde in jenem Jahr in den Geschäftsführenden IG-Metall-Vorstand in Frankfurt gewählt – Präsident des Internationalen Metallarbeiterbundes.

Brenner holte Gertrud Mahnke zur IG Metall. Die Bedingungen, Kündigungsschutz und Entlohnung, waren miserabel; die Zeiten, da Gewerkschaftsmitarbeiter zu den Top-Verdienern zählten, waren noch nicht angebrochen. Gertrud Mahnke akzeptierte trotzdem. 1951 gab sie ihr Wolfsburger Stadtratsmandat zurück, ging nach Hannover und war – wieder einmal – die einzige Frau unter den fünf dortigen Bezirkssekretären, zeitweilig auch unter allen Bezirkssekretären im Bundesgebiet. Am neuen Arbeitsplatz war sie – das überrascht kaum – zuständig für die gewerkschaftliche Frauenarbeit, und zwar, wie sie sagt, »nicht etwa, weil ich nichts anderes wollte, sondern weil man mich nichts anderes tun ließ«.

Sie schuf sich wenig später weitere Betätigungsfelder, darunter im Vorstand der Landesversicherungsanstalt Hannover und in vielen Gremien, in denen sie ehrenamtlich mitarbeitete. Zwar fühlte sie sich mit der gewerkschaftlichen Arbeit durchaus ausgelastet; doch sie wollte nicht einseitig werden.

Das Arbeitsfeld als IG-Metall-Bezirkssekretärin führte Gertrud Mahnke nun nach Duderstadt, Hildesheim, Göttingen, Alfeld, Braunschweig, Hannover und in viele kleinere Ortschaften. Der weibliche Beschäftigungsgrad in der metallverarbeitenden Industrie – Radios, Sprungfedern, Konservendosen, Reißverschlüsse, Kraftfahrzeuge – war sehr groß. Freilich, die Frauen waren überwiegend angelernte Kräfte, folglich schlecht bezahlt und zum großen Teil auch schlecht informiert über ihre Rechte.

Unter in den frühen fünfziger Jahren noch bescheidenen Bedingungen, in Jugendherbergen und Naturfreundehäusern, veranstaltete Gertrud Mahnke Schulungen für Frauen. Sie vermittelte dabei nicht nur Wissen, sondern versuchte in den Seminaren für Frauen auch, das Sprechen in Diskussionen sowie die öffentliche Rede zu üben und Selbstbewußtsein aufzubauen.

Vor allem aber versuchte sie, das ihrer Ansicht nach Wichtigste zu vermitteln: Nie aufhören zu lernen, wie sie selbst nie aufgehört hatte zu lernen. Immer wieder forderte sie die Frauen auf, sich beruflich zu qualifizieren, womöglich eine Ausbildung sogar noch nachzuholen: »Und wenn Ihr meint, selbst nicht mehr lernen zu können, dann denkt wenigstens an Eure Töchter: Gebt ihnen eine gute Schul- und eine gute Berufsausbildung!«

Oft kam die IG-Metall-Bezirkssekretärin frustriert nach Hause: »Die Frauen waren damals lethargisch, hatte nur ihre Arbeit vor Augen. Sie wußten oft nicht einmal, welcher Lohngruppe sie angehören, begriffen den Artikel des Grundgesetzes nicht, der gleichen Lohn für gleiche Arbeit postuliert. Keine wagte ein Wort. Sie dachten nur ans Geldverdienen.«

Jahrzehnte sind seit jenen frühen Nachkriegsjahren, als alle Welt »nur ans Geldverdienen« dachte, vergangen. Gertrud Mahnke konnte die Früchte der Gewerkschaftsarbeit langsam gedeihen sehen. Sie weiß, daß noch vieles für die Frauen – und von den Frauen – in der Arbeitswelt erkämpft werden muß; aber sie weiß auch: »Wir haben damals manches in die Wege geleitet. Heute zeigen sich die Erfolge.« Und am Ende sagt sie: »Ich bin nicht mutlos, wenn ich zurückblicke.«

»Das Wohl der Stadt als oberstes Gesetz«

Bertha Middelhauve – politisches Engagement vor Ort

Die Nachbarn, so wurde später erzählt, hätten die Köpfe zusammengesteckt und einander besorgt berichtet, was sie an jenem Hochsommertag des Jahres 1945 gesehen hatten: Bertha Middelhauve, die streitbare liberale Dame, schon über 50 Jahre alt, war von einem Uniformierten abgeholt worden. Das »Abholen« von Menschen hatte seinen Schrecken noch nicht ganz verloren. Zwölf Jahre lang hatte man derartiges immer wieder gesehen – und vielfach hatte man weggeschaut... Doch der Krieg war zu Ende, das Nazi-Regime zerschlagen.

Der Uniformierte war kein Gestapo-Mann, sondern Colonel Hill, Leiter der britischen Besatzungsbehörde im Rhein-Wupper-Kreis. Das Gespräch, das er zu führen gedachte, war Bertha Middelhauve angekündigt worden; und doch überraschte sie das Maß an Vertrauen und Zutrauen, welches der ausländische Offizier ihr entgegenbrachte: Bertha Middelhauve sollte demokratisch gesonnene Frauen um sich sammeln und mit ihnen zusammen weitere Frauen ansprechen, die gemeinsam im Sinne demokratischer Erneuerung politisch geschult werden sollten. »Reeducation« wurde das genannt.

30 Jahre danach wurde an diese Zeit – wieder im Sinne von Lernen – erinnert, unter anderem durch Schüler, die die Entwicklung der Lokalgeschichte ermittelten und aufschrieben. Ihnen erzählte Bertha Middelhauve vom »Demokratischen Neubeginn in Leverkusen 1945/46«: »Unsere Hauptaufgabe war es, die wir nicht Nationalsozialisten gewesen waren, die Frauen zu sammeln und demokratisch zu erziehen ... Oberst Hill traf sich manchmal mit uns... und führte Gespräche, wie er sich die Demokratie dachte.« Ihm lag gleichzeitig aber auch »besonders der Aufbau

der Schulen am Herzen ... Um diejenigen Kinder, die von den Nazis beeinflußt worden waren, wieder in die richtige demokratische Bahn zu lenken, trat er an mich heran: Ich solle mich sowohl um den äußeren Aufbau der Schule kümmern wie auch um den inneren« – eine Aufgabe, die der kulturpolitisch außerordentlich interessierten Pädagogin in besonderer Weise lag.

Sie wurde, obwohl damals noch nicht gewähltes Mitglied des Stadtrates, Angehörige des Schulausschusses und besaß bereits einen sehr kurzen Draht zum ersten kommunalen Parlament der Wahlheimatstadt: Ihr Mann, Dr. Friedrich Middelhauve, war Mitglied des ernannten Stadtrats in Leverkusen. – Kulturelles Interesse in einem sehr umfassenden Sinn hatte die Middelhauves zusammengeführt und ein Leben lang verbunden.

Bertha Reichert war am 9. Juni 1893 in Montabaur geboren worden, hatte in Frankfurt am Main Philologie studiert und trat eine ihrer ersten Stellen als Gymnasiallehrerin 1922 am Lyzeum Marianum in Opladen an. Nie machte sie ein Hehl daraus, daß ihr sowohl der Jahrzehnte später nach Leverkusen eingemeindete Ort als auch die kulturelle Landschaft der Gegend trist erschienen. Sie vermißte alles, was sie neben dem Studium in Frankfurt genossen hatte, Musik, Theater, Museen, und beschloß, selbst für Abhilfe zu sorgen.

Die Zustimmung, welche ihr noch im gleichen Jahr geschaffener Bühnenvolksbund erhielt, war allgemein – mit Ausnahme des Kritikers, der für die »Bergische Post« über die Theateraufführungen schrieb. Er zeichnete seine Artikel mit »Dr. Mi.« und legte nach Auffassung Bertha Reicherts zu strenge Kriterien an die Darbietungen ihrer Bühne an. Die nämlich konnten und wollten nicht großes Theater sein, sondern sollten möglichst viele bis dahin Fernstehende an Bühnenkunst erst heranführen.

Dies erläuterte sie dem gestrengen Rezensenten in einem Gespräch – und war wenige Jahre später, 1928, mit ihm verheiratet. Es handelte sich um Dr. Friedrich Middelhauve, Literaturhistoriker und Inhaber einer Buchhandlung sowie einer Buchdruckerei in Wiesdorf, das kurz darauf Bestandteil der nach dem Apotheker

und Farbenfabrikanten Leverkus benannten Stadt wurde.

Der Ehe opferte Bertha Middelhauve ihre berufliche Laufbahn, wie dies Schicksal aller weiblicher Beamter in der Weimarer Zeit und darüber hinaus war; sie wurde als »Doppelverdienerin« aus dem Staatsdienst entlassen. Statt dessen beschäftigte sie sich in der Buchhandlung ihres Mannes, zumal dieser durch sein politisches und publizistisches Engagement Unterstützung durchaus gebrauchen konnte.

Friedrich Middelhauve war tätig in der liberalen Deutschen Staatspartei, gleichzeitig aber auch Mitglied der Deutschen Friedensgesellschaft, deren Aktivitäten keineswegs im Sinne der immer mehr an Boden gewinnenden NSDAP-Anhänger waren. Dieses Engagements wegen hatten es die Middelhauves in Opladen immer schwerer. Sie zogen es schließlich vor, nach Leverkusen umzuziehen, wo sie und ihre drei Kinder Gertraud, Friedrich und Mechthild die NS-Zeit und die Kriegsjahre einigermaßen unbehelligt, wenngleich als »politisch Abseitsstehende« ständig unter Beobachtung, überstanden.

Anders als ihr Mann hatte sich Bertha Middelhauve in der Weimarer Zeit ausschließlich auf kulturellem Gebiet betätigt. Dies änderte sich 1945 so vollständig, daß sie später in der örtlichen Presse als »ein Glücksfall für eine Stadt im Werden und im Umbruch« bezeichnet und gar als »ein Stück Leverkusen« apostrophiert wurde: »Bertha Middelhauve hat Politik mit unruhigem Herzen gemacht. Sie hat Fährnisse nicht gescheut und Anfeindungen auf sich genommen. Kein Umweg war ihr zu weit, zum Ziel zu kommen; kein Tag zu lang, etwas zu erreichen; keine Frage zu klein, über sie nachzudenken und zu sprechen.«

Während sich Friedrich Middelhauve, nach 1945 Mitbegründer der FDP, neben seinen verlegerischen Aktivitäten als späterer FDP-Vorsitzender in Nordrhein-Westfalen, als Landtags- und Bundestagsabgeordneter, als nordrhein-westfälischer Minister für Wirtschaft und Verkehr sowie als zeitweiliger stellvertretender Ministerpräsident der überregionalen Politik widmete, engagierte sich Bertha Middelhauve, inzwischen auch eingeschriebene Freie

Demokratin, politisch ganz »vor Ort«. Ihre Arbeit hatte von Anbeginn zwei Schwerpunkte, die ihren Ursprung einerseits in ihren persönlichen Interessen, andererseits in der britischen Besatzungspolitik hatten: kommunale Schul- und Kulturpolitik sowie politische Bildung von Frauen.

Der Anfang war nicht einfach. Nachdem sie den Auftrag von Oberst Hill, demokratische Frauengesprächskreise zu gründen und zu leiten, angenommen hatte, mußten erst einmal Interessentinnen gefunden werden. Zwar gab es überraschenderweise hier und da schon kleine Frauengruppen, die bald im »Demokratischen Frauen-Aussprachekreis Leverkusen, Rhein-Wupper« zusammengeschlossen werden konnten; doch die konkrete politische Bildungsarbeit gestaltete sich zuweilen mühsam.

»Es gab«, erinnerte sich die Initiatorin, »lebhafte Auseinandersetzungen, denn manche Frauen wollten von Demokratie nichts wissen.« Demokratie schließt Frauen-Emanzipation notwendigerweise ein; dies aber war vielen Frauen nach zwölf Jahren NS-Herrschaft ein sehr fremder Gedanke. Wenn Bertha Middelhauve erklärte: »Die alten Methoden ziehen nicht mehr, um der neuen Situation nach 1945 Herr zu werden!«, dann wirkte das noch auf manche der zwanzig- bis fünfzigjährigen Frauen irritierend. Obgleich damals außerordentlich viele Frauen ihren Alltag notgedrungen allein meisterten, schien ihnen befremdlich, daß sie nun, wie ihnen die resolute Bertha Middelhauve nahezubringen versuchte, »lernen müssen, nicht nur durch den Mann zu leben, sondern aus der Mitte ihres eigenen Wesens heraus«. Sie selbst bot das beste Beispiel dafür.

Ähnliche Initiativen zur Bildung und Führung demokratischer Frauengesprächskreise gab es überall in den westlichen Zonen. Oft waren sie, wie im Rhein-Wupper-Kreis, durch die Besatzungsbehörden angeregt worden; an anderer Stelle aber waren sie, freilich ebenfalls mit Zustimmung der Militärverwaltungen, durch Aktivitäten demokratisch gesonnener Frauen und Männer, von denen manche erst eben aus Konzentrationslagern befreit worden waren, gebildet worden.

Bertha Middelhauve erfuhr 1947 von den Bemühungen der hannoverschen Regierungspräsidentin Theanolte Bähnisch zur Gründung eines überparteilichen und überkonfessionellen Frauenverbandes. Es dauerte noch zwei Jahre, bis im Oktober 1949 in Bad Pyrmont der Deutsche Frauenring gegründet wurde. Bertha Middelhauve, später Präsidiumsmitglied, dann Präsidentin des Verbandes, war dabei. Und sie führte ihre vom Aussprachekreis zum Ortsring Rhein-Wupper angewachsene Frauengruppe bald als mitgliederstärksten Ortsverband in den Deutschen Frauenring ein.

Dort wurde weiter gelernt. »In Seminaren wurden Hunderte von uns systematisch über Verfassung, Grund- und Wahlrecht und Gewaltenteilung unterrichtet. In allen Landesverbänden und Ortsringen veranstalteten wir Kandidatinnenbefragungen vor politischen Wahlen.« Hilfreich war bei der Arbeit mit den Frauen das schulpolitische Engagement Bertha Middelhauves: »Über Kinder und Schule, beispielsweise, kann manche Brücke genommen werden«, sagte sie später einmal.

Bertha Middelhauve gehörte dem Rat der Stadt Leverkusen seit 1948 an. Sie war zunächst als Nachrückerin Stadtverordnete geworden, nachdem ihr Mann zugunsten der Landespolitik aus dem kommunalen Parlament ausgeschieden war. Später wurde sie immer wieder gewählt, bis sie 1959 die kommunalpolitische Tätigkeit im Interesse ihres Engagements im Frauenring aufgab.

Die Protokolle der Ratssitzungen aus jenen frühen Jahren, mit Sütterlin-Schrift in dicke Kladden auf schlechtes Papier notiert, verraten wenig über die Schwierigkeiten, mit denen die Schul- und Kulturpolitikerin zu kämpfen hatte. In dürren Worten wurden lediglich die Ergebnisse, nicht die Debatten über Für und Wider, über Wie und Wo aufgeschrieben. Die Probleme, um deren Lösung es der Pädagogin und Stadtverordneten ging, waren vordergründig und dennoch schwer zu bewältigen. Zum Beispiel dic Behebung des Schulraummangels: Kriegsbedingte Zerstörungen einerseits und der Zustrom von Flüchtlingen mit ihren Kindern andererseits erschwerten die Abwicklung geordneten Schulunterrichts. Noch 1951, sechs Jahre nach Kriegsende, lernten die Kinder in überfüllten Klassen, Behelfsgebäuden und Baracken.

Die Bewohner der Stadt litten unter den miserablen Straßen- und Verkehrsverbindungen. Die Familien der Arbeitslosen waren von der allgemeinen Not besonders stark betroffen. Die weiterhin zuströmenden Vertriebenen verschärften die Situation; ein großer Teil von ihnen mußte in Notunterkünften untergebracht werden. Eine städtische Statistik vom Jahresbeginn 1951 weist aus, daß 420 Familien mit je drei Personen und 236 Familien mit vier bis elf Personen in jeweils einem Raum hausten.

Es ging unter diesen Umständen bei der Sorge um das Fortkommen der Schüler weit weniger um Lehrplangestaltung oder Schulbuchauswahl; es ging um die Schaffung von Schulraum überhaupt. Da konnten die Kommunalpolitiker/innen schon stolz sein, sehr kleine Schritte erfolgreich unternommen zu haben. Zum Beispiel kämpfte Bertha Middelhauve anfangs vergebens, doch dann mit Zustimmung ihrer Ratskollegen für die Erweiterung der örtlichen Mittelschule. Immer wieder, so argumentierte sie, waren Schüler abgewiesen worden, und zwar nicht aus Mangel an Befähigung, sondern aus Mangel an Klassenräumen. Da war es dann schon eine Leistung, die Erweiterung der Schule um nur eine Einstiegsklasse erreicht zu haben.

Die Schaffung vieler solcher Klassenräume, später der Aufbau eines großzügig angelegten Berufsschulzentrums und schließlich der Neubau eines zeitgemäßen städtischen Krankenhauses gehen auf Bertha Middelhauves kommunalpolitisches Engagement zurück.

Das ging nicht immer ohne Kontroversen ab, zumal Bertha Middelhauve, die Kommunalpolitikerin, nie eine starke Mehrheit, sondern nur die kleine liberale Minderheitsfraktion hinter sich wußte. Allerdings war sie der Auffassung, daß »der echte Kommunalpolitiker oft über die Parteipolitik hinauswachsen und das Wohl der Stadt als oberstes Gesetz anerkennen (muß)«. Das »Hinauswachsen über die Kommunalpolitik« aber gestaltet sich für den Kommunalpolitiker und die Kommunalpolitikerin schwerer als für Menschen, die in der sogenannten großen Politik tätig sind; denn gerade die Kommunalpolitik ist der Bereich, in dem die Wünsche, Hoffnungen, Forderungen der Wähler, aber auch ihre Reaktionen, ihre Kritik, ihre Unzufriedenheit die Gewählten sehr unmittelbar erreichen: Da kann sich niemand auf vermeintliche oder tatsächliche, jedenfalls oft herbeizitierte übergeordnete Interessen zurückziehen.

Kontroversen der erwähnten Art betrafen nicht nur den Wiederaufbau und Neubau im materiellen Sinn, sondern auch und vor allem Inhaltliches. Bertha Middelhauve pflegte zu sagen: »Wir begannen, eine neue Stadt aus dem vielfachen Schutt – nicht nur dem äußeren Schutt – aufzubauen.« Sie meinte damit unter anderem, »daß der Geist unserer Schulen sich in Freiheit und Würde entfaltet«.

Dazu gehörte für die Pädagogin, die sie weder verleugnen konnte noch wollte, der Kampf um die christliche Gemeinschaftsschule als Regelschule; die konfessionelle Grundschule als alleinige Regelschule war für die liberale Politikerin indiskutabel. Aber sie mußte diskutieren, streiten und werben. Im katholischen Rheinland erwies es sich als schwierig, das scheinbar Selbstverständliche durchzusetzen.

Die Differenz in dieser Frage führte übrigens dazu, daß sich Friedrich Middelhauve, der 1945 zur Gründungsversammlung der örtlichen CDU gegangen war, von der Idee eines Parteibeitritts distanzierte und, nun als Mann der FDP, selbst Partei-Mitbegründer wurde.

Noch Jahrzehnte, nachdem sich Bertha Middelhauve aus der kommunalen Politik zurückgezogen hatte und aus verschiedenen Anlässen in der lokalen Presse der hochgeehrten Ratsfrau – sie wurde erste Trägerin des ursprünglich für sie geschaffenen und von ihr ausgesuchten Ehrenringes der Stadt Leverkusen – gedacht wurde, fanden sich in Zeitungsartikeln Andeutungen über »Gegnerschaften«, »Anfeindungen«, »Ablehnung«.

Gemeint war damit ein anfangs umstrittenes Projekt, dessen Verwirklichung Bertha Middelhauves größte kommunal- und kulturpolitische Leistung wurde: Die Schaffung eines städtischen Museums. Noch heute rangiert die Kultur in unserem Land unter den verschiedenen Politikbereichen an letzter Stelle – um wieviel mehr in jenen Jahren, in denen die meisten Menschen vieles als sehr wichtig empfanden, doch zuallerletzt an die Gründung eines Museums dachten.

Die Aufzeichnungen des Stadtrates von Leverkusen verraten über die kontroversen Debatten, die es um dieses Museum gegeben hat, noch weniger, als es die dürren Ergebnisprotokolle über die schulpolitischen Bemühungen der Stadtverordneten Middelhauve tun. Denn als diese ihren Museums-Plan betrieb, erlebte das Stadtparlament seine erste, allerdings schwerwiegende Krise: Es hatte sich selbst handlungsunfähig gemacht. Mit neun zurückgetretenen Mitgliedern der christdemokratischen Mehrheitsfraktion war mehr als ein Drittel des Rates ausgeschieden. Der Innenminister stellte die Beschlußunfähigkeit fest; der Kreistag protestierte; der Regierungspräsident wies den Protest namens des Innenministers als nicht gerechtfertigt zurück und verfügte die Wahl eines »Beauftragten«. Im September 1950 übernahm der Landrat a. D. Dombois die Geschäfte des städtischen Parlaments bis zu dessen nächster ordentlicher Neuwahl. Die Ratsprotokolle verzeichnen für diese Zeit die knapp formulierten Beschlüsse des »Beauftragten«.

Die Verhandlungen um die Museums-Gründung waren jedoch schon so weit gediehen, daß der »Beauftragte« zwei Monate nach seinem Amtsantritt die Bildung eines Kuratoriums für das städtische Museum beschloß. Ihm gehörten Repräsentanten von Parteien und Gewerkschaften, der Kulturabteilung des örtlichen Haupt-Arbeitgebers Bayer sowie Schulleiter und »ein Vertreter der bergischen Künstler« an, wie es in dem Beschluß heißt.

Tatsächlich mußte zur Verwirklichung des Projektes kein neues Gebäude errichtet werden; dies wäre zum damaligen Zeitpunkt wohl auch nicht durchzusetzen gewesen. Bertha Middelhauve – und mit ihr andere kunst- und kulturpolitisch interessierte Stadträte – dachten von vornherein an die Nutzung eines vorhandenen

Bauwerks: Auf städtischem Gelände befindet sich das Schloß Morsbroich, eine kreisrunde Anlage, ehemals Wasserschloß und Rittergut, entstanden im 13. Jahrhundert, Jahrhunderte lang im Besitz der Deutschen Ordensritter, nach 1800 Sitz des Napoleon-Schwagers Joachim Murat, dann von einem Kölner Bankier gekauft, schließlich erworben durch die Freiherren von Diergardt, deren Nachkommen das Ende des Zweiten Weltkriegs und die belgische Besatzung auf ihrem Schloß erlebten. Die Gebäude hatten den Krieg leidlich unbeschadet überstanden; doch die überwiegend landwirtschaftliche Einkommensbasis der Familie war geschrumpft.

1948 bereits pachtete die Stadt Leverkusen Schloß Morsbroich. Der Verwendungszweck war damals noch völlig offen; aber Raum wurde allenthalben benötigt. Es wurde die Einrichtung eines Alten- oder Kinderheims, auch die Installierung eines Krankenhauses auf dem Schloß erwogen. Doch das kommunale Kunstprodukt Leverkusen – erst 1930 war die Stadt aus dem Zusammenschluß von Wiesdorf und den Gemeinden Schlebusch, Rheindorf sowie Steinbüchel entstanden – erhielt nun, sechs Jahre nach Ende des Zweiten Weltkriegs, seinen ersten bedeutenden kulturellen Mittelpunkt: ein Museum für moderne Kunst, das sich die Aufgabe stellte, »ständige Ausstellungen lebender Künstler zu veranstalten und allen Kunstrichtungen ohne Voreingenommenheit ... Gelegenheit zu geben, ihr Können zu zeigen«.

Bertha Middelhauve, die, 95jährig, am 1. Dezember 1988 starb, begleitete die Arbeit des Museums über Jahrzehnte; selbstverständlich gehörte sie bereits dem ersten Museums-Ausschuß ab Januar 1951 an. Damals mußten die Initiatoren wiederholt an die Toleranz des Publikums appellieren. Trotzdem wurde Unverständnis mehr als einmal in teils wütenden und oft anonymen Schreiben formuliert. Ja, es bildete sich in Leverkusen eine regelrechte Opposition gegen das Ungewohnte, das Neue. Sogar in einem amtlichen Schreiben wurde gefordert, die öffentliche Hand möge keine Kunstrichtungen fördern, »die im Ergebnis ins Nichts führen«.

Die Initiatorin des Museumsprojektes wurde gar der Mitschuld am Mord eines jungen Mädchens in Leverkusen geziehen. Der Briefschreiber legte seiner Anschuldigung das Foto eines Gemäldes von Ernst Ludwig Kirchner bei; dessen »Weiblicher Halbakt mit Hut«, Bestandteil der zeitweilig in Morsbroich gezeigten Sammlung Haubrich, sei eines jener »schmutzigen« Bilder, die die Mordinstinkte des Täters erst geweckt hätten. Die Zeit, da Kirchner zu den »entarteten Künstlern« gehört hatte, war eben noch nicht lange vorbei. »Die bekannte Welt«, so schrieb zu einer der frühen Ausstellungen in Schloß Morsbroich die »Frankfurter Allgemeine Zeitung«, »ist immer die von gestern. Die von vorgestern ist schon wieder unbekannt – und etwas unheimlich . . .«

Bald aber glätteten sich die Wogen der Empörung; bald wurde erreicht, was der anfangs für die Ausgestaltung des Museums mitverantwortliche Kulturamtsleiter Curt Schweicher anstrebte: »Wir müssen dahin kommen, daß das Sein vor dem Schein steht, daß wir statt zu Samt und Plüsch zu den Möglichkeiten unserer Zeit stoßen, daß wir rückständige Auffassungen überwinden, daß wir uns nicht auf die Seite der Muffigen stellen, und daß wir durch die Aufnahme des Gegenwärtigen Ausgleich für manchen Verlust im Vergangenen finden.«

Schloß Morsbroich fehlte schon wenige Jahre nach seiner Umwandlung in ein Museum für moderne Kunst in keinem ernstzunehmenden Museumsführer: »Die Sammlung . . . besaß bereits in den fünfziger Jahren den Ruf besonderer Exklusivität. Die Ausstellung zeigt Malerei und Plastik des 20. Jahrhunderts, vor allem des Gegenwartsschaffens. Namen wie Albers, Calder, Chagall, Beuys, . . . Vasarely, Warhol demonstrieren die Breite der Leverkusener Sammlung.«

Als sich Bertha Middelhauve aus dem Stadtrat verabschiedete, um sich ganz der nationalen und internationalen Frauen-Arbeit widmen zu können, erinnerte sie an den Streit um das Museums-Projekt, an »die ersten Jahre, die voller Tragikomik und voller heftiger Kämpfe waren. Sie werden begreifen«, sagte sie ihren Ratskolleginnen und -kollegen, »daß es mich heute doch mit

Freude und Befriedigung erfüllt zu erkennen, daß dieser Kampf . . . nicht vergeblich gewesen ist.«

»Die Solidarität der Arbeiter achten!«

Elfriede Nebgen, »Gehilfin Jakob Kaisers«

Babelsberg, Teil von Potsdam, Filmstadt bei Berlin, bekannt durch »Ufa«-Produktionen vor 1945, durch »Defa«-Produktionen nach 1945. Etwas außerhalb des Ortes liegt die ein wenig hügelig verlaufende Heimdalstraße, an deren Ende das kleine Haus von Gertrud Droste. Die Besitzerin war wenige Tage vor Kriegsende durch eine sowjetische Granate zu Tode gekommen; aber ihr Haus bot den anderen Bewohnern auch für die allerletzten Tage des Zweiten Weltkriegs noch Schutz.

Als der Kampf um Berlin beendet war, traten sie in den Garten. »Von der Anhöhe aus, auf der das Haus lag, sahen wir am Abend des 9. Mai das Feuerwerk über Berlin. Die Kapitulation war also vollzogen. Das Hitlerregime hatte sein Ende gefunden, ganz anders allerdings, als es die Toten des 20. Juli einmal geplant hatten . . .«

So endet der Bericht Elfriede Nebgens über die siebeneinhalb Monate, die sie als Bombengeschädigte und politisch Verfolgte in dem Haus zugebracht hatte. Sie hätte auch ein anderes Quartier finden können; aber sie hatte bei dem Gefährdetsten unter den Bewohnern bleiben wollen, der sich über ein halbes Jahr im Keller versteckt gehalten hatte: Jakob Kaiser, christlicher Gewerkschafter, Widerstandskämpfer, späterer Parteiführer der CDU und Bundesminister.

Nachdem das Attentat auf Adolf Hitler am 20. Juli 1944 gescheitert war, hatte Kaiser untertauchen müssen. Elfriede Nebgen hatte das Versteck im Babelsberger Keller besorgt. Ihrer Überzeugungskraft und dem Zuspruch anderer Vertrauter war es gelungen, den Freund und Mitstreiter daran zu hindern, sich der Gestapo zu stellen, nachdem die Botschaft von der »Sippenhaft«

seiner Angehörigen ihn erreicht hatte: Ein toter Jakob Kaiser hätte die Ehefrau Therese und die Tochter Elisabeth nicht aus dem KZ Buchenwald befreit, hätte auch der in Berlin untergetauchten Tochter Maria nicht geholfen. Man wußte schließlich: Andere Männer des 20. Juli waren bereits hingerichtet worden, und dennoch blieben ihre Familien inhaftiert.

»Der Bedrückung über das Todesschicksal der Freunde wußte er kaum Herr zu werden«, erinnerte sich Elfriede Nebgen. Doch »enge Freunde von Jakob Kaiser (waren) zwar verhaftet gewesen, aber mit dem Leben davongekommen, so Johannes Albers, Heinrich Körner, Josef Ersing und Andreas Hermes – eine Nachricht, die Jakob Kaiser mit Dankbarkeit aufnahm, die ihn aber noch ungeduldiger machte, nach Berlin zu kommen.« Dorthin brachen die Bewohner des Hauses an der Heimdalstraße in Babelsberg am Himmelfahrtstag zu Fuß auf; es war der 10. Mai 1945.

In einem Lebenslauf, den sie ein Jahr später, am 1. Juni 1946, verfaßte, erwähnte Elfriede Nebgen Jakob Kaiser, den sie nach dem Tod seiner Frau 1953 heiratete, nur beiläufig: »Ab 1933 entsagte ich aus grundsätzlicher Ablehnung des Nationalsozialismus jeder äußerlich anerkannten Berufsarbeit. Ich arbeitete vom ersten bis zum letzten Tag mit für die Beseitigung Hitlers und die Neuordnung des deutschen Volkslebens. Meine Feder und meine Wohnung dienten dem Kreis der illegalen Kämpfer, der mit den Namen Goerdeler, Kaiser, Leuschner, Habermann gekennzeichnet ist. Nach dem 20. Juli 1944 konnte ich mit Hilfe guter Freunde mein Leben retten.« Daß sie es war, die das Leben Jakob Kaisers rettete, erwähnte sie nicht.

25 Jahre hatten sie zum damaligen Zeitpunkt für die christliche Gewerkschaftsbewegung bereits zusammengearbeitet, zwölf Jahre davon in der politischen Illegalität; 16 Jahre gemeinsamer Arbeit bis zu Kaisers Tod im Mai 1961 lagen nach Kriegsende noch vor ihnen. Es gab – bei aller Eigenständigkeit und Verschiedenheit beider Persönlichkeiten – im politischen und gewerkschaftlichen Leben selten eine Partnerschaft, die harmonischer gewesen wäre und sich besser ergänzt hätte, als die zwischen Elfriede

Nebgen und Jakob Kaiser: er, der gelernte Buchbinder und christlich orientierte katholische Arbeiterführer, sie, die promovierte Nationalökonomin und Publizistin der christlichen Gewerkschaftsbewegung.

Deshalb bedeutet über Elfriede Nebgen zu berichten immer auch, Entscheidendes aus dem Leben Jakob Kaisers mitzuteilen; oft sind die Aktivitäten beider nicht getrennt zu betrachten. Als Elfriede Kaiser-Nebgen ihr 80. Lebensjahr vollendete, sagte Erich Kosthorst, einer der Kaiser-Biographen: »Es wäre ein müßiges Unterfangen, hier Anteile des Verdienstes bestimmen zu wollen – die historische Leistung . . . ist auch die ihre. ›Gehilfin Jakob Kaisers', so hat sie ihren Anteil bescheiden selbst genannt. Wir dagegen meinen, sie war Partnerin von außergewöhnlichem Format.«

Elfriede Nebgen hatte eine eigenständige berufliche und gewerkschaftspolitische Karriere bereits erfolgreich begonnen, als sie Anfang der zwanziger Jahre Jakob Kaiser begegnete; und sie setzte sie später in der Bundesrepublik Deutschland fort: Sie war Mitarbeiterin, nun des stellvertretenden CDU-Bundesvorsitzenden und des ersten Bundesministers für gesamtdeutsche Fragen, Kaiser; sie betätigte sich als Herausgeberin der Zeitschrift »Soziale Ordnung« der Christlich-Demokratischen Arbeitnehmerschaft (CDA); sie wirkte als treibende Kraft für die politische Bildungsarbeit innerhalb der CDA und ihrer Sozialausschüsse.

Nachdem Elfriede Kaiser-Nebgen am 22. Oktober 1983 gestorben war, schrieb der damalige CDA-Vorsitzende Norbert Blüm über die Frau an Jakob Kaisers Seite: »CDA und CDU verdanken ihrem über 60jährigen Dienst mehr, als in die Geschichtsschreibung eingehen wird.« Das ist keine Floskel, sondern trifft den Kern: Neben dem für Außenstehende erkennbaren Beitrag Elfriede Nebgens zur politischen Arbeit in der christlichen Arbeitnehmerschaft, bleibt jener Anteil in der Zusammenarbeit mit Jakob Kaiser, der durch keine Autorenzeile belegt ist. Man arbeitete im Team mit – über die Jahrzehnte wechselnden – vertrauten Freunden; doch Elfriede Nebgen gehörte immer dazu.

Ihren Weg in die christliche Arbeiterbewegung beschrieb Elfriede Nebgen nach Ende des Zweiten Weltkriegs in dem erwähnten Lebenslauf: Als Tochter eines Mühlenbauers am 11. April 1890 in Hildesheim geboren, Volksschule, Höhere Mädchenschule, Lehrerinnenausbildung an einer Anstalt der Ursulinen in Duderstadt, ein Jahr Aufenthalt in der französischen Schweiz und Besuch der Universität Neufchâtel, anschließend Lehrerin, zeitweilig auch Leiterin einer katholischen Höheren Mädchenschule in Posen. »1916 gab ich den Lehrerinnenberuf auf, um mich durch Studium der Nationalökonomie auf eine ausgesprochen politische und soziale Tätigkeit vorzubereiten. Ich studierte in Münster, Straßburg und Berlin, unterbrochen durch ein Jahr kriegsbedingter praktischer sozialer Arbeit unmittelbar nach dem Zusammenbruch. Nach dem Doktorexamen folgte ich meiner eigentlichen Berufsneigung und stellte mich der christlichen Gewerkschaftsbewegung zur Verfügung.«

Das Thema der Dissertation Elfriede Nebgens wirkt, im nachhinein betrachtet, wie ein Motto für ihren politischen Lebensweg, der von dem privaten kaum zu trennen ist: »Arbeit an der Synthese von Sozialismus und Katholizismus«. In der 1921 an der Universität Münster vorgelegten Schrift stellte die Doktorandin einen von der marxistischen Dogmatik befreiten »organisatorischen Sozialismus« dem »Katholizismus als universale Jenseitsidee« gegenüber und entwickelte daraus ihre Vorstellungen vom »christlichen Sozialismus als Universalidee«. Dieser sei, ihrer Auffassung nach, »nichts anderes als der in das soziale Leben übertragene und auf das soziale Leben angewandte Katholizismus«, der seinerseits durch die sozialistische Komponente nur gewinnen könne.

Dieser Gedanke lag damals gewissermaßen in der Luft. Adam Stegerwald, Vorsitzender des Gesamtverbandes der Christlichen Gewerkschaften, hatte ihn ähnlich bereits 1920 in einer später als historisch bezeichneten Rede auf dem Kongreß christlicher Gewerkschafter in Essen formuliert.

Eine nahe Zusammenarbeit mit dem Gewerkschaftsvorsitzenden ergab sich 1921, als Elfriede Nebgen in der Berliner Zentrale des Verbandes als Referentin eingestellt wurde. Sie konzipierte die Reden der führenden christlichen Gewerkschafter, schuf den »Zentralwohlfahrtsausschuß der Christlichen Arbeitnehmerschaft« als soziales Hilfswerk und vermittelte in zahlreichen Publikationen die Idee des christlichen Sozialismus. Schließlich wurde sie Redaktionsleiterin des »Zentralblattes der Christlichen Gewerkschaften Deutschlands« – und legte dieses Amt 1933 nieder: Sie hatte als Chefin nicht verhindern können, daß in ihrem Blatt ein Leitartikel gedruckt wurde, dessen Text als Anbiederung an die Arbeiterorganisation der Nationalsozialisten verstanden werden mußte.

Verweigert hatte sich auch Jakob Kaiser, Mitglied im Reichsvorstand der Christlichen Gewerkschaften und deren Landesgeschäftsführer für Rheinland und Westfalen: Als einziger führender Gewerkschafter unterschrieb er das NS-Papier über die »Gleichschaltung« der Gewerkschaften nicht. 1933 verlor auch er seinen Posten. Beide, Elfriede Nebgen und Jakob Kaiser, gingen in den politischen Widerstand.

Die Begegnungen, die sie dort mit Regimegegnern aus anderen politischen Lagern hatten, prägten ihre Vorstellungen zur Schaffung eines neuen Staatswesens nach der Zeit des Nationalsozialismus. Besondere Bedeutung erhielt für Jakob Kaiser die freundschaftliche Beziehung, die sich im Widerstand zu Wilhelm Leuschner, dem sozialdemokratischen Gewerkschaftsführer, entwikkelte. Leuschner, nach dem 20. Juli 1944 hingerichtet, war Vorstandsmitglied des Allgemeinen Deutschen Gewerkschaftsbundes (ADGB), der Vorläuferorganisation des DGB, gewesen und nach seiner KZ-Haft leitende Persönlichkeit gewerkschaftlicher Widerstandsgruppen.

Während vieler Gespräche in Elfriede Nebgens Berliner Wohnung überzeugte Leuschner Jakob Kaiser von der Notwendigkeit der Schaffung einer Einheitsgewerkschaft. In ihrem Buch »Jakob Kaiser, der Widerstandskämpfer« hat Elfriede Nebgen darüber berichtet: »Die Verbundenheit der beiden aus verschiedenen

Welten kommenden Gewerkschaftsführer war der Beginn des Widerstandes mit einem festumrissenen Ziel. Ihre gemeinsame Wurzel war die frühe Erkenntnis und Erfahrung des verbrecherischen Charakters des Nationalsozialismus, wie er sich vor allem auch in der Behandlung der Arbeiterbewegung enthüllt hatte. Allerdings hatte sich in ihrem Schicksal auch die Schwäche der Gewerkschaftsbewegung offenbart, die einen ihrer wesentlichen Gründe in der weltanschaulichen Zersplitterung hatte. Diese Schwäche sollte überwunden werden.«

Tatsächlich kämpften in der späteren Bundesrepublik Deutschland gerade Jakob Kaiser und Elfriede Nebgen entschieden gegen alle Bestrebungen, die christlich orientierten Gewerkschaften, isoliert von anderen, organisatorisch wieder entstehen zu lassen. Zwar wurde Jakob Kaiser Vorsitzender der CDU-Sozialausschüsse, nachdem er seine gesamtdeutschen Gewerkschaftspläne als gescheitert betrachten mußte und sich in der Westzonen-CDU zu betätigen begonnen hatte; zwar wurde Elfriede Nebgen in der damals noch jungen Bundesrepublik zur treibenden Kraft der politischen Bildung in der christlichen Arbeitnehmerschaft und gab deren Zeitung »Soziale Ordnung« heraus. Aber trotz allem standen beide, oft gegen Widerstände aus den eigenen Reihen, zur Idee der Einheitsgewerkschaft.

Sie hatten gehofft, diese Idee in Berlin, der Reichshauptstadt, nach Kriegsende verwirklichen zu können. Bereits im Mai 1945 trafen sich Jakob Kaiser und Elfriede Nebgen mit Gewerkschaftern sozialdemokratischer Herkunft, also noch ehe der Sowjet-Marschall Schukow am 10. Juni 1945 mit Befehl Nr. 2 Gewerkschaften und politische Parteien zuließ.

Die Sowjets, durch die zunächst ganz Berlin besetzt worden war, hatten es eilig. Sie wollten vollendete Tatsachen schaffen, ehe die West-Alliierten in die Stadt einrückten. Deutsche Kommunisten vermittelten die Vorstellungen der sowjetischen Besatzungsmacht und setzten sie durch. Walter Ulbricht, späterer Vorsitzender des Staatsrats der DDR, war mit einem fertigen Konzept aus dem Moskauer Exil zurück nach Berlin gekommen. Die Idee der

Einheitsgewerkschaft stand auch bei ihm obenan – allerdings, das mußten christliche und sozialdemokratische Gewerkschafter bald feststellen, unter kommunistischer Führung. Wer da nicht mitmachen wollte, war isoliert. Es ging bereits im Frühsommer 1945 nicht mehr um die Diskussion dieses oder jenes gewerkschaftlichen Prinzips, sondern nur noch um die Frage: bei der von der sowjetischen Militäradministration geförderten Gewerkschaft mitzumachen, oder den Kommunisten das Feld zu überlassen.

Kaiser entschied sich fürs Mitmachen. Mutig appellierte er auf dem ersten Gesamtberliner Gewerkschaftskongreß am 2. Februar 1946 an die innere Offenheit der 300 000 Mitglieder vertretenden Delegierten: »Nicht alle bekennen wir uns zu den Lehren von Karl Marx, und die alte Doktrin vom zwangsläufigen Klassenkampf möchten wir abgelöst sehen von dem großen und starken Bekenntnis zum ganzen Volk.« Jakob Kaiser wurde mit der höchsten Stimmenzahl in den Vorstand des Groß-Berliner Freien Deutschen Gewerkschaftsbundes (FDGB) gewählt und stand dennoch auf aussichtslosem Posten ...

Wäre er frühzeitig in seine Wahlheimatstadt Köln zurückgegangen, er hätte es gewiß leichter gehabt. Aber Jakob Kaiser dachte gesamtdeutsch. Daß er unter so schwierigen Bedingungen in Berlin blieb, besaß sowohl symbolischen als auch programmatischen Charakter. »Wir haben Brücke zu sein zwischen Ost und West«, sagte er, »zugleich aber suchen wir unseren eigenen Weg zu gehen zu neuer sozialer Gestaltung.« Mit dieser Position unterschied er sich freilich nicht nur von den deutschen Kommunisten, die ihn in Berlin so vielen Pressionen aussetzten, sondern auch von vielen seiner politischen Freunde in den Westzonen, die für seine Brükken-Theorie durchaus kein Verständnis aufbringen mochten.

Elfriede Nebgen und Jakob Kaiser waren in erster Linie christliche Gewerkschafter. Doch während später Kaiser als Stellvertreter Konrad Adenauers in der CDU-Führung eine hohe Parteiposition einnahm und sich immer stärker der gesamtdeutschen Politik widmete, rangierte bei Elfriede Nebgen die gewerkschaftliche Arbeit stets an erster Stelle.

Die Frage der Parteizugehörigkeit einzelner Arbeiter war ihr weniger wichtig als der Zusammenhalt der Arbeiterschaft, auch über Parteigrenzen hinweg. Dies war die Lehre, die sie aus der Weimarer Zeit gezogen hatte; und sie hat sie niemals vergessen. In der »Sozialen Ordnung« äußerte sie sich zu dem Thema immer wieder: Die Solidarität der Arbeiter untereinander, so schrieb sie 1952, sei »aus dem gemeinsamen Kampf um den Aufstieg aus dem Dunkel erwachsen. Man soll diese Solidarität der Arbeiterschaft, die sie über die Parteiprogramme hinweg miteinander verbindet, achten, und man soll sie nicht durch ein feindseliges Gegeneinander der in Frage kommenden Parteien allzu sehr belasten.«

Dennoch beteiligten sich beide, Jakob Kaiser und Elfriede Nebgen, zusammen mit einem Kreis gemeinsamer politischer Freunde, aktiv an der Gründung der CDUD, der Christlich-Demokratischen Union, die in Berlin und in der sowjetischen Besatzungszone das »D« für Deutschland bewußt auch in das Namenskürzel aufnahm. Beide, Kaiser und Nebgen, waren nicht nur Gründungs-, sondern auch Vorstandsmitglieder der Partei.

Wie bei der Wiederzulassung der Gewerkschaften zeigte die sowjetische Militäradministration auch bei der Zulassung von Parteien Eile. Sie wurden genötigt, sich in einem »antifaschistischen Block« zusammenzuschließen – und wurden damit der erdrückenden Umarmung der deutschen Kommunisten ausgesetzt. Die aber hatten, Dank Unterstützung durch die Besatzungsmacht, bereits Schlüsselpositionen inne.

Wie sehr standen die Ziele des »antifaschistischen Blocks« im Widerspruch zu den Vorstellungen, die unter den Arbeiterführern im Widerstand entwickelt worden waren! Elfriede Nebgen erinnerte später daran, »daß Jakob Kaiser wie auch die übrigen Arbeitervertreter . . . zu der Auffassung gekommen waren, es sei . . . die Bildung einer ›Partei der Arbeit‹ möglich und ratsam«. Nach Kaisers und Nebgens Überzeugung, die auch Andreas Hermes teilte, mußte dies eine christlich orientierte, in jedem Fall aber überkonfessionelle Partei sein, wie sie Adam Stegerwald bereits 1920 auf dem Kongreß christlicher Gewerkschafter in Essen angeregt hatte. An die alte Zentrums-Partei wollte man bewußt schon deshalb nicht anknüpfen, weil sie ihre Klientel faktisch ausschließlich unter Katholiken gehabt hatte. Der Begriff »Union« im Namen der neuen Partei, der auf einen Vorschlag von Andreas Hermes zurückgeht, sollte den Brückenschlag zwischen den Konfessionen andeuten.

Für Jakob Kaiser wäre im Berlin des Jahres 1945 auch die Schaffung einer großen linken Volkspartei denkbar gewesen. Doch deren potentielle Anhängerschaft war durch die rasch wiedererstandene SPD, aber auch durch die KPD bereits angesprochen worden.

Neun Tage nachdem sich Jakob Kaiser und Elfriede Nebgen mit einer kleinen Gruppe naher Verwandter und Freunde zu Fuß von Babelsberg nach Berlin aufgemacht hatten, fand bei Andreas Hermes eine erste Unterredung über die Neugründung der schließlich CDUD genannten Partei statt. Der Gründerkreis, darunter ehemalige Mitglieder der Deutsch-Demokratischen und der Zentrums-Partei, vergrößerte sich, beriet sich häufig über programmatische Vorstellungen und empfand den 25. Mai 1945 als internen Gründungstag der CDUD in Berlin.

Ein vorläufiges Programm und der Gründungsaufruf wurden schon am 16. Juni verabschiedet. Der endgültige Entwurf zum Gründungsaufruf lag wenige Tage später vor; er war von Jakob Kaiser unter Mitarbeit von Elfriede Nebgen und Ernst Lemmer erarbeitet worden. Im wirtschaftlichen Bereich stand ein »Notprogramm für Brot, Obdach und Arbeit« im Vordergrund. Bei der Förderung von Industrie, Handel und Gewerbe sollte besonders das selbständige Handwerk berücksichtigt werden. Monopolbildungen sollten verhindert, Großgrundbesitz durch ländliche Siedlungsformen vermindert werden. Vorangestellt wurde diesen programmatischen Aussagen ein Bekenntnis zu Recht, Demokratie sowie geistiger und religiöser Gewissensfreiheit – Werte, die nach Nationalsozialismus und Krieg erst wieder entwickelt werden mußten.

Die politischen Voraussetzungen zur Gründung demokratischer Organisationen im sowjetisch kontrollierten Berlin erwiesen sich als außerordentlich schwierig. Doch da die Entwicklung im Fluß und ihr Ausgang völlig offen war, hegten die Beteiligten damals mehr Hoffnungen als in der historischen Rückschau gerechtfertigt zu sein schien. Amerikaner, Briten, Franzosen waren zur Gründungszeit der Parteien noch immer nicht in Berlin angelangt; und die Kommunisten bedienten sich, im Gegensatz übrigens zu den Sozialdemokraten, in ihren politischen Äußerungen anfangs einer Sprache, die alle klassenkämpferisch anmutenden Stereotypen zu vermeiden trachtete und dadurch positive Erwartungen zuließ.

Unter der Bedingung, daß sich auch die CDUD dem »Antifa-Block« anschlösse, wurde die Parteigründung am 10. Juli 1945 formell genehmigt. Am 3. und 4. Juli waren die Amerikaner und Engländer in Berlin angelangt; aber da waren alle Weichen bereits gestellt gewesen.

Andreas Hermes, der CDUD-Vorsitzende, wurde wenig später seines Amtes enthoben: nach allen Konzessionen, die er schon hatte machen müssen, war er nicht mehr bereit, den Bodenreform- und den Enteignungsplänen zur späteren Zwangskollektivierung der Landwirtschaft zuzustimmen. Er ging in den Westen und legte Jakob Kaiser nahe, mit ihm zu gehen. Elfriede Nebgen berichtete darüber, Kaiser habe entgegnet, »daß er sich der Aufgabe um der Union willen, aber auch um der weiteren politischen Verpflichtung willen, wie er sie für Berlin und die Zone sähe, nicht entziehen könne und wolle. Der Schwere der Aufgabe sei er sich bewußt . . ., aber der Versuch müsse gemacht werden.«

Im Dezember 1945 trat Jakob Kaiser das Erbe von Andreas Hermes an; er wurde zum CDUD-Vorsitzenden für Berlin und die sowjetische Besatzungszone gewählt. Elfriede Nebgen wurde ebenfalls ordentliches Vorstandsmitglied und zudem Vorsitzende der CDUD-Frauenorganisation.

Niemals war sie frauenrechtlerisch veranlagt gewesen. Immer hatte sie als eine emanzipierte Persönlichkeit gelebt. Sie war klug, selbstbewußt, dem Leben zugewandt. In der NS-Zeit und nach

1945 bewies sie immer wieder kämpferische Energie und persönlichen Mut. Sie liebte die geistige Auseinandersetzung, das positive Streitgespräch und war eine gewandte Vermittlerin der Ergebnisse schwieriger Diskussionen. Das ist anhand ihrer vielen Veröffentlichungen nachvollziehbar, galt aber auch für ihr Verhalten im persönlichen Gespräch.

Gern hatte Elfriede Nebgen, großgewachsen und immer äußerst elegant gekleidet, Menschen um sich, Menschen, denen sie half, die sie beriet, mit denen sie Argumente austauschte. Hans Katzer, Bundesarbeitsminister unter Kanzler Adenauer, bescheinigte Elfriede Nebgen in einer eigenwilligen Begriffsschöpfung »eine damenhafte Kumpelhaftigkeit im Verhalten«, die ihr den Umgang mit Menschen leicht machte: »Sie war einfach eine souveräne Persönlichkeit.«

Souveränität benötigte die CDUD-Frauen-Vorsitzende dringend, um ihrer Organisation eigenständige Aktionsmöglichkeiten zu bewahren. Engagiert kämpfte sie gegen die Taktik der inzwischen zur SED fusionierten Kommunisten und Sozialdemokraten, die Frauen nicht über ihre jeweiligen Parteien, sondern auf speziellen »Frauenlisten« über SED-beherrschte Massenorganisationen in verschiedene Gremien zu entsenden oder gar eine Einheits-Frauenorganisation zu schaffen. Geschickt argumentierte Elfriede Nebgen gesamtdeutsch: »Unter der Zonentrennung ... bilden sich Unterschiede heraus, die zu Gegensätzen werden können, je länger der Strom geistigen deutschen Lebens und gegenseitiger Verständigung noch gehemmt wird. Soll auch die Frauenbewegung noch zonale Charakterzüge tragen?«, fragte sie im Januar 1947 in der »Neuen Zeit«, dem Zentralorgan der CDUD.

Elfriede Nebgen wußte sehr genau, daß die Entwicklung demokratischer Frauenvereinigungen durch die Zonengrenze weit weniger gefährdet wurde als durch die Taktik der SED. Doch dies konnte sie nur sehr zurückhaltend ausdrücken: »Es wird kaum eine Einheitsorganisation aller Frauen geben können ... Es gibt Bezirke, so eigenbestimmt von der weltanschaulichen Grundlage, die keine Einheitsbasis zulassen. Das gilt für Frauenorganisationen... stärker noch als für Parteigebilde.« Auch wenn in der praktischen Politik Kompromisse gelegentlich unumgänglich seien, so schrieb die Frauen-Vorsitzende der CDUD, gäbe es doch auf der anderen Seite »in der weltanschaulichen Haltung immer wieder das Gesetz, das an einem bestimmten Punkt... zu einem klaren Nein verpflichtet«.

Dieser Punkt war für Elfriede Nebgen, für Jakob Kaiser und ihre vertrautesten politischen Freunde der sogenannte Volkskongreß, eine Art Vorparlament, das erstmals Anfang Dezember 1947 in Berlin zusammentrat. Jakob Kaiser hatte sich für die Schaffung eines Rates der – von ihm so genannten – »Nationalen Repräsentation« schon lange vorher eingesetzt, wollte nun aber die antidemokratischen Methoden, mit denen die Delegierten zum Volkskongreß zusammengesetzt wurden, nicht mittragen.

Damit setzten sich Kaiser, Nebgen und weitere standhaft bleibende CDUD-Führungspersönlichkeiten jedoch in Gegensatz zu mehreren CDUD-Landesverbandsvorsitzenden und zu einigen Mitgliedern des Vorstandes, die sich dem weiteren politischen Druck anpaßten. Die »Gruppe Kaiser« stand allein – gegen die sowjetische Militäradministration, gegen die alle und alles vereinnahmende SED und gegen die Mehrzahl hoher und höchster Funktionäre der eigenen Partei.

Jakob Kaiser wurde kaltgestellt, doch niemals formell amtsenthoben. Eines Tages durfte er die CDUD-Geschäftsstelle in der ost-berliner Jägerstraße nicht mehr betreten; dann wurde ihm die räumliche Bewegungsfreiheit für Fahrten in die Westzonen genommen, noch ehe sie mit der Berliner Blockade allen Menschen entzogen wurde. Aber er hörte nicht auf zu kämpfen: für die Einheit der Union, deren Spaltung der endgültigen Spaltung Berlins und ganz Deutschlands um wenige Monate vorausging.

Jakob Kaiser hatte, wie er im Januar 1948 formulierte, »die Zusammenarbeit bis an die Grenze des Möglichen versucht«. Nun ging er nach West-Berlin und gründete eine Zeitung, »Der Tag«, deren Mitbesitzerin unter anderem Elfriede Nebgen war. Mit den beiden gingen Heinrich Krone, Johann Baptist Gradl, Robert

Tillmanns und andere Mitglieder des bewährten Freundeskreises. Journalisten, die schon vorher mit Kaiser und Nebgen zusammengearbeitet hatten, gestalteten den auflagenstarken »Tag«, darunter Emil Dovifat, Wilhelm Gries, Alfred Gerigk.

Mit dem Blatt wirkten sie – gesamtdeutsch – nach Ost und West und ahnten doch alle, daß dieser neuerliche Versuch eines Brükkenschlages weder auf der einen, noch auf der anderen Seite gern gesehen wurde: Aus dem Ostteil Berlins, aus dem Ostteil Deutschlands hatte man sie hinausgezwungen; und die West-CDU hatte längst ihren Frieden mit der Teilung Deutschlands gemacht. Menschen wie Kaiser, Nebgen, Krone und Gradl, die an der Möglichkeit eines geeinten Deutschland festhalten wollten, solange dies ging, erschienen der Westzonen-CDU suspekt, allen voran Konrad Adenauer, zu dem Elfriede Nebgen immer ein äußerst distanziertes Verhältnis behielt.

Trotz aller dieser Schwierigkeiten blickte die »Gruppe Kaiser« damals nicht ohne Hoffnung in die Zukunft. Sie wußte durch viele Berichte, die sie aus der sowjetisch besetzten Zone erhielt, daß die Partei-»Basis« der CDUD den Schwenk ihrer Funktionäre zum damaligen Zeitpunkt nicht mittrug. Im Februar 1948 erhielt Elfriede Nebgen in West-Berlin den Brief einer Freundin aus Dresden, der die damalige Situation beschreibt: »Was hier bleibt von der echten CDU, das werden nur einzelne sein. Aber die wesentlichen Leute werden es sein, auf die es später einmal ankommen wird . . .«

Obwohl die politische Entwicklung die Spaltung Deutschlands zementierte, engagierten sich Nebgen und Kaiser weiter für die Einheit der Deutschen: Jakob Kaiser als Gesamtdeutscher Minister, Elfriede Nebgen als seine »Gehilfin«.

»Da mußte man einfach zupacken«

Frau vom Bau: Die Unternehmerin Hildegard Roth

Unter den ausschließlich gediegenen Häusern in Hamburg-Eppendorf, hart an der Grenze nach Harvestehude, bewohnt Hildegard Roth eines der kleinsten. Sie hat es sich kurz nach dem Zweiten Weltkrieg bauen lassen. »Das war für mich leichter als für andere damals, weil ich ja im Baufach tätig war«, erläutert sie, fast entschuldigend. Daß Hamburger Trümmer in ihrem Haus verarbeitet wurden, sieht man dem schmucken verklinkerten Eigenheim nicht an. Doch wenn es damals, in der frühen Nachkriegszeit, in Hamburg irgendetwas im Überfluß gab, dann waren es Trümmer.

53 Prozent des Wohnungsbestandes, 60 Prozent der Hafenanlagen, ein Viertel aller Schulen, kostbare Bibliotheken, wissenschaftliche Institute waren – überwiegend während der letzten Juliwoche und der ersten Augusttage des Jahres 1943 – zerstört worden. Die Stadt, deren Einwohnerzahl vor dem Ersten Weltkrieg erstmals die Millionengrenze überschritten hatte und vor dem Zweiten Weltkrieg auf 1,7 Millionen angewachsen war, besaß bei Kriegsende weniger als eine Million Bewohner. 55 000 Menschen waren unter Trümmern, waren im Feuersturm gestorben; viele Tausende hatten das strategisch interessante Bombenziel Hamburg rechtzeitig verlassen oder waren evakuiert worden.

Hildegard Roth und ihre Eltern hatten Glück. Sie blieben in der Stadt und nahmen keinen Schaden, jedenfalls keinen materiellen. Weder das Wohnhaus der Familie, noch der Baubetrieb des Vaters waren zerstört worden. Die Fertigung konnte bald wieder aufgenommen werden – unter Verwendung von Hamburger Trümmern.

Hildegard Roth hatte weder Flucht noch Vertreibung kennenlernen müssen; sie hatte sogar ein Dach über dem Kopf, ein komfortables. Aber in anderer Beziehung teilte sie bei Kriegsende das Schicksal von Millionen Frauen: Sie stand – fast – allein. Die Brüder waren tot, der Mann aus dem Krieg nicht zurückgekommen. In dieser Situation mußte sie eine Entscheidung treffen, in der sie, genaugenommen, keine Wahl hatte. Es galt, den Betrieb des Vaters zu übernehmen. Hildegard Roth wurde 1946, noch nicht 30 Jahre alt, als persönlich haftende Gesellschafterin Leiterin des »Betonwerk Adalbert Kehrhahn« in Hamburg-Billbrook. Im Rahmen einer später geschaffenen Gesellschaft kamen Nichte und Neffe hinzu.

Nie hatte sie an eine derartige Laufbahn gedacht. Sie hatte überhaupt keine berufliche Karriere angestrebt und besaß übrigens auch keinerlei Ausbildung für irgendeine Erwerbstätigkeit. Aber der Krieg hatte die Lebensverhältnisse fast aller Menschen vollständig verändert; er hatte Gemeinschaften zerrissen, Pläne zerstört. Wer überlebt hatte und zusätzlich im Besitz materieller Güter geblieben war, war noch glücklich dran. »Nun plötzlich Bauunternehmerin sein zu sollen – das war ein wirklicher Schock für mich«, erinnert sich Hildegard Roth lebhaft. Andererseits: »Nie wäre damals jemand auf die Idee gekommen, den Betrieb etwa zu verkaufen. Das tat man einfach nicht. Man war doch froh, daß es eine Reihe unzerstörter Betriebe gab, und daß es Leute gab, die sie führen konnten. Da mußte man einfach zupacken.«

Viel später, nachdem sie als Gründungsmitglied über Jahrzehnte an führender Stelle der »Vereinigung von Unternehmerinnen« gewirkt hatte und von der Organisation geehrt wurde, war in der Festansprache von ihrem »hanseatischen Pflichtbewußtsein« die Rede, das sie veranlaßte, »immer ganz der Sache, der Aufgabe zugetan« zu sein. Sie packte also zu, weil die Situation dies erforderte, wohl auch aus »hanseatischem Pflichtbewußtsein«. Damit begrub sie alle anderen Lebenspläne. »Ich hatte ja auch«, ergänzt sie, »die Verantwortung für meine Mutter.«

Adalbert Kehrhahn, ihr Vater, entstammte einer Kaufmannsfamilie aus dem Mecklenburgischen; sie war aber bereits in Ham-

burg ansässig, als er geboren wurde. Als knapp Dreißigjähriger gründete er 1903 sein Beton- und Kunststeinwerk. Kurz nach der Heirat mit seiner Frau Martha, die aus Ostpreußen kam, wurden die Söhne Herbert und Werner geboren. Erst zehn Jahre später, am 8. Juni 1917, kam Hildegard Kehrhahn zur Welt.

Sie wuchs als behütete Tochter im eleganten Stadtteil Harvestehude auf und erinnert sich – trotz Kriegs- und folgender Krisenzeit – einer unbeschwerten Kindheit und Jugend, in der der Segelsport und die gelegentliche Teilnahme an Regatten im Vordergrund standen. Als Mittelpunkt der Familie empfand sie die außerordentlich warmherzige Mutter, während der Vater seiner Tochter das distanziert-zurückhaltende Wesen vererbte. Die beträchtlich älteren Brüder erhielten Ausbildungen, die sie auf die spätere Übernahme der väterlichen Firma vorbereiteten. Es fügte sich glücklich, daß der eine technisch, der andere kaufmännisch begabt war und jeder in der Ausbildung entsprechend gefördert werden konnte.

Für Tochter Hildegard wurde eine berufliche Bildung oder etwa ein weiterführender Schulbesuch mit nachfolgendem Studium nicht vorgesehen. Ihr selbst kam dergleichen auch nicht in den Sinn: »Ich wollte immer nur eine Familie, Mann und Kinder, haben.« Nichts deutete also in den Mädchenjahren der Hildegard Kehrhahn darauf hin, daß sie sich später einmal in einem besonders männertypischen Beruf würde bewähren müssen.

Mit dem »Einjährigen« verließ sie nach zehn Jahren 1934 die Schule – und auch den BDM, den NS-»Bund deutscher Mädel«. Über ihre Jugendzeit im Nationalsozialismus äußert sich Hildegard Roth zurückhaltend: »Ja, ich war im BDM drin, von der Schule aus. Aber nach der Schulzeit bin ich ganz schnell wieder rausgegangen, weil ich nicht auf der Straße marschieren wollte. Ich gehöre nicht zu denen, die heute sagen: das habe ich damals alles schrecklich gefunden. Was ich schrecklich fand, das war dieses Marschieren auf der Straße. Nach der Schulzeit war ich dann politisch völlig neutral. Ich tat keinem was – mir tat keiner was.«

Bei einer relativen politischen Neutralität ist es geblieben; jedenfalls ist Hildegard Roth nie Mitglied einer Partei geworden. Doch betrachtet sie sich als politisch interessiert, kennt ihre Wahlpräferenzen genau, liest täglich die »Frankfurter Allgemeine« und pflichtet bei, wenn man sie als konservativ bezeichnet.

1935 gab es einen Einschnitt in ihrem Leben, dessen weichenstellende Bedeutung ihr damals nicht bewußt war. Der im kaufmännischen Bereich tätige Bruder starb. »Da sagte mein Vater: ›Hast Du nicht Lust, ein bißchen in der Firma zu arbeiten?‹ Ich habe akzeptiert, betrachtete das aber als eine Übergangszeit zwischen Schule und eigener Familie. Das Wichtigste war mir, weiterhin segeln zu können. Ich wurde also ein wenig angelernt, machte aber keine offizielle Lehre und war mit Buchhaltungs- und anderen Büroarbeiten beschäftigt. Eigentlich war ich in der Firma ein Mädchen für alles und wuchs erst später in den unternehmerischen Bereich hinein.«

Zum damaligen Zeitpunkt hatte sich das väterliche Betonwerk längst zu einem soliden mittelständischen Betrieb entwickelt, den die Tochter später festigte, laufend modernisierte, aber nicht wesentlich vergrößerte. Adalbert Kehrhahn hatte sein Werk über die Zeit des Ersten Weltkriegs, über die Jahre der Inflation und Weltwirtschaftskrise gebracht, ohne daß es gravierende Probleme für die Firma gegeben hätte. Je nach Saison hatte er 30 bis 60 Arbeiter beschäftigt und dafür gesorgt, daß die Fertigung von Betonteilen für Hoch- und Tiefbauarbeiten auf soliden Füßen stand.

Hildegard Roth hielt es danach ebenso und ging Risiken nur in dem Maße ein, wie größere Investitionen dies ihrer Meinung nach erforderlich machten. »Ich verfiel aber nie«, betont Hildegard Roth, »in den damals üblichen Expansionsdrang.« Daß die Ausbildungsabschlüsse in ihrem Betrieb in der Regel ausgezeichnet ausfielen und daß viele der Beschäftigten über Jahrzehnte im »Betonwerk Kehrhahn« arbeiteten, spricht auf anderer Ebene für eine solide Unternehmenspolitik. Das einzige dramatische Ereignis in der Firmengeschichte war ein Großbrand in den sechziger Jahren; da mußte der Betrieb für einen Monat stillgelegt werden.

Der Beginn des Zweiten Weltkriegs hinderte den Vater, sich aus der Firma zurückzuziehen, zumal wenig später sein zweiter Sohn eingezogen wurde. Tochter Hildegard wurde, wie sie es selbst nennt, zu seiner »rechten Hand. Ich ging zu allen Besprechungen mit. Ich ging mit in die Betriebe und habe bei all' dem unendlich viel gelernt.« Sie machte sich auch mit der Technik der Betonherstellung, mit der Fertigung von Muschelkalk- und Terrazzoplatten vertraut. Die freilich brauchte man weniger, um rasch Ersatzunterkünfte für Bombengeschädigte zu schaffen: In großer Anzahl produzierte das Werk nun Betonelemente für den Bau von Behelfsheimen.

In Hamburg sprach man von »Plattenhäusern«. Sie wurden während des Krieges zu Hunderten auch von Häftlingen des nahegelegenen Konzentrationslagers Neuengamme gefertigt und montiert – ein Tatbestand, von dem Hildegard Roth, wie sie erklärt, erst erfuhr, als nach dem großen Bombardement auf Hamburg, im Sommer 1943, ihr Vater genötigt werden sollte, zur Steigerung der Produktion zusätzlich KZ-Häftlinge zu beschäftigen. »Mein Vater hat das rundheraus abgelehnt«, erinnert sich dessen Tochter, und: »Wir haben dadurch keine Repressalien erfahren, auch sonst nicht, obwohl bei uns niemand in einer NS-Organisation drin war. Wenn man so vor sich hinlebte, dann spielte die Nicht-Mitgliedschaft keine Rolle.«

Vom KZ-Außenlager Sasel bei Hamburg wußte Hildegard Roth damals auch nichts: »Das war doch alles so geheim.« 500 jüdische Frauen waren dort zu Schwerstarbeit, Herstellung und Montage von Betonplatten, gezwungen worden. Ein letztes derartiges Behelfsheim, das »Plattenhaus Poppenbüttel«, 1983 unter Denkmalschutz gestellt, erinnert heute an die Leiden der Häftlinge. Doch die kriegsbedingte Wohnungsnot in Hamburg nahm schneller zu, als Notunterkünfte im SS-eigenen Baubetrieb Neuengamme hergestellt werden konnten. Die Hamburger Bauunternehmen, auch das Kehrhahnsche Betonwerk, wurden verpflichtet, ihre Produktion auf die Erfordernisse einzustellen.

Dazu allerdings bediente man sich der Mithilfe von Kriegsgefangenen. Arbeitskräfte waren schließlich, besonders nach Stalingrad, allmählich rar geworden. »Wir hatten Engländer und Franzosen; sie wurden im Betrieb von deutschen Soldaten bewacht. Insgesamt«, so meint Hildegard Roth, »schienen die Gefangenen über ihre Situation nicht allzu unglücklich gewesen zu sein. Als der Krieg zu Ende und einige Tage Ausgangssperre war, da ist es in Nachbarbetrieben zu Plünderungen gekommen durch die Kriegsgefangenen. Bei uns aber fehlte kein Bleistift.«

Mitten im Krieg versuchte Hildegard Kehrhahn ihren Traum vom Leben mit einer eigenen Familie doch noch zu verwirklichen. Sie heiratete Walter Roth, eine Ferienbekanntschaft und Jugendliebe. Auch er war Soldat. Sie sahen einander selten, zuletzt im November 1944, als sie ihn heimlich an der Ostfront bei Bromberg besuchte. Weder ihr Mann noch ihr Bruder kehrten zurück.

Am 3. Mai 1945 war in Hamburg der Krieg zu Ende. Britische Truppen besetzten die Stadt. Ganz in der Nähe aber wurde noch gekämpft. An jenem 3. Mai 1945 bombardierten britische Flugzeuge einige vor Neustadt in der Lübecker Bucht liegende Schiffe, darunter die »Cap Arcona« und die »Thielbek«. An Bord befanden sich etwa 10 000 Menschen. Es waren die letzten der bis dahin im Konzentrationslager Neuengamme bei Hamburg gebliebenen Häftlinge.

106 000 Menschen aus fast allen Ländern Europas waren in Neuengamme und in seinen Außenlagern inhaftiert gewesen; mehr als die Hälfte von ihnen hatte zwischen Dezember 1938 und Mai 1945 das KZ nicht überlebt. »Kein Häftling soll lebend in die Hand des Feindes fallen«, hatte der Reichsführer-SS gegen Kriegsende verlangt. Deshalb wurden die letzten 10 000 Häftlinge auf die Schiffe verfrachtet. 7000 von ihnen kamen bei der Bombardierung um, fünf Tage vor der Kapitulation der Deutschen. Leichenteile von Opfern der Katastrophe wurden noch Jahre später an den Stränden zwischen Timmendorf und Grömitz angeschwemmt.

Die von der Tragödie nicht betroffenen Menschen aber nahmen damals von den Ereignissen in der Lübecker Bucht wenig Kenntnis. Man sah befreit, gespannt oder angstvoll den Besatzungstruppen entgegen; man hatte mit der Organisation des Lebens in Trümmern genug zu tun. Die Ernährungslage in Hamburg war so katastrophal wie in den meisten deutschen Großstädten; die Wohnungsnot nahm dramatische Ausmaße an. In die zerstörte Stadt kehrten nicht nur Tausende der zuvor Evakuierten zurück; Hamburg nahm zusätzlich 100 000 Flüchtlinge auf und hatte dadurch bereits 1946 wieder 1,4 Millionen Bewohner.

Für das Betonwerk »Adalbert Kehrhahn« gab es nur eine Unterbrechung der Produktion von wenigen Tagen. »Die Baubranche war ja damals besonders wichtig. Wir bekamen zwar ein Schreiben von der Militärbehörde: daß unsere Maschinen beschlagnahmt seien. Aber das erwies sich als Mißverständnis und wurde zurückgenommen. Unsere Wohnung allerdings mußten wir räumen für die Engländer. Das dauerte wohl ein Jahr. Wir wohnten solange im Haus meines Bruders.«

Nachdem auch die Entnazifizierung, wie Hildegard Roth sich erinnert, »keinerlei Probleme« machte, hätte das Werk nun einen ungeheuren Boom erleben können – wenn nur Baumaterial vorhanden gewesen wäre. Allein aus Trümmern ließ sich kein Beton herstellen. Eisen, Sand, Zement, Zuschlagstoffe waren erforderlich und damit Gänge zu der Militärverwaltung und den allmählich eingerichteten städtischen Behörden.

War Hildegard Roth während des Krieges häufig mit dem Fahrrad, überwiegend zwischen dem Familienwohnsitz in Harvestehude und dem Betrieb in Billbrook sowie zu einigen Baustellen gependelt, so lernte sie nun das ganze Ausmaß der Zerstörung Hamburgs kennen. Britische und erste kommunale Dienststellen waren dort untergebracht, wo Büroräume sich eben einrichten ließen, das heißt, verstreut über die ganze große Stadt. »Vor allem in der Umgebung unseres Werkes – das war ja ein reines Industriegebiet – ist enorm viel zerstört gewesen. Wenn man da die ein wenig hügelige Gegend hinunterfuhr, dann war das ein furchtbar deprimierender Anblick. Nie hätte ich damals geglaubt, daß Hamburg in zehn Jahren wieder aufgebaut sein würde!«

Hildegard Roth hat ihren Teil dazu beigetragen. Ab 1948, als ihr Vater starb, mußte sie ganz allein »ihren Mann stehen« – in der Männerdomäne Baubranche kann dies wohl so genannt werden. Sie war 31 Jahre alt und schaffte es, freilich auch zum wirtschaftlichen Wohl ihrer Firma. Die äußeren Umstände waren schwierig; doch diese Probleme betrafen alle und wurden deshalb leichter gemeistert.

Eigentlich hatte sich der Kehrhahnsche Betrieb auf die Fertigung weniger verschiedener Betonteile spezialisiert. »Aber damals haben wir auch vieles andere gemacht, was eben gerade gebraucht wurde: Treppenstufen, Betonringe, Teile für Kläranlagen, Pfähle, Kabelformstücke für die Post und die Elektrizitätswerke, Benzinabscheider, Deckensteine. Sogar Fensterrahmen haben wir gegossen.« Übrigens auch Gartentische, wie auf der Terrasse des Hauses der Unternehmerin in Eppendorf zu sehen ist. »Allerdings war in den ersten Jahren nach dem Krieg alles rationiert. Es gab eben nicht nur Lebensmittelmarken, sondern auch Bezugscheine für alle Arten von Baumaterialien. Es gab Eisen-Scheine, Zement-Scheine und so weiter. Sogar Trümmerschutt zur Weiterverarbeitung wurde zugeteilt«, erinnert sich Hildegard Roth. Doch Politik, meint sie, sei mit der Rationierung durch die Besatzungsbehörden nicht gemacht worden, im Gegenteil: »Was vorhanden war, das wurde auch zugeteilt. Man mußte eben nur sehen, daß man dran kam.«

Sehen, daß man dran kam – da hatte es die Bauunternehmerin leichter als mancher männliche Kollege. Dies jedenfalls ist Hildegard Roths Erfahrung. »Der Besuch einer Unternehmerin genoß – unmittelbar nach dem Krieg stärker als heute – einen größeren Aufmerksamkeitswert. Man hatte ja meistens mit Männern zu tun. Aber wenn man dann überzeugend und sachlich vortrug, was man wollte, dann hatte man es als Frau leichter.« Eine positive Grundhaltung – sie selbst beschreibt sie als »sachlich, aber eben auch optimistisch« – mag ihr zusätzlich geholfen haben. »Allerdings«, ergänzt sie, »muß man die Materie, mit der man umgeht, beherrschen, wenn man als Frau mit Vertretern von Behörden oder Firmen verhandelt. Man muß sie nicht besser beherrschen als Männer; aber man muß sie beherrschen. Jedenfalls hat mich dies mein Leben lang begleitet: daß mir als Frau immer alle Türen offenstanden.«

Diese Einschätzung teilt sie mit anderen Betriebsinhaberinnen, die sie nach dem Krieg in der »Vereinigung von Unternehmerinnen« kennenlernte. »Wir waren kein Frauenverband. Wir haben uns damals zusammengetan, weil Frauen anders miteinander umgehen; sie sind ehrlicher miteinander. Da haben wir Erfahrungen ausgetauscht und viele Anregungen auf beruflicher Basis erhalten durch Vorträge und Seminare. Viele Frauen waren ja gerade in der damaligen Situation gar nicht ausgebildet in den Bereichen, die sie aufgrund der Kriegsereignisse zu übernehmen hatten.«

1982 verkaufte Hildegard Roth das Betonwerk »Adalbert Kehrhahn« – nicht weil sie damals gerade das Rentenalter erreicht hatte, sondern weil es sich günstig so ergab »und weil auch die Möglichkeit bestand, daß alle Mitarbeiter übernommen wurden mit dem Status, den sie im Betrieb jeweils erreicht hatten.« Das war der Firmenleiterin, wie sie betont, sehr wichtig.

Betrachtet sie sich als eine erfolgreiche Unternehmerin? – »Nicht unbedingt als eine erfolgreiche, aber als eine zufriedene«, antwortet sie mit hanseatischem Understatement.

»Die Diskriminierung nahezu beseitigt«

Erna Scheffler, erste Frau am Verfassungsgericht

Mai 1945 – der Zweite Weltkrieg war eben beendet worden. Die Menschen begannen, sich in den Trümmern einzurichten. Die meisten von ihnen hatten sehr elementare Bedürfnisse: Wohnung, Kleidung, Nahrung. Für Erna Haslacher, geborene Friedenthal, und Georg Scheffler war etwas anderes vordringlich: Sie wollten heiraten. Sie hatten keine Zeit zu verlieren, denn sie waren beide schon über 50 Jahre alt. Am 31. Mai 1945 schlossen sie in Berlin die Ehe.

Gern hätten sie es lange vorher getan. Aber Erna Scheffler war jüdischer Abstammung. Als Georg Scheffler zu Beginn der nationalsozialistischen Zeit die Heiratserlaubnis beantragt hatte, war sie ihm verweigert worden; die Nürnberger »Rassegesetze« verboten Ehen zwischen »Ariern« und »Nicht-Ariern«. Doch die innige Verbundenheit der Schefflers hatte allen Schwierigkeiten standgehalten. Nun, nach Niederschlagung des NS-Regimes, war die Heirat das erste, das die beiden taten. 30 Jahre, bis zum Tod von Georg Scheffler im Mai 1975, blieben sie zusammen.

Elisabeth Schwarzhaupt, die christdemokratische Politikerin, hat ihren Eindruck von der Beziehung der beiden hochqualifizierten Juristen zueinander beschrieben: »Die Ehe war überaus glücklich. Herr Scheffler begleitete ... seine Ehefrau auf ihren zahlreichen Reisen zu Vorträgen bei Tagungen. Sie pflegte zu sagen: ›Die Zeit ist zu kostbar. Wir trennen uns nie.‹

Wenn man in den Wohnraum des Schefflerschen Hauses in Wolfartsweiher eintrat, sah man als erstes zwei gleiche Schreibtische, die mit ihren Längsseiten zu einer großen gemeinsamen Fläche so aneinandergerückt waren, daß die Eheleute sich bei ihrer Arbeit ansehen konnten. Diese beiden Schreibtische wirkten wie ein Symbol für die gleichberechtigte und intensive Gemeinschaft dieser beiden bedeutenden Menschen.«

Gleichberechtigt – das war Erna Scheffler immer gewesen, im Privaten, im Beruf. Und sie stritt dafür, daß es andere Frauen werden konnten: Als erstes und lange Zeit einziges weibliches Mitglied des Bundesverfassungsgerichts, dem sie als Richterin seit seiner Gründung angehörte, setzte sie sich vor allem für die Umsetzung des im Grundgesetz verankerten Gleichberechtigungsprinzips in Gesetzeswirklichkeit ein. Schon 1950, auf dem 38. Deutschen Juristentag in Frankfurt am Main, hatte sie einen bemerkenswerten Vortrag zu diesem – damals erst ein Jahr alten Problem – gehalten.

Eigentlich hatte Erna Friedenthal Sängerin werden wollen. Dem hätte nichts entgegengestanden, denn sie war begabt, und die materiellen Verhältnisse der Familie erlaubten eine derartige Ausbildung. Der Vater war Ölmühlenbesitzer in Breslau. Dort wurde Erna Friedenthal am 21. September 1893 geboren. Als sie erst elf Jahre alt war, starb der Vater. Sein früher Tod änderte die Lebenspläne der Tochter. Die Halbwaise erlebte nun sehr konkret die Rechtlosigkeit der Frauen. Die in geschäftlichen Dingen völlig unerfahrene, noch junge Mutter war einem Testamentsvollstrecker ausgeliefert, der sie in Angst und Abhängigkeit versetzte; für die weitere Erziehung der Kinder war nicht die Mutter, sondern ein Vormund verantwortlich. Erna Friedenthal beschloß, in eine solche Situation als Frau niemals kommen zu wollen und deshalb einen »ordentlichen« Beruf zu erlernen, der ihr Selbständigkeit garantieren würde.

Auf die Abiturprüfung bereitete sie sich privat vor; damals gab es noch keineswegs überall Mädchen-Gymnasien. Als externer Prüfling, erst 17 Jahre alt, bestand sie das Examen am Knaben-Gymnasium in Ratibor. Es folgte das Studium der Rechtswissenschaften in Heidelberg, München, Berlin und Breslau. 1914 promovierte sie als einzige Studentin dieser Fakultät über »Straftilgende Maßnahmen« zum Doktor der Rechte und war dann als Anwältin in einer Kanzlei beschäftigt. Ab 1916 bis zum Ende des

Ersten Weltkriegs wurde sie als Hilfsreferentin in der Zivilverwaltung des von Deutschen besetzten Belgien eingesetzt.

Sie hatte inzwischen den Juristen und späteren Geschäftsträger der schlesischen Handelskammer in Berlin, Dr. Fritz Haslacher, geheiratet. Aus dieser Ehe, die allerdings Anfang der zwanziger Jahre geschieden wurde, stammt die 1917 geborene Tochter Lore. Die wurde später Ärztin und lebt in London. Mutter und Tochter hatten immer ein ausgezeichnetes Verhältnis zueinander. Im Londoner Haus von Dr. Lore Fry, in der Nähe ihres jüngsten Enkelsohnes Tom, der ebenfalls Rechtswissenschaften studierte, starb Erna Scheffler am 22. Mai 1983 – fast 90jährig. Sehr vieles hatte sich bis dahin in der Gesetzgebung für Frauen verändert.

Die Studienzeit der Juristin war noch ins deutsche Kaiserreich gefallen. Der Staatsdienst war Frauen damals verschlossen; Richterinnen oder Staatsanwältinnen konnten selbst promovierte Rechtswissenschaftlerinnen nicht werden. Das änderte sich erst nach dem Ersten Weltkrieg. Erna Haslacher holte die erforderlichen Prüfungen nach, bestand 1921 das Referendar- und 1925 das Assessorexamen. In Berlin wurde sie zur Anwaltschaft zugelassen, wo sie sich überwiegend mit Kriegsschadenssachen beschäftigte. 1928 ging sie in den preußischen Justizdienst; 1932 wurde sie zur Amtsgerichtsrätin ernannt und arbeitete in Berlin-Mitte.

Diese Tätigkeit währte jedoch nur zwei Jahre. Aufgrund des NS-Gesetzes »zur Wiederherstellung des Berufsbeamtentums« wurde sie – als Frau – aus dem Richteramt entlassen. Doch nicht nur als weiblicher Beamter, auch als »Halbjüdin« wäre sie entlassen worden. Da zählte nicht, daß sie evangelisch erzogen worden und daß ihr einziger Bruder im Ersten Weltkrieg »fürs Vaterland« gestorben war.

Erna Haslacher, die das Regime mit einer geringen Pension in den Ruhestand geschickt hatte, blieb in Berlin und war weiterer Diskriminierung oder gar Verfolgung nicht ausgesetzt. Einer Freundin, die ein Kunstgewerbegeschäft betrieb, erledigte sie die Buchhaltung; während des Krieges beschäftigte sie sich auch mit der Verteilung von Lebensmittelkarten in ihrem Wohnbezirk an der Kundrystraße. Zwar war sie den Unberechenbarkeiten des Regimes ausgesetzt und konnte damals ihren zweiten Mann nicht heiraten; doch eine Deportation hat sie nicht befürchten müssen.

1945 gab es keinerlei rechtliche Beschränkungen mehr für weibliche Juristen. Vor allem aber wurden gerade auf dem Feld der Rechtsprechung politisch nicht belastete Menschen gebraucht. Erna Scheffler wurde Landgerichtsrätin, anschließend Landgerichtsdirektorin in Berlin, folgte dann aber ihrem Mann Georg Scheffler, der ans Oberlandesgericht nach Düsseldorf berufen worden war, und wandte sich nun dem Öffentlichen Recht zu. Bei der neu installierten Verwaltungsgerichtsbarkeit wurde sie in rascher Folge Verwaltungsgerichtsrätin, dann -direktorin.

Das Hauptreferat auf dem Deutschen Juristentag zu halten, bedeutete, als Rechtswissenschaftlerin anerkannt zu sein. Mit dem dort von ihr behandelten Thema »Gleichberechtigung« hatte sich Erna Scheffler schon befaßt, als der Parlamentarische Rat noch darüber beriet. Es lag nahe, daß sie sich besonders für Artikel 117 des Grundgesetzes interessierte, der die Änderung aller dem Artikel 3 Absatz 2 – »Männer und Frauen sind gleichberechtigt« – entgegenstehenden Gesetze bis zum 31. März 1953 vorschrieb. »Die Gleichberechtigung der Frau – In welcher Weise empfiehlt es sich, gem. Art. 117 des Grundgesetzes das geltende Recht an Art. 3 Abs. 2 des Grundgesetzes anzupassen?« – darüber sprach Erna Scheffler auf dem Juristentag.

Der Bewußtseinsstand vieler Menschen war 1950 noch ein anderer als gegen Ende unseres Jahrhunderts. Erna Scheffler mußte sich in ihrem wegweisenden Vortrag auch mit manchen rückständigen Auffassungen auseinandersetzen, die gegen die Verwirklichung des Verfassungsgebots der Gleichberechtigung vorgebracht wurden. Sie tat dies in übrigens erfrischender Rede- und Argumentationsweise, gelegentlich sogar unter Beifall.

Besonders kritisierte sie, »daß trotz Klarheit und Einfachheit der Verfassung versucht wird, das Prinzip der Gleichberechtigung zu durchlöchern, die Verfassung zu entwerten«. Denn: »Männer und Frauen sind gleichberechtigt, . . . kann . . . nur heißen, daß die natürliche Verschiedenheit der Geschlechter rechtlich nicht als verschiedener Tatbestand gewertet werden darf«, weil diese Verschiedenheit »rechtslogisch ebensowenig zu einer Rechtsungleichheit (führt) wie die Ungleichheit nach Glauben, Herkunft, Rasse und Berufsstand«.

Wenngleich Erna Scheffler in ihrem Vortrag überwiegend öffentlich-rechtliche Fragen behandelte, wie Staatsangehörigkeits-, Steuer- und Beamtenrecht in ihrer Beziehung zum Gleichheitsgebot, so befaßte sie sich doch auch mit den zivilrechtlichen Problemen des Ehe- und Familienrechts. Sie betrachtete dies als den »wichtigsten und schwierigsten Teil«, und zwar wichtig, »weil es nicht nur für einzelne Gruppen, sondern für das ganze Volk von praktischer Bedeutung ist«, und schwierig, »weil hier die Gleichberechtigung mit der patriarchalischen Stellung des Mannes zusammenprallt: Das macht den gefühlsmäßigen Widerstand der Männer am größten.«

Die vorangegangenen vergeblichen Bemühungen um eine Eherechtsreform in der Weimarer Zeit beweisen den Grad auch dieses »gefühlsmäßigen Widerstandes«. Außerdem, so betonte Erna Scheffler, war »das Ehe- und Familienrecht des BGB bereits 1900, als es in Kraft trat, hoffnungslos veraltet. Das ist damals schon bei den Beratungen im Reichstag nicht nur von Bebel, sondern auch von dem konservativen Freiherrn von Stumm-Halberg mit der nötigen Entschiedenheit ausgesprochen worden.«

Zu einem der Anachronismen zählte der Stichentscheid des Mannes, jene Regelung, die im Streitfall unter den Eheleuten allein dem Mann die Entscheidungsgewalt zusprach. Gegen diese Diskriminierung von Frauen stritt Erna Scheffler mit besonderer Entschlossenheit, bis sie, Jahre später, als Bundesverfassungsrichterin und Berichterstatterin des ersten Senats ein wohlbegründetes Urteil über die Verfassungswidrigkeit des väterlichen Letztentscheidungsrechts vortragen konnte.

In ihrer schönen, bildhaften Sprache hatte sie ihre Auffassung dazu bereits 1950 formuliert: »Keinesfalls darf die Entscheidung in irgendeinem Punkte von Gesetzes wegen dem Manne allein anvertraut und die Frau darauf beschränkt werden, bei Mißbrauch den Richter anzurufen. Und keinesfalls darf auf irgendeinem Gebiete eine gesetzliche Vermutung für die alleinige Vertretungsmacht des Mannes aufgestellt werden.« Scharf wandte sich Erna Scheffler gegen das immer wieder gehörte Argument: wenn sich zwei uneins seien, müsse schließlich und endlich einer entscheiden. Sie verwies auf das römische Staatsrecht, auf das gegenwärtige Gesellschaftsrecht, in denen einvernehmliche Entscheidungen von zwei und mehr Personen sowohl erforderlich als auch möglich waren und sind.

Alle die Frau benachteiligenden Regelungen im bürgerlichen Recht »dienen praktisch nur dazu, das alte Witzwort wahr zu machen: ›Solange die Eheleute einig sind, entscheidet die Frau; sind sie uneinig, so entscheidet der Mann.‹ Wirklich wird man der Ehe nur dienen, wenn man die Stellung der Hausfrau und Mutter, die sich am wenigsten wehren kann, nicht mit schönen Worten, sondern de facto stärkt ... Entschließt man sich endlich, auch im Familienleben zuzugeben, daß nicht notwendig einer entscheiden muß, so scheiden alle Mißbrauchs- und Vermutungsklauseln zugunsten des Mannes nicht nur deshalb aus, weil die Verfassung es verlangt, sondern weil man sie gar nicht braucht.«

Tatsächlich aber braucht man sie doch: die Verfassung und die daran orientierte Gesetzgebung. Erna Scheffler, die von ihren Juristen-Kollegen nach derartigen Äußerungen lebhaften, teils enthusiastischen Beifall erhielt, hatte für die Experten-Tagung von 1950 Leitsätze erarbeitet und vorgelegt, deren Fortschrittlichkeit nur ermessen kann, wer sich vergegenwärtigt, wann zum Beispiel die Diskriminierung von Frauen im Beamtenrecht, im Staatsangehörigkeitsrecht, im Familienrecht endlich abgeschafft wurde:

»Für den Erwerb und den Verlust der deutschen Staatsangehörigkeit durch das Kind ist die deutsche Staatsangehörigkeit der Mutter ebenso maßgebend wie die des Vaters.« – »Die Besoldung ist für männliche und weibliche Beamte gleich.« – »Die Tätigkeit im Hauswesen ist den anderen Arten, zum Unterhalt der Familie beizutragen, gleich zu bewerten.« – Oder das erst in den siebziger Jahren geänderte Namensrecht, von dessen neuen Möglichkeiten freilich wenig Gebrauch gemacht wird, dessen prinzipielle Bedeutung aber unumstritten ist: »Den Familiennamen – Namen des Mannes oder Namen der Frau oder eine Verbindung beider unter Begrenzung auf zweiteilige Namen – haben die Eheleute durch gemeinsame Erklärung gegenüber dem Standesbeamten vor der Eheschließung zu wählen.«

In der Rückschau betrachtete Erna Scheffler jenen Frankfurter Juristentag von 1950 als »Wahrzeichen der Wandlung«, auf dem sie feststellen konnte, daß »alle Argumente gegen die Gleichordnung der Frau aufgewärmt (wurden) – aber sie hatten keine Kraft mehr«. Ihre Ausführungen und ihre Leitsätze erhielten in der Tat die uneingeschränkte Zustimmung zumindest dieses Gremiums.

Zustimmung erhielt Erna Scheffler auch durch zahlreiche Frauenverbände, deren Wunschkandidatin sie für die Wahl ins Bundesverfassungsgericht Karlsruhe war. Dies mochte mit daran liegen, daß sie zwar sehr genau wußte, wo ihre politische Heimat war, es aber ablehnte, Mitglied einer Partei zu werden. Einer Freundin gegenüber äußerte sie dazu: »Nach preußischer Tradition ist ein Richter nicht politisch tätig. So bin ich groß geworden, und dabei bin ich geblieben. Aber natürlich habe ich eine politische Überzeugung.«

In den folgenden Jahren ihrer Aktivitäten als Juristin besaß sie die Unterstützung vieler Organisationen und Persönlichkeiten; darunter befanden sich vor allem der Juristinnenbund, dessen führendes Mitglied sie war, und der Deutsche Akademikerinnen-Bund, den sie nach ihrer Pensionierung von 1964 und 1970 leitete. Weitere Frauenverbände, später zusammengeschlossen im Deutschen Frauenrat, standen ihr – und sie stand ihnen – mit Rat und Tat zur Seite, wenn es um die Umsetzung des Verfassungsgebots der Gleichberechtigung ging. Sie vermochte es auch, sehr direkt politisch zu wirken, darunter als Sachverständige vor dem Innenausschuß des Deutschen Bundestages oder bei tarifrechtlichen Auseinandersetzungen.

Daß der Gesetzgeber die Anpassung des bürgerlichen an das Verfassungsrecht nicht gerade vordringlich behandelte, empfand Erna Scheffler nicht als dramatisch: »Was spielen angesichts jahrtausendealter Rechtsungleichheit die paar Jahre schon für eine Rolle«, zumal sie feststellte, daß »die Gerichte dazu über(gingen), im Ehe- und Familienrecht in schöpferischer Rechtsfindung den Verfassungssatz unmittelbar zu verwirklichen«. Es galt für aufgeschlossene Richter also, solange andere Gesetze nicht verabschiedet worden waren, ausschließlich der Grundsatz »Männer und Frauen sind gleichberechtigt«.

Zu diesem Zeitpunkt, kurz nach Schaffung des Bundesverfassungsgerichts im Jahr 1951, war Erna Scheffler bereits auf acht Jahre in das oberste Organ der bundesdeutschen Verfassungsgerichtsbarkeit gewählt worden. Sie war dort die einzige, aber alles andere als »die Alibi-Frau«. Nach ihrer Wiederwahl im Jahr 1959 gehörte sie weiterhin dem ersten, dem für die Grundrechte zuständigen Senat des Gerichts an, bis sie im August 1963, schon weit im 70. Lebensjahr stehend, in den Ruhestand ging.

Die Verfassungsgerichtsbarkeit – in Artikel 93 des Grundgesetzes und im ausführenden Bundesgesetz vom 12. März 1951 begründet – ist in der Bundesrepublik Deutschland umfassender und ausgeprägter als in irgendeinem anderen Staat. Die Verfassungsbeschwerde, die von jedem Bürger und von jeder Bürgerin erhoben werden kann, stellt quantitativ das bedeutendste Aufgabengebiet innerhalb der Verfassungsgerichtsbarkeit dar. Sie wird häufig dann erhoben, wenn sich Menschen in der Ausübung ihrer Grundrechte beeinträchtigt fühlen.

Der Gleichberechtigungsgrundsatz ist das dritte von insgesamt 19 unveräußerlichen Grundrechten. Seine Umsetzung in Öffentliches und Ziviles Recht war mühsamer als Erna Scheffler – nach der positiven Reaktion auf ihre Ausführungen auf dem Juristentag – vermuten konnte. Das Oberlandesgericht Frankfurt ging damals sogar soweit, die Verfassungsrichter zu fragen, ob nicht die in Artikel 117 des Grundgesetzes festgeschriebene Übergangsregelung an sich schon als unwirksam anzusehen sei. Aber, so Erna

Scheffler: »Durch das erste seiner Urteile zu Art. 3 Abs. 2 hat das Bundesverfassungsgericht diese Meinung zurückgewiesen und die unmittelbare Realisierung des Art. 3 Abs. 2 durch die Gerichte gebilligt.« Die Rechtsprechung war also in vielen Fällen weiter als der Gesetzgeber, der hier nicht etwa durch Tätigkeit, sondern, im Gegenteil, durch Untätigkeit verfassungswidrig »handelte«.

Erna Scheffler selbst hat beklagt, daß es oft, vor allem in familienrechtlichen Fragen, »der Nachhilfe des Bundesverfassungsgerichts« bedurfte, um Gleichberechtigung – zumindest den gesetzlich formulierten Anspruch darauf – zu erreichen. »Es gehört zu den seltsamsten Erscheinungen der Entwicklung«, sagte sie, »daß der Frau längst alle beruflichen Tätigkeiten unter gleichen Bedingungen offenstanden wie den Männern, daß sie aber als Mutter in ihrem ureigensten Wirkungsbereich sich dem Vater fügen mußte, so daß ihre Stimme als Abgeordnete oder als Richterin ebensoviel wog wie die Stimme eines Mannes, aber bei Entscheidungen über das Kind verstummen mußte.«

Ähnlich verliefen die späteren Diskussionen um die Rechtsstellung der nicht verheirateten Mütter: »Es ist ein verwandtes Phänomen, daß auch hier im Parlament mit am härtesten um die volle elterliche Gewalt der Mutter gekämpft worden ist.« In Zusammenhang mit dem Thema »Gleichberechtigung der Frau als Mutter« ist immer wieder gern mit Artikel 6 Absatz 1 des Grundgesetzes argumentiert worden: »Ehe und Familie stehen unter dem besonderen Schutz der staatlichen Ordnung.« Während Gegner der Verwirklichung von Gleichberechtigung behaupteten, das eine Verfassungsgebot gefährde das andere, schlösse es gar aus, erklärte Erna Scheffler: »Bei richtiger Zusammenschau von Art. 3 Abs. 2 und Art. 6 Abs. 1 GG ist . . . nicht die Gefährdung der einen Bestimmung durch die andere zu befürchten, vielmehr anzunehmen, daß sie, der Absicht des Grundgesetzgebers entsprechend, dazu dienen werden, einander zu erfüllen.«

Während ihrer gesamten zwölfjährigen Amtszeit als Bundesverfassungsrichterin hat sich Erna Scheffler, beharrlich und engagiert, für die Realisierung des Gleichheitsgebots eingesetzt. Erst

1957 gab es durch das sogenannte Gleichberechtigungsgesetz wichtige positive Veränderungen im Ehe- und Familienrecht: Das Entscheidungsrecht des Mannes fiel fort; die Familienarbeit der Frau wurde gegenüber der Erwerbstätigkeit des Mannes als gleichwertig anerkannt; der gesetzliche Güterstand wurde gerechter geregelt. Nur die alleinige Vertretungsmacht und Entscheidungsgewalt des Mannes als Vater blieben bestehen, bis das entsprechende Gesetz 1959 durch das Bundesverfassungsgericht für nichtig erklärt wurde.

Es folgten, sehr spät erst, positive Veränderungen im bäuerlichen Erbrecht, das bis dahin Frauen und Töchter benachteiligt hatte. Und es wurden, wie Erna Scheffler dies schon 1950 gefordert hatte, das Staatsangehörigkeits- und das Steuerrecht zugunsten der zuvor diskriminierten Frauen reformiert. Bedeutend waren die ebenfalls außerordentlich spät durch Urteile des Bundesverfassungsgerichts erfolgten Änderungen im Sozialrecht. Den Kinderzuschuß, den eine Ehefrau erhielt, die Waisenrente, die hinterbliebenen Kindern einer Mutter zustanden, waren bis zur Reform an die Voraussetzung gebunden gewesen, daß die betreffende Frau die Familie überwiegend unterhalten hatte. Diese Einschränkungen wurden abgeschafft. Daß es zu entsprechenden Gesetzesänderungen kam, ist weitgehend Erna Schefflers Verdienst.

Als die Bundesverfassungsrichterin in den Ruhestand ging, konnte sie zufrieden feststellen: »Mit dem Grundgesetz in der Rechtsprechung des Bundesverfassungsgerichts ist in Deutschland die Diskriminierung der Frau im Recht nahezu völlig beseitigt.« Sie wußte aber auch: »Eine tatsächliche Gleichbewertung von Mann und Frau ist jedoch mit dieser Gleichheit im Recht noch nicht einhergegangen. Ihre letzte Ursache hat die geringere Bewertung der Frau offensichtlich – und groteskerweise – in der Mutterschaft, die wesentliche Kräfte der Frau bindet . . . und die Frau in wirtschaftliche Abhängigkeit vom Mann bringt.«

Sie appellierte an Eltern, »Töchtern eine gleichwertige Ausbildung zu geben wie Söhnen«, rief die »den Arbeitsmarkt beherrschenden Männer auf«, »Frauen Beförderungsstellen anzuvertrauen« und beklagte »die bisher ... versäumte oder durchaus unzureichend durchgeführte Anpassung der gesellschaftlichen Einrichtungen an die Bedürfnisse der modernen Familie. Diese Fakten«, sagte sie, »künftig zugunsten der Frau und damit zugunsten der Familie zu beeinflussen, das scheint mir unsere nächste Aufgabe zu sein«. – Diese Aufgabe ist bis heute nicht gelöst.

Erna Scheffler, ein außerordentlich politischer Mensch, wußte freilich, woran das liegt: »Seit mehr als 2000 Jahren verfolgt uns das Leitbild der Frau Saubermann.« Und dieses Leitbild, begründet durch Aristoteles, dann aufgenommen und fortgeführt durch Thomas von Aquin, »erbt sich wahrhaftig wie eine ewige Krankheit fort«. Dagegen, sagte sie, »gibt es nur zwei Mittel: Erziehung zur Politik und Propaganda für ein neues Leitbild«.

Da Erna Scheffler nicht nur die Gegenwart oder die allerjüngste Vergangenheit betrachtete, sondern geschichtliche Zusammenhänge und Entwicklungen zu überschauen vermochte, war sie optimistisch: »Als die Frauen vor fast 200 Jahren zum erstenmal gleiche politische Recht forderten, lag ... ein weites Feld vor ihnen. Ich hoffe zuversichtlich, daß wir für die praktische Verwirklichung der inzwischen formal errungenen gleichen Rechte nicht wieder 200 Jahre brauchen werden – aber selbst wenn damit zu rechnen wäre, müßten wir jeden Tag neu beginnen.«

»Lassen Sie Berlin nicht zugrunde gehen!«

Louise Schroeder – Bürgermeisterin in schwerer Zeit

»Als Deutschland noch in vier streng geschiedene Zonen geteilt und ein Kraftwagen ein seltenes, meist behördliches Vorrecht war, zwei Jahre nach Kriegsende, mußte eines Nachmittags vor dem bayerisch-russischen Grenzübergang ein solcher Kraftwagen wegen einer Panne stoppen. Die Insassin stieg aus, schickte den Wagen auf die Suche nach einer Reparaturwerkstatt und sich selbst an zu warten. Am Wege stand ein Stein, zum Sitzen geeignet.

Der russische Posten lugte herüber. Die Zeit verging, die Frau auf dem Stein wartete noch immer. Der Posten kam: ›Warum Du hier sitzen?‹ – ›Ich warte auf meinen Wagen.‹ – ›Und wer Du?‹ – ›Ich? Ich bin die Oberbürgermeisterin von Berlin.‹ – Der Posten wollte sich ausschütten vor Lachen: ›Du Oberbürgermeisterin! Und sitzen auf Stein an Landstraße.‹ Eine weitere Stunde verging. Die Szene wiederholte sich, die Posten lachten noch ausgiebiger. Aber schließlich kam der Wagen. Paßkontrolle. Tatsächlich: Frau Louise Schroeder, Amtierende Oberbürgermeisterin von Berlin, auf der Heimreise von der ersten Konferenz der Ministerpräsidenten aller deutschen Länder in München. Die russischen Posten salutierten.«

Diese Geschichte ist durch Otto Suhr überliefert, der als späterer Regierender Bürgermeister von Berlin gewissermaßen einer der Nachfolger Louise Schroeders wurde. Nachzulesen ist die Anekdote in einem schmalen Buch, das persönliche und politische Freunde der früheren Oberbürgermeisterin 1957, zu deren siebzigstem Geburtstag, publiziert haben. Die meisten Autoren würdigten Louise Schroeders Verdienste: nur Otto Suhr versuchte, durch die Darstellung einer Begebenheit »am Rande« etwas über den Menschen Louise Schroeder zu vermitteln. Doch im Grunde barg schon der Versuch den Widerspruch in sich: Louise Schroeder war nicht aufzuspalten in Persönlichkeit einerseits und Funktion andererseits: sonst wäre sie nie zur »Mutter Berlins« geworden. Und Otto Suhr, ihr Mitstreiter, wußte das.

Den beiden von ihm erwähnten sowjetischen Grenzposten war wohl die internationale Presse nicht zugänglich gewesen; sie hätten sonst sofort gewußt, mit wem sie es dort am Übergang bei Hof in Bayern zu tun gehabt hatten. Denn über Louise Schroeder berichtete in den Jahren 1947, 48, 49 die Weltpresse, mindestens die westliche, ausgiebig und mit Sympathie.

Der englische »Observer« schrieb im Juli 1948: »Unter allen deutschen Männern und Frauen, die im belagerten Berlin den Kampf für die Freiheit und die Demokratie aufgenommen haben, gibt es niemanden, der tapferer, bescheidener und gütiger kämpft, als Frau Louise Schroeder, die Amtierende Bürgermeisterin der Stadt. Diese kleine, gebrechliche Frau im vorgerückten Alter, . . ., die über so viel Güte und Takt verfügt und der eine derart entwaffnende Freundlichkeit zu Gebote steht, daß selbst ihre heftigsten kommunistischen Gegner sich Mühe geben müssen, sie zu hassen, ist heute für die Sicherung des Wohlergehens von dreieinhalb Millionen Menschen verantwortlich, die in einer großen vom Kriege zerstörten Stadt Europas unter den beschämendsten Umständen leben.«

Selbst der noch junge deutsche »Spiegel«, sonst mit Freundlichkeiten eher sparsam, registrierte im Juni 1948 mit einer eigenartigen Wortkombination wohlwollend ihren »grauhaarigen Charme«, ihr stetes Wachsen an der immer schwieriger gewordenen Aufgabe. Und in dem Manuskript zu einer Radiosendung über Louise Schroeder heißt es: »Wenn es wahr sein sollte, daß der Umgang mit der Politik den Charakter verdirbt, dann ist sie die Ausnahme, die die Regel bestätigt.«

Die mit so viel Lob und Zuneigung bedachte Politikerin war damals eine sechzigjährige Frau von vollkommen unscheinbarem Äußeren. »Sie ist schlicht gekleidet«, berichtete der »Spiegel«,

»ist selten beim Friseur zu finden und gibt wenig auf äußere Eleganz.« Das Haar trug sie zu einem Knoten im Nacken zusammengebunden, vor den Augen fast runde Brillengläser. Meistens sah man sie bekleidet mit einem grauen Kostüm, dazu eine hochgeschlossene Bluse. Wegen ihres sehr labilen Gesundheitszustandes zeigte ihr Gesicht häufig eine durchscheinende Blässe. Ihr Leben war immer anstrengend und arbeitsreich gewesen und blieb es noch während eines weiteren Jahrzehnts.

Als Louise Schroeder das höchste kommunalpolitische Amt in der schwersten Zeit Berlins übernahm, hatte sie, ursprünglich zur Fürsorgerin ausgebildet, schon eine langjährige Praxis als Parlamentarierin hinter sich. 1919 war sie in die Verfassunggebende Nationalversammlung gewählt worden; 1920 bis 1933 gehörte sie dem Reichstag an. Dort beschäftigte sie sich nahezu ausschließlich mit sozialpolitischen Themen und fand dabei häufig auch die Unterstützung durch Frauen anderer Reichstagsfraktionen, wie später sowohl Marie-Elisabeth Lüders von der DDP als auch Christine Teusch vom Zentrum bezeugten.

Für eine Sozialdemokratin der ersten Parlamentarierinnen-Generation hatte Louise Schroeder einen sehr typischen Lebenslauf: Sie wurde am 2. April 1887 als Tochter eines Bauarbeiters und einer Mutter, die durch einen kleinen Gemüsehandel dazuverdienen mußte, in Altona geboren; ihr vollständiger Name war Louise Dorothea Sophie. 1910 schloß sie sich der SPD an, die sie schon als Kind durch den Vater kennengelernt hatte.

Damals war sie nach dem Besuch von Volk-, Mittel- und Gewerbeschule als Bürokraft in einer Hamburger Versicherungsgesellschaft tätig. Die Sozialarbeit erlernte sie durch die Praxis als Mitbegründerin der Arbeiterwohlfahrt und als Leiterin des Altonaer Pflegeamtes. Wie andere SPD-Parlamentarierinnen war sie hochmotiviert, auf allen Ebenen der Sozialpolitik zu arbeiten. Das war der Bereich, den sie aus eigener bitterer Erfahrung kannte; hier wollte sie nicht nur in ehrenamtlicher Tätigkeit, sondern auch gesetzgeberisch etwas voranbringen. Tatsächlich widmete sie der Politik ihr ganzes Leben – und heiratete nie.

Während der Jahre nationalsozialistischer Herrschaft mochte sie nicht emigrieren und suchte deshalb ein unpolitisches Betätigungsfeld, in dem sie das Geld zum Lebensunterhalt verdienen konnte. Die ehemalige Abgeordnete von Nationalversammlung und Reichstag fand es als Verkäuferin im Filialbetrieb einer Brotfabrik. Der kleine, nahe Hamburg gelegene Laden wurde, wie selbstverständlich, zum Treffpunkt politischer Freunde, deshalb allerdings auch sehr bald ständig überwacht.

In der großen Stadt Berlin hoffte Louise Schroeder weniger beobachtet zu werden. 1938 stellte ein ihr gewogener Berliner Bauunternehmer sie als Bürokraft, einige Zeit später als Fürsorgerin in der Sozialabteilung seines großen Betriebes ein. Viermal wurde sie während des Krieges ausgebombt, das letztemal während des Kampfes um Berlin kurz vor der Kapitulation. Mit Hilfe anderer Menschen mußte sie unter den Trümmern hervorgeholt werden. Aber sie überlebte, und sie blieb in der Stadt.

Wie war diese Frau, die sich – außer um die Kandidaturen zur Nationalversammlung und zum Reichstag – nie nach einem politischen Mandat gedrängt hatte, plötzlich in Berlin an die erste Stelle gelangt? Wie geschah es, daß die ganze westliche Welt eine Persönlichkeit kannte und schätzte, welche nur wenig mehr als zwei Jahre ein schwieriges Amt bekleidete?

Die Situation Berlins in der unmittelbaren Nachkriegszeit demonstrierte in verkleinertem, jedoch auch deutlicherem Maßstab die Lage ganz Deutschlands. Die Stadt wurde in vier Sektoren aufgeteilt, die je einer Besatzungsmacht unterstanden. Ihr gemeinsames Verwaltungsorgan war die Alliierte Hohe Kommandantur, deren Entscheidungen einstimmig erfolgen mußten. Aber Einmütigkeit herrschte nicht mehr. Der Ost-West-Konflikt hatte begonnen und wurde Kalter Krieg genannt.

Die politische Situation in Berlin verschärfte sich, nachdem bei den im Oktober 1946 erfolgten Wahlen die Kommunisten mit nur 19,8 Prozent der Stimmen ein für sie enttäuschendes Ergebnis erzielt hatten. Die Sozialdemokraten errangen mit 48,7 Prozent den größten Erfolg. Zusammen mit den 22,2 Prozent CDU-Stimmen und den 9,3 Prozent für die Liberalen ergab sich eine sehr starke nicht-kommunistische Mehrheit in der Stadtverordnetenversammlung von Gesamt-Berlin. Sie tagte im Stadthaus an der Parochialstraße im sowjetischen Sektor; das traditionsreiche Rote Rathaus befindet sich zwar ganz in der Nähe, war aber im Krieg stark beschädigt worden und nicht zu benutzen.

Louise Schroeder hatte sich, kaum genesen von den bei dem letzten Bombenangriff erlittenen Verletzungen, sofort an die politische Arbeit gemacht. Noch ehe sie in die Stadtverordnetenversammlung gewählt wurde, hatte sie sich tatkräftig an der Neuorganisation der Arbeiterwohlfahrt beteiligt: das entsprach ihrem sozialpolitischen Hauptinteresse und den dringlichen Erfordernissen der frühen Nachkriegszeit. An ihrer Tätigkeit für die Arbeiterwohlfahrt änderte sich zunächst auch nichts, als sie zu einem der drei Stellvertreter des Oberbürgermeisters gewählt wurde. Auch die SED-Stadtverordneten stimmten für sie als Oberbürgermeister-Stellvertreterin. Das war bemerkenswert; denn Louise Schroeder hatte sich vehement der durch die sowjetische Besatzungsmacht betriebenen Zusammenführung von SPD und KPD entgegengesetzt: »Nein, das kann nicht unser Weg sein! Ich bleibe der alten Sozialdemokratie, den Idealen von demokratischer Freiheit treu!«

Zum Oberbürgermeister der Stadt war zunächst der Sozialdemokrat Otto Ostrowsky gewählt worden. Doch er blieb nur kurze Zeit im Amt, mußte gehen, nachdem die nicht-kommunistischen Parteien ihm Liebäugeln mit der SED vorgeworfen hatten. An seine Stelle sollte Ernst Reuter treten; die Stadtverordnetenversammlung wählte ihn am 24. Juni 1947 zum neuen Oberbürgermeister. Der damals 58jährige Reuter war als vormaliger Verkehrsdezernent beim Berliner Magistrat ein versierter Kommunalpolitiker. Doch die Vertreter der sowjetischen Besatzungsbehörde, die seine Wahl bestätigen mußten, hatten ihm wohl nicht verziehen, daß er nach einem kurzen Engagement bei den Kommunisten schon 1921 wieder in die SPD eingetreten war, der er auch vorher angehört hatte. Sie verhinderten seinen Amtsantritt.

Es war selbstverständlich, daß unter den drei Bürgermeistern nicht der CDU-Mann Friedensburg, nicht der SED-Mann Acker, sondern die Sozialdemokratin Schroeder die Amtsgeschäfte des gewählten sozialdemokratischen Oberbürgermeisters übernehmen mußte. Sie hatte das Amt bereits seit dem Rücktritt Ostrowskys im Mai 1947 verwaltet, dabei allerdings angenommen, es handele sich um eine Stellvertreter-Tätigkeit, die sie nach wenigen Wochen wieder würde abgeben können.

Da stand nun diese eben 61 Jahre alt gewordene Frau in der Trümmerstadt Berlin, residierte plötzlich in dem gewaltigen Oberbürgermeistersaal des Stadthauses, kümmerte sich auch jetzt noch persönlich und sehr individuell um die vielen Not leidenden Menschen, setzte sich, oft mit Erfolg, für willkürlich Verhaftete oder im Ost-Sektor Verschwundene ein und entwickelte dabei eine überall bewunderte freundliche Entschlossenheit im Umgang mit den Vertretern der Alliierten. Gleichzeitig mußte sie als Verwaltungschefin mit Menschen umgehen, die ihr politisch nicht gewogen waren; sie stand einer zum großen Teil von Kommunisten aufgebauten und mit Kommunisten besetzten Administration vor.

Louise Schroeder hätte es leichter haben können. Schon im November 1946 war aus Hamburg das Angebot gekommen, dort einen Senatorensitz zu übernehmen. Sie hatte abgelehnt. Sie fühlte sich inzwischen der Stadt Berlin, in der sie mit Hilfe vieler Menschen den Krieg überstanden hatte, so stark verbunden, daß sie glaubt, bleiben zu müssen. Die schwerste Zeit stand der Stadt unter seiner Amtierenden Oberbürgermeisterin noch bevor.

»Wenn es in der Welt eine Aufgabe gibt, deren Lösung einen ›ganzen Mann‹ benötigt, so ist es sicher die, die zerstörte, hungrige Stadt Berlin zu regieren«, schrieb im Mai 1948, kurz vor Beginn der Blockade, die »New York Times«. »Niemals hat bis jetzt eine deutsche Frau eine so wichtige Stellung innegehabt, noch wurde jemals eine Stadt von vergleichbarer Größe irgendwo in der Welt von einem Mitglied des ›zarten Geschlechts‹ verwaltet . . . Da, wo Männer aller Parteien Fehlschläge erlitten, gelang es ihr, Erfolge zu erzielen. Sie konnte ... nur einem Bruchteil von Berlins großer Not steuern, aber sie ist trotzdem fähig, die komplizierte Verwaltungsmaschinerie dieser kosmopolitischen Stadt ... in Gang zu halten. Ihre außergewöhnliche Gemütsveranlagung ist von solcher Art, daß sie fähig ist, mit fast jedermann fertig zu werden ... unter welchen Umständen dies auch immer sein mag.«

Ein knappes Jahr später wurde diese mit so viel Bewunderung und Respekt bedachte Frau in der Presse als mögliche erste Präsidentin der Bundesrepublik Deutschland »gehandelt«. Die »New York Times« berichtete übrigens noch: »Frau Schroeders materielle Lage besserte sich nicht erheblich mit ihrer De-facto-Erhöhung zur Oberbürgermeisterin. Tatsächlich besitzt dieser Verwaltungschef einer der größten Städte dieser Welt noch keine eigene Wohnung! Sie wohnt in einem Zimmer als Untermieterin bei einer Freundin.« Das befand sich, wie eine Gedenktafel ausweist, in der Boelckestraße 121 in Tempelhof und war schon ein Fortschritt. Zuvor benutzte Louise Schroeder nur eine Schlafcouch bei der Arbeiterwohlfahrt in der Zietenstraße.

Über ein Jahr war Louise Schroeder bereits im Oberbürgermeister-Amt, als am 24. Juni 1948 die Blockade Berlins begann. Der Ost-West-Konflikt hatte sich verschärft, die Sowjetunion ihren Vertreter aus dem Kontrollrat zurückgezogen. Im Juni 1948 nahm zum letztenmal der sowjetische Repräsentant an einer Sitzung der Alliierten Hohen Kommandantur teil. Im gleichen Monat, am Tag des Sommeranfangs, hatte in den westlichen Zonen Deutschlands die Währungsreform stattgefunden.

Eine Umstellung der Währung gab es auch in der sowjetischen Zone; dabei wurde allerdings der massive Versuch unternommen, Gesamt-Berlin in das Währungssystem der östlichen Zone einzubeziehen. Die nicht-kommunistischen Stadtverordneten weigerten sich; es weigerten sich, mit Ausnahme der Franzosen, auch die West-Alliierten. Eine Einigung konnte zunächst nicht herbeigeführt werden. Schließlich wurde beschlossen, in den westlichen Sektoren der Stadt das in West-Deutschland gültige neue Geld in Umlauf zu setzen. Die Sowjets reagierten mit der Abriegelung aller Straßen, Kanäle, Flußverbindungen von und nach West-Berlin; sie unterbanden zudem die Stromzufuhr. Zweieinhalb Millionen Menschen waren eingesperrt – das Trauma Berlins bis heute.

Louise Schroeder, seit Mai 1948 auch Präsidentin des Deutschen Städtetages, vermochte die im letzten Drittel des Jahres erfolgte Spaltung der Stadt nicht zu verhindern. Sie konnte nicht unterbinden, daß im September 1948, initiiert von der SED, das Stadthaus im Ost-Sektor Berlins gestürmt wurde, so daß die Stadtverordneten sowie der Magistrat ihren Sitz ins Schöneberger Rathaus im Westteil der Stadt verlegen mußten. Aber es ist weitgehend Louise Schroeders Verdienst, daß der größere westliche Teil Berlins von den West-Alliierten nicht aufgegeben wurde. Die Berliner haben das niemals vergessen.

Als Louise Schroeder am 4. Juni 1957 starb, trauerten Tausende von Menschen um sie, bildeten Hunderte von Fahrzeugen einen Konvoi auf der Transitstrecke durch die DDR in Richtung Hamburg, wo – auf dem Friedhof Altona-Ottensen – ihre Asche begraben wurde.

»Sie blieb – inmitten von Verrat und Enttäuschungen, Lug und Trug, Feigheit und Frechheit – ein Wunder an Haltung«, hieß es in einer Radiosendung über Louise Schroeder zur Zeit der Blokkade. »Sie gilt zu Recht als die Seele des Widerstandes.« Freilich besaß sie während der fast elf Monate, die die Blockade dauerte, sowohl die Unterstützung der West-Berliner Bevölkerung als auch prominenter Politiker. Ernst Reuter, Otto Suhr, Franz Neumann von den Sozialdemokraten, der Christdemokrat Jakob Kaiser, der Liberale Karl Hubert Schwennicke hatten schon im März auf einer Großveranstaltung vor der Ruine des Reichtages darauf hingewiesen, daß die Welt Berlin in dem um die Stadt entbrannten Nervenkrieg nicht im Stich lassen werde – ein deutlicher Appell an die West-Alliierten. Und die Amtierende Oberbürgermeisterin machte den westlichen Stadtkommandanten mit jener freundlichen Beharrlichkeit, die für sie so charakteristisch war, deutlich, daß es keineswegs nur um Berlin gehe.

Die Amerikaner reagierten zuerst und am entschiedensten. »Wenn Berlin fällt, folgt West-Deutschland als nächstes«, erklärte General Clay und sprach sich energisch gegen den von den Sowjets gewünschten Rückzug der Amerikaner, Engländer, Franzosen aus der Stadt aus: »Ich glaube, die Zukunft der Demokratie verlangt von uns, daß wir bleiben.«

Am 25. Juni regte Clay die Luftbrücke an und setzte sie gegenüber seiner Regierung durch. Behinderungen durch die sowjetische Besatzungsmacht hatte es gelegentlich schon vor der Blokkade gegeben; Erfahrungen mit einer kleinen Luftbrücke zur Versorgung west-alliierter Truppen in Berlin waren bereits gemacht worden. Aber es schien kaum vorstellbar zu sein, eine zweieinhalb Millionen Bewohner zählende Teilstadt mit allem, was Menschen zum Leben benötigen, zu versorgen.

Während zwischen den Großmächten immer wieder ergebnislose Verhandlungen über den Status Berlins geführt wurden, während die Blockade fortdauerte und die von den West-Alliierten initiierte Gegenblockade der sowjetischen Besatzungsmacht und den Menschen in der Ostzone zu schaffen machte, wurde im Ostteil Berlins die SED zur leninistischen Kaderpartei umgebildet und gleichzeitig in Bonn an einer Verfassung für die spätere Bundesrepublik Deutschland gearbeitet.

Unterdessen landeten Tag und Nacht, und zwar im zeitlichen Abstand von ein bis zwei Minuten, amerikanische und britische Flugzeuge auf den rasch erweiterten Berliner Flughäfen Tempelhof und Gatow sowie auf dem neu erbauten Flughafen Tegel. In Montana/USA war eine genaue Nachbildung der Berliner Start- und Landegegebenheiten errichtet worden, damit die Piloten auf die Flüge mit schwer beladenen Maschinen auch bei schlechtesten Witterungsbedingungen vorbereitet werden konnten. Über diese Luftbrücke wurden die West-Berliner fast ein Jahr lang versorgt. Mit 200 000 Flügen wurden 1,44 Millionen Tonnen Güter transportiert, zwei Drittel Kohlen, ein Drittel Lebensmittel.

Als die Sowjets die Blockade am 12. Mai 1949 aufgaben, war die politische und administrative Spaltung der Stadt vollzogen. Im

November 1948 war im Ost-Sektor Berlins unter Fritz Ebert, einem Sohn des früheren Reichspräsidenten, eine Stadtverordnetenversammlung zusammengetreten. Die in der damals noch vorläufigen Berliner Verfassung festgelegten demokratischen Wahlen für Gesamt-Berlin konnten am 5. Dezember 1948 nur im Bereich der West-Sektoren stattfinden. Obwohl die SED vieles daran setzte, die Berliner vom Wahlgang abzuschrecken, beteiligten sich 86,8 Prozent der wahlberechtigten Bürger im Westteil der Stadt.

Mit ihrem Stimmzettel würdigten sie auch den unerschrockenen Einsatz der Sozialdemokratin Louise Schroeder: Die SPD erhielt 64,5 Prozent der Stimmen; für die CDU stimmten 19,4 Prozent, für die Liberalen 16,1 Prozent. Ernst Reuter wurde anschließend erneut zum Oberbürgermeister gewählt. Für Louise Schroeder änderte sich dadurch wenig. Sie blieb faktisch bis zu ihrer Wahl in den ersten Deutschen Bundestag im August 1949 im Amt.

Die DDR-Nachrichtenagentur ADN meldete damals unter der Schlagzeile »Louise Schroeder setzt sich ab«, die Bürgermeisterin habe sich nur deshalb ins Bonner Parlament wählen lassen, »um West-Berlin endgültig den Rücken zu kehren«. Aber das stimmte nicht. Die inzwischen auch in den Europarat delegierte »Mutter Berlins« legte nach ihrer Wahl in den Bundestag, dem sie bis zu ihrem Tod angehörte, nur ihre Berliner Ämter nieder. Trotz vieler gesundheitlicher Beschwernisse setzte sie sich mit immer gleich starkem Engagement für die Interessen der Stadt Berlin, allerdings auch für sozialpolitischen Fortschritt ein. So verstand sie ihre Aufgabe im Deutschen Bundestag.

In dessen elfter Sitzung am 30. September 1949 appellierte sie an die Abgeordneten: »Lassen Sie Berlin nicht zugrunde gehen; es würde sich für ganz Deutschland rächen, denn wir stehen heute nicht nur in einer wirtschaftlichen, sozialen und kulturellen Gefahr. Wie der Kampf gegen die Blockade Berlins nicht nur für Berlin, sondern für ganz Deutschland ausgetragen wurde, so ist auch die Gefahr, in der sich Berlin heute befindet, eine Gefahr für ganz Deutschland. Wir haben hier mit Recht von dem Einheitsstaat Deutschland gesprochen; dieses Wort wird von den verschiedenen Seiten benutzt, aber verschieden aufgefaßt. Für uns ist der Einheitsstaat Deutschland der demokratische Staat. Um ihn mit Ihnen zu schaffen, sind wir zu Ihnen nach Bonn gekommen. Lassen Sie uns dabei zusammenarbeiten, dann retten Sie Berlin und retten Sie Deutschland.«

»Männer und Frauen sind gleichberechtigt«

Die Juristin Elisabeth Selbert erstritt Artikel 3 GG

Sie war um vier Uhr früh aufgestanden, hatte ihrem kranken Mann ein bescheidenes Frühstück vorbereitet und nebenbei selbst ein paar Happen gegessen. Um kurz vor fünf machte sie sich auf den Weg. Sie trug nur eine geräumige Handtasche bei sich, in die sie ein Stück Brot gesteckt hatte. Mit einem sechsstündigen Fußweg mußte sie rechnen; die Veranstaltung, die sie unbedingt besuchen wollte, begann um elf Uhr. Für eine Frau war es nicht ganz ungefährlich, zu dieser Tageszeit durch das große Waldgebiet zwischen Melsungen und Kassel zu wandern, besonders wenn sie nicht einmal einen Passierschein besaß. Zudem pflegten allerlei Leute die Gegend unsicher zu machen. Wild wurde geschossen; für die Ernte von Waldbeeren und Pilzen war es allerdings noch nicht die Zeit.

Elisabeth Selbert kam an jenem Frühsommertag des Jahres 1945 rechtzeitig und unbeschadet ans Ziel. Sie war davon unterrichtet worden, daß im Kasseler Rathaus ein erstes Treffen von Sozialdemokraten aus der Region stattfinden sollte. »Ich kam gerade an, morgens um elf, als die Veranstaltung eröffnet wurde, die erste Zusammenkunft hessischer Sozialdemokraten nach dem Hitler-Reich. Ich empfinde noch heute die Rührung über die Freude: daß wir noch da waren! Über jeden haben wir uns gefreut, der noch oder wieder da war. Es war eben nicht der Neubeginn unseres Parteilebens allein, sondern auch – wie soll ich sagen? – eine unendliche Freude darüber, daß wir wieder frei atmen konnten. Viele Männer habe ich damals weinen gesehen.«

Die Erinnerung an diese Situation hat Elisabeth Selbert über Jahrzehnte bewahrt. Sie sprach gern davon, um zu illustrieren, »wie sehr wir eine innere Verpflichtung fühlten, nach dem Chaos der schrecklichen Hitler-Zeiten einen neuen gerechten Staat zu schaffen und als sozialdemokratische Partei wieder den Weg zueinander zu finden«. Daß sie dabeisein wollte und würde, war ihr klar: »Eines Tages wurden wir eben in die vorderste Front berufen. Wir waren ja nur ein kleiner Kreis von aktiven Politikern, da wußte man nie: Was wird auf Dich zukommen nach dem Krieg? Und als es dann geschah, da gab es oft Situationen, wo man sich sagte: Du hast Dich doch gar nicht stark genug engagiert; Du hast Dich doch gar nicht beworben. Wie also ist man auf Dich verfallen?« Die Antwort wußte sie freilich selbst: Es gab nur wenige politisch unbelastete Menschen. Und die wenigen wurden gebraucht.

Elisabeth Selbert, Dr. jur., Sozialdemokratin seit dem Revolutionsjahr 1918, war nicht emigriert, hatte kein Konzentrationslager von innen sehen müssen. Es war ihr gelungen, sich »durchzulavieren«, und dabei den Kontakt zu ihren Genossen während der vorangegangenen zwölf Jahre nie zu verlieren. Als Rechtsanwältin und Notarin hatte sie die Familie, Ehemann und zwei Söhne, ernährt: denn Adam Selbert, zeitweilig in »Schutzhaft« und unter Gestapo-Aufsicht, war als Kommunalbeamter »wegen politischer Unzuverlässigkeit« entlassen worden. Elisabeth Selbert war es gelungen, nur unpolitische Fälle vor Gericht vertreten zu müssen. Als sie einmal den Befehl erhalten hatte, mit Kollegen zusammen ein sogenanntes Sondergericht zusammenzustellen, hatte sie sich verweigert. Freilich hatten sich andere gefunden; und die beiden jugendlichen angeblichen Plünderer, um die es gegangen war, wurden trotzdem hingerichtet.

Als Elisabeth Rohde, zweite von insgesamt vier Töchtern des späteren Justizoberwachtmeisters Georg Rohde und seiner gleichfalls Elisabeth genannten Frau, am 22. September 1896 in Kassel geboren wurde, war keineswegs abzusehen, daß dieses Kind einmal eine akademische Laufbahn einschlagen und eine bedeutende politische Karriere hinter sich bringen würde. Zwar waren die Eltern Rohde klug genug, ihren Töchtern solide schulische und berufliche Ausbildungen zu vermitteln; aber den Wunsch zum

Studium entwickelte Elisabeth ganz aus sich selbst. Und sie verwirklichte ihn, einschließlich des noch zu absolvierenden Abiturs, nach der Heirat und nach der Geburt ihrer beiden Kinder. Die aufgeschlossenen Eltern und ihr Mann Adam Selbert unterstützen sie darin.

Im Eiltempo studierte sie Rechtswissenschaften, promovierte zwischen erstem und zweitem Staatsexamen über das fünfzig Jahre später noch diskutierte Thema »Ehezerrüttung als Scheidungsgrund« und hatte das große Glück, als eine der allerletzten Frauen in Deutschland 1934 noch zur Anwaltschaft zugelassen zu werden. Mit Hilfe von Freunden eröffnete sie sofort eine Anwaltskanzlei. Sie wurde bei dem schwersten Luftangriff auf Kassel 1943 zerstört, was zu dem vorübergehenden Umzug nach Melsungen führte.

1945 wurde Elisabeth Selbert nicht nur aufgefordert, die Praxis so rasch wie möglich wieder zu eröffnen, sondern durch die amerikanische Militärbehörde auch in den überparteilichen Ausschuß berufen. Kommunalpolitische Arbeit kannte die Anwältin nicht nur durch ihren Mann, sondern auch aus eigener Erfahrung. Als sehr junge Frau war sie in Niederzwehren, einer damals noch selbständigen Ortschaft bei Kassel, einige Jahre Gemeindeverordnete gewesen. Doch das, was sie als »die vorderste Front« bezeichnete, verlangte unmittelbar nach Kriegsende weit mehr von ihr:

1945/46 war die Sozialdemokratin Mitglied der Verfassungberatenden Landesversammlung für Groß-Hessen. Ein Jahr nach Kriegsende wurde sie zudem als eine der ganz wenigen Frauen in den SPD-Parteivorstand gewählt, dem sie zehn Jahre lang angehörte. Hinzu kam nahezu gleichzeitig die Wahl in den hessischen Landtag, für den sie nach zwölf Jahren nicht mehr kandidierte. Die größere Bedeutung für die spätere Bundesrepublik Deutschland – und hier besonders für die Frauen – gewann Elisabeth Selbert jedoch durch eine weitere politische Aufgabe, deren Bewältigung sie selbst als den Höhepunkt ihres Lebens bezeichnete: »Abgesehen von der Geburt meiner Kinder, abgesehen von einer glücklichen Ehe, war das doch der Höhepunkt meiner Tätigkeit in Politik und Beruf; denn ich saß plötzlich an einem Schalthebel.« Diese Tätigkeit war die Mitarbeit im Parlamentarischen Rat, war die Durchsetzung des Gleichberechtigungsprinzips im Grundgesetz.

Die »Familienrechtlerin aus Erfahrung und Staatsrechtlerin aus Passion« – so verstand sich Elisabeth Selbert selbst – ahnte allerdings nicht, daß sie eine außerordentlich schwierige Aufgabe vor sich haben würde, als sie im Spätsommer 1948 in die verfassungberatende Versammlung nach Bonn berufen wurde. Sie ahnte nicht, daß sie sich ein historisches Verdienst erwerben würde. Sie ahnte nicht einmal, daß sie sich schwerpunktmäßig mit einer ihr innerlich völlig fremden Frauenfrage würde beschäftigen müssen.

Frauenfragen hatten ihr politisch immer fern gelegen; allenfalls war die Ungleichbehandlung von Frauen aus ihrer Sicht ein Problem unter vielen anderen gewesen. Ihr eigener für damalige Zeiten ungewöhnlicher Lebens- und Berufsweg hatte ihr keinerlei Schwierigkeiten bereitet. Sie fühlte sich nie diskriminiert und zurückgesetzt und nahm diesen Zustand als selbstverständlich hin. Allerdings erklärte sie mehr als einmal, »daß Frauen, wie alle, die im Leben etwas leisten wollen, fundiertes Wissen bieten müssen. Guter Wille reicht nicht, wenn man in der Gesellschaft etwas bewirken will.« Das hatte sie beherzigt und erwartete es mit einer gewissen Strenge auch von anderen.

Der Parlamentarische Rat, die verfassungberatende Versammlung für die spätere Bundesrepublik Deutschland, war von den Landtagen in den Westzonen gewählt worden. Es vertrat je ein Abgeordneter oder eine Abgeordnete 750 000 Menschen. Dem Rat gehörten 65 Personen an: 61 Männer und vier Frauen. Je 27 der Mitglieder des Gremiums vertraten die SPD und die CDU/CSU, fünf die FDP, je zwei die Deutsche Partei, das Zentrum und die KPD. Unter den vier Frauen befanden sich mit Elisabeth Selbert und Frieda Nadig zwei Sozialdemokratinnen: die anderen beiden weiblichen Ratsmitglieder, Helene Wessel und Helene Weber, gehörten dem Zentrum beziehungsweise der CDU an.

Elisabeth Selbert war, ein Kuriosum, nicht vom hessischen Landtag in den Rat gewählt worden, sondern vom niedersächsischen. Sie war unmittelbar nach Kriegsende häufig zwischen der amerikanischen und der britischen Besatzungszone, also zwischen Hessen und Niedersachsen, gependelt, um für eine lebhafte Beteiligung an den kommunalen und an den Landtagswahlen zu werben; dadurch war sie auch in Niedersachsen als engagierte und befähigte Politikerin bekannt geworden. So kam es, daß sie von ihren niedersächsischen politischen Freuden gefragt und nach Bonn delegiert wurde.

Die äußeren Bedingungen, unter denen sich die Mitglieder des Parlamentarischen Rats am 1. September 1948 versammelten, waren denkbar bescheiden. Als Räumlichkeit hatte man, der Not gehorchend, das naturkundliche Museum Alexander Koenig ausgewählt; es liegt direkt gegenüber der Villa Hammerschmidt, dem späteren Amtssitz des Bundespräsidenten. Elisabeth Selbert erinnerte sich noch Jahrzehnte daran: »Rundherum lauter ausgestopfte Tiere; die hatte man verhängt und beiseite geschoben. So entstand ein Karree: in der Mitte wir 65, zwischen den Hohen Kommissaren mit ihren ganzen Stäben auf der einen Seite und den Ministerpräsidenten auf der anderen Seite, außenherum, wie gesagt, die ausgestopften Tiere.«

Sie fand die Atmosphäre zunächst bedrückend: »Es war nicht etwa Freude oder das Gefühl, jetzt endlich frei zu sein. Es war bedrückend, weil man sich sagte: Nun sollst Du auf Kommando etwas tun.« Und Kommandos, Befehle, Anordnungen steckten vor allem den früheren Regimegegnern noch in den Gliedern.

Die kleine Minderheit der weiblichen Ratsmitglieder wurde, nachdem die zweite Frauenbewegung sie Jahrzehnte später gewissermaßen wiederentdeckt hatte, liebevoll als »Mütter des Grundgesetzes« bezeichnet. Gar zu lange war in Sonntagsreden ausschließlich von den »Vätern des Grundgesetzes« gesprochen worden. Doch eine parteiübergreifende Frauen-Fraktion gab es im Parlamentarischen Rat nicht; sie bildete sich nicht einmal in der Diskussion um den Gleichberechtigungsgrundsatz.

Als Artikel 3 GG beraten wurde, hatte Elisabeth Selbert weder die drei übrigen Ratsfrauen, noch, zunächst, die Männer der sozialdemokratischen Fraktion auf ihrer Seite. Frieda Nadig, ihre Parteigenossin, fürchtete, es werde ein »Rechtschaos« eintreten, wenn man die von Elisabeth Selbert geforderte schlichte Formulierung –»Männer und Frauen sind gleichberechtigt« – zum Verfassungsgrundsatz erhöbe. »Du willst ja das ganze Familienrecht außer Kraft setzen!« warnte sie. Das genau wollte Elisabeth Selbert.

In der Weimarer Verfassung, die, wie andere demokratische Verfassungen, zur Beratung herangezogen wurde, war von »gleichen staatsbürgerlichen Rechten und Pflichten« der Frauen die Rede gewesen: ein Verfassungsauftrag war daraus keineswegs abgeleitet worden. Elisabeth Selbert hielt es für eine Selbstverständlichkeit, »weiterzugehen als Weimar. Die Frau sollte nicht nur in staatsbürgerlichen Dingen gleichstehen, sondern mußte auf allen Rechtsgebieten dem Manne gleichgestellt werden.«

In ihren »kühnsten Träumen«, so erklärte sie im Hauptausschuß des Rates, hätte sie nicht erwartet, daß ihr Antrag auf Widerspruch, sogar auf einmütige – wenn auch unterschiedlich begründete – Ablehnung stoßen würde. Dabei machte sie es all jenen, die ein »Rechtschaos« prophezeiten, leicht. Sie schlug jene Übergangsregelung vor, wie sie später in Artikel 117 GG niedergelegt wurde.

Dieser Grundgesetz-Artikel sollte den Gesetzgeber zwingen, die dem Gleichheitsprinzip noch widersprechenden Gesetze bis zum 31. März 1953 zu revidieren. Die Abgeordneten des später gewählten ersten Deutschen Bundestages nahmen es übrigens mit dem Datum nicht so genau; sie ließen sich Zeit. Und auch die Mehrheit im Parlamentarischen Rat zeigte sich zunächst durchaus nicht begeistert über den Vorschlag für eine Übergangsregelung.

Nachdem das Gleichberechtigungsprinzip seit langem eine Selbstverständlichkeit ist und es lediglich immer wieder um die Anwendung dieses Grundsatzes zu kämpfen gilt, ist schwer vorstellbar, daß gegen den Selbert-Antrag argumentiert wurde und in welcher Weise dies geschah. Handelte es sich nicht um ein Grundrecht, um ein Menschenrecht, das eigentlich keiner weiteren Diskussion bedurft hätte?

Als Elisabeth Selbert zunächst ihre Genossin Nadig, dann die gesamte sozialdemokratische Fraktion hinter sich wußte, zeigten sich vor allem die christdemokratischen Parlamentarier besonders hartnäckig in der Ablehnung. Sie gedachten, »Gleiches gleich, Ungleiches nach seiner Eigenart« zu behandeln; das hätte zweifellos Rechtsunsicherheit hervorgerufen und willkürlicher Gesetzesauslegung Vorschub geleistet. Die Kommunisten neigten zwar zu prinzipieller Zustimmung, forderten jedoch die Aufnahme zusätzlicher wichtiger Aspekte, darunter eine Passage über die Lohngleichheit.

Elisabeth Selbert, die politische Pragmatikerin, aber wußte, daß jedes Mehr ein Weniger bedeutet hätte: »In dem Augenblick, wo wir katalogisieren, womöglich mit Forderungen wie ›insbesondere‹, haben wir verloren!« Sie bestand auf ihrer klaren Formulierung, ohne Wenn und Aber. Und je kontroverser die Diskussionen verliefen, je länger sich die Debatten hinzogen, desto wichtiger erschien der Selbert-Antrag, nun SPD-Antrag, ihr selbst.

Die Mitglieder des Parlamentarischen Rates lernten ihre Kasseler Kollegin als eine äußerst resolute, rechtswissenschaftlich fundiert gebildete und in der juristischen Praxis erfahrene Frau kennen; sie arbeitete in verschiedenen Gremien der verfassungberatenden Versammlung mit und gehörte den wichtigsten Ausschüssen teils als ordentliches, teils als stellvertretendes Mitglied an. Wer sich, wie sie, mit Fragen der Verfassungsgerichtsbarkeit, der Richterwahl, der Gerichtsreform beschäftigte; wer Diskussionsbeiträge lieferte zur Begründung einer allgemeinen Bürgerpflicht zum Schutz der Verfassung, über die Stellung der Abgeordneten zu ihrer Partei; wer mitberiet über das Amt des Bundespräsidenten und über die Position der Bundesländer in dem neu zu schaffenden Staatswesen, der mußte auch in der leidigen Frauenfrage ernst genommen werden.

Trotzdem erlebte auch Elisabeth Selbert, was offenbar alle

Frauen in der Politik erleben: daß der Versuch unternommen wird, sie selbst oder ihr Anliegen nicht ernst zu nehmen. Besonders der FDP-Mann Thomas Dehler tat sich mit süffisanten Bemerkungen über den Selbert-Antrag hervor; und der Sozialdemokrat Carlo Schmid meinte, der Sache mit chevaleresken Äußerungen dienen zu müssen.

Vier Beratungsmonate, September bis Dezember 1948, waren vergangen, das neue Jahr angebrochen, als Elisabeth Selbert in der 17. Sitzung des Hauptausschusses ihren Antrag und die Übergangsregelung nochmals begründete. Sie schloß ihren Appell mit einer demokratischen Drohung, die das Hohe Haus mit Befremden zur Kenntnis nahm: »Sollte der Artikel in dieser Fassung heute wieder abgelehnt werden, so darf ich Ihnen sagen, daß in der gesamten Öffentlichkeit die maßgeblichen Frauen wahrscheinlich dazu Stellung nehmen werden, und zwar derart, daß unter Umständen die Annahme der Verfassung gefährdet ist!« Später berichtete sie wiederholt davon, wie es ihr gelungen war, die weitgehend ja gar nicht informierte Öffentlichkeit zu mobilisieren: »Wie ein Wanderprediger bin ich von Versammlung zu Versammlung gefahren und habe den Frauen erzählt, was für eine Art Ausnahmegesetz sie zu erwarten hätten, wenn sie nicht dazu beitrügen, den CDU-Antrag zu Fall zu bringen«, den Antrag also, welcher vorsah, »Gleiches gleich« und »Ungleiches nach seiner Eigenart« zu behandeln.

Die Menschen hatten damals elementare Sorgen um Wohnung, Nahrung, Kleidung, Arbeit. Dennoch war die Resonanz auf die Selbert-Kampagne erstaunlich lebhaft und positiv. Es kamen »waschkörbeweise Protestschreiben«, wie die Initiatorin der Aktion sich erinnerte; es gab Resolutionen und Gutachten zur Unterstützung des SPD-Antrags. Die weiblichen Abgeordneten aller Landtage, mit Ausnahme des bayerischen, Gewerkschafterinnen, selbst eher konservative landwirtschaftliche Frauenverbände machten sich stark für den Selbert-Antrag, zumindest aber gegen die CDU-Formulierung.

Der Sinneswandel der Mehrheit im Parlamentarischen Rat

erfolgte spät, jedoch »über Nacht«; denn, so stellte Elisabeth Selbert zufrieden fest: »Plötzlich war der Umschwung da.« Die Liberalen erklärten, ohnehin immer für die Gleichberechtigung gewesen zu sein; ein CDU-Parlamentarier fand die ganze vorangegangene Debatte überraschend. Und der spätere erste Bundespräsident Theodor Heuss, FDP-Mitglied im Parlamentarischen Rat, gab eine Kostprobe seines Demokratie-Verständnisses: »Ich möchte draußen nicht unwidersprochen den Eindruck entstehen lassen, daß jetzt dieses Quasitürmlein« – damit meinte er Elisabeth Selberts Mobilisierungskampagne – »uns irgendwie beeindruckt und zu einer Sinneswandlung veranlaßt hat. Denn unser Sinn war von Anfang an so, wie sich die aufgeregten Leute draußen das gewünscht haben.«

Teils erleichtert, teils kritisch ging Elisabeth Selbert in einer späteren Sitzung des Hauptausschusses auf das Ergebnis der langwierigen Beratungen ein: »Wir quittieren mit Genugtuung, daß die Vertreter, insbesondere der CDU, jetzt eine solche Stellung einnehmen und nicht mehr ›ja aber‹, sondern vorbehaltlos ›ja‹ sagen.« Aber sie merkte auch an, daß Problem hätte »keineswegs die Lächerlichkeit (verdient), mit der es vielfach behandelt« wurde: die Reaktion der Öffentlichkeit hätte im Übrigen bewiesen, »welches großes Interesse diese Lebensfrage der deutschen Frauen . . . erregt hat«.

Am 23. Mai 1949 wurde das Grundgesetz für die Bundesrepublik Deutschland verkündet. Seitdem gilt auch das in Artikel 3 formulierte Grundrecht: »Alle Menschen sind vor dem Gesetz gleich. – Männer und Frauen sind gleichberechtigt. – Niemand darf wegen seines Geschlechts, seiner Abstammung, seiner Rasse, seiner Sprache, seiner Heimat und Herkunft, seines Glaubens, seiner religiösen oder politischen Anschauungen benachteiligt oder bevorzugt werden.« Es ist das historische Verdienst von Elisabeth Selbert, dies angeregt, erstritten und durchgesetzt zu haben.

Sie lebte sehr lange, arbeitete noch als über achtzigjährige Frau in ihrer Kasseler Anwaltskanzlei und wurde mit vielen Auszeichnungen, zuletzt mit der Ehrenbürgerschaft ihrer Heimatstadt, bedacht. Ehe sie, knapp vor Vollendung ihre neunzigsten Lebensjahres am 9. Juni 1986 starb, erlebte sie die Schaffung eines Elisabeth-Selbert-Preises durch das Bundesland Hessen; mit ihm werden Publizistinnen gewürdigt, deren Arbeiten kritisch auf die Situation der Frauen in unserer Gesellschaft aufmerksam machen.

Elisabeth Selbert hat diese Situation noch lange beobachten, hat das Ergebnis ihrer Bemühungen erfahren können. Gelegentlich äußerte sie sich sehr kritisch, zuweilen aber auch verständnisvoller als jüngere Frauen über das, was der Gleichheitsgrundsatz bewirkt hat. Die Tatsache, daß der Deutsche Bundestag die in Artikel 117 GG festgesetzte Frist nicht einhielt, beurteilte sie mit Nachsicht; es gab damals für das Parlament sehr viele und sehr wichtige Aufgaben.

Als die Abgeordneten sich dann aber an die Arbeit der Gesetzesanpassung begaben, hat sie »mit Schmerz empfunden, wie manche . . . versucht haben, das Rad der Geschichte zurückzudrehen. Mit besonderem Schmerz erinnere ich mich, wie man versucht hat, die Gleichberechtigung mit Lächerlichkeit und Heiterkeit abzutun.« Die weiblichen Abgeordneten des Bundestages protestierten gelegentlich, parteiübergreifend, gegen den Stil, gegen die dümmlichen Argumente, die in Zusammenhang mit der Verwirklichung von Artikel 3 GG im Parlament zu hören waren. Eine Frauen-Fraktion gegen den Zustand des permanenten Verfassungsbruchs, der jahrelang herrschte, bildete sich aber dennoch nicht.

Trotz aller Unzulänglichkeiten in der Ausführung betrachtete Elisabeth Selbert ihre wichtigste politische Arbeit positiv und optimistisch, denn: »Der Gleichberechtigungsgrundsatz ist nie wieder aus dem Grundgesetz rauszukriegen, nie wieder! Ohne ihn wären alle Reformen, die uns heute Selbstverständlichkeiten sind, nicht möglich gewesen.« Und sie nannte nur die wichtigsten, deren Verwirklichung sie noch miterlebt hat: »Die Abschaffung des Patriarchats durch das neue Ehe- und Familienrecht, die Änderung des Paragraphen 218, das neue Namensrecht, die prinzipielle Lohngleichheit, die gleichen Bildungschancen für Jungen und Mädchen, jedenfalls gesetzlich. Es gibt eben noch größere und kleinere Dinge, die man schaffen muß. Das ist die Sache der Frauen bei den Wahlen!«

»Das ist die Sache der Frauen« war eine sehr typische Bemerkung von Elisabeth Selbert. Sie besaß nicht das geringste Verständnis für die Larmoyanz, mit der viele Frauen ihre Situation betrachten und beschreiben. »Sie haben doch – ganz anders als früher! – alle Rechte. Sie können sich darauf berufen. Sie müssen sie durchsetzen! Es ist mir ganz und gar unbegreiflich, warum sie es nicht tun – Doppelbelastung hin oder her.«

Niemand, der ihre Biographie kennt, mag da widersprechen. Schließlich ist Elisabeth Selbert zu Zeiten, da dies noch sehr ungewöhnlich war, einen schulischen und beruflichen Ausbildungsweg gegangen, der beweist, was Frauen können, wenn sie wollen. Dadurch freilich wurde sie zu der selbstbewußten, entscheidungsfreudigen, klugen und tüchtigen Person, durch deren Fähigkeiten sich manche irritiert fühlten, Männer wie Frauen. Elisabeth Selbert entsprach durchaus nicht dem sogenannten typischen Frauenbild, an dem auch heute noch so viele aus liebgewordener Gewohnheit oder aus Bequemlichkeit hängen.

Die feministische Frauenbewegung betrachtete sie als verdienstvoll, weil sie den großen Parteien Anstöße gegeben hat. Im übrigen aber brachte sie der autonomen Frauenbewegung kein Verständnis entgegen: ihre Aktionen hielt sie für unpolitisch. Auf ein Beispiel angesprochen, das über die in der Frauenbewegung der siebziger Jahre aktiven Kreise hinaus bekannt geworden war, reagierte Elisabeth Selbert mit der ihr zuweilen eigenen Unduldsamkeit: »Die Feministinnen mit ihren gerichtlichen Klagen gegen nackte Frauen auf Titelseiten von Illustrierten – das sind doch Nebenkriegsschauplätze! In die Parlamente müssen die Frauen! Dort müssen sie durchsetzen, was ihnen zusteht!«

»Den Blick auf das Gegenwärtige lenken«

Gertrud Sentke machte verfemte Künstler bekannt

Im November 1947, als die Demontage deutscher Industrieanlagen ihrem Höhepunkt zuging, gleichzeitig aber die Sieger die Besiegten vor dem Verhungern bewahren halfen, erschien in der Zeitschrift »Die Aussaat« eine Reihe bewegender Linolschnitte: der »Kriegszyklus« von Gertrud Sentke. Er war 1944/45 entstanden und bedeutete für die Künstlerin einen Teil der Verarbeitung von zuvor erlebtem Leid. Marie-Luise Kaschnitz, die fast gleichaltrige Schriftstellerin, beschrieb diese Arbeiten Gertrud Sentkes: »Was uns in ihrem Werk vor Augen steht, sind Ruinen und Grabkreuze, . . . die leidende Kreatur und der aufs äußerste gepeinigte, in einer Welt des Untergangs verlorene Mensch . . ., zusammengeschaut zu einem Fazit von erschütternder Trauer und Wucht.«

Marie-Luise Kaschnitz wußte, daß die Menschen 1947 von diesem Teil der Vergangenheit eigentlich nichts mehr wissen wollten: »Die erste Empfindung mag . . . Ablehnung sein. Der Krieg ist vorbei, das große Gespräch über Bombennächte, Fronterlebnisse und Verluste ist verstummt . . . In dem Maße, in dem langsam etwas wie Hoffnung sich rührt, wächst auch der Wunsch, an das Vergangene nicht mehr erinnert zu werden . . . Die Welt draußen . . . will den neuen Menschen sehen, den Überlebenden der Hölle, von dem sie erwartet, daß er zu neuen und besonderen Zielen im Aufbruch sei.«

Gertrud Sentke aber erinnerte immer an das Vergangene, wenn auch in einem sehr speziellen Bereich: Sie trug dazu bei, das Werk derjenigen Künstler, die verfemt gewesen, die mit Arbeits- und Ausstellungsverbot belegt worden waren, den Menschen bekanntzumachen.

Immer war sie beides: Malerin und Graphikerin auf der einen, zugleich aber Vermittlerin von Kunstverständnis und Förderin von Künstlern auf der anderen Seite. Oft stand da die eigene Arbeit zurück, stand die Werbung für die Vergessenen, die verboten gewesenen Künstler im Vordergrund. Daß sie damit erfolgreich sein würde, konnte sie anfangs nur hoffen. Und leicht war die Arbeit an der Kunst um 1950 nicht; da dachten die meisten Menschen an ihnen Näherliegendes – Nahrung, Kleidung, Wohnung, das erste Auto, die erste Reise nach Italien, das seinen Mussolini, den ehemals Verbündeten, erst fünf Jahre zuvor aufgehängt hatte.

Als Gertrud Sentke mit zwanzig Jahren ihren Koffer packte und das Elternhaus verließ, um an die Kunstakademie zu gehen, ahnte sie freilich nicht, daß sie neben dem bildnerisch-darstellenden Talent eine große pädagogische Begabung entwickeln würde.

Sie war das einzige Kind des diplomierten Ingenieurs Friedrich und seiner Frau Frieda Sentke. Karlsruhe ist ihre Heimatstadt; dort wurde sie am 9. November 1902 geboren. Der Vater, Direktor der städtischen Gas- und Wasserwerke, war ein aufgeschlossener Mann und ein seinem Wesen nach unabhängiger Mensch. Er stand den Ausbildungswünschen seiner Tochter keineswegs so ablehnend gegenüber wie die Mutter. Es kam schließlich wegen der ausgeprägten künstlerischen Neigungen Gertrud Sentkes zu Konflikten, die dazu führten, daß sie während des Studiums in der Heimatstadt nicht im Elternhaus lebte.

Sie hatte früh und gern gezeichnet und schon als junges Mädchen auch kunstgeschichtliches Interesse entwickelt. Kunstgeschichte belegte die bald zur Meisterschülerin avancierte Studentin denn auch im Nebenfach. Noch als sie die Akademie für Bildende Künste in Karlsruhe besuchte, entdeckte Gertrud Sentke, daß die Druckgraphik ihr bevorzugtes, ihr eigentliches Metier sei. Sie vervollkommnete sich in den Techniken des Radierens, des Siebdruckens, des Holzschneidens, des Lithographierens, hörte in den späteren Jahrzehnten aber nie auf, handwerkliche Variationsmöglichkeiten zu erproben.

Wichtig war für sie die Begegnung mit Alfred Kubin, dem um

eine Generation älteren meisterhaften Zeichner. Sie hatte ihn durch Zufall auf einer ihrer Wanderfahrten kennengelernt; und es bedeutete ihr viel, daß er sie darin bestärkte, auf dem einmal beschrittenen künstlerischen Weg weiterzugehen.

Bald stellte sie aus und verkaufte. Sie erhielt Kunstpreise, die ihr erlaubten, Reisen ins Ausland zu unternehmen. Schon Ende der zwanziger Jahre war sie im Karlsruher Raum bekannt genug, um auch von der NS-Presse wahrgenommen zu werden. »Da wurde natürlich keine Kunstkritik geübt, sondern aus deren Blickwinkel interpretiert«, erinnert sich Gertrud Sentke. »Meine Arbeiten seien ›zu düster‹; sie seien ›pessimistisch‹ und deshalb ›undeutsch‹, wurde da geschrieben. Außerdem stellte man zutreffend fest, daß ich mit befreundeten jüdischen Familien verkehre.«

Richtig ist, daß Gertrud Sentkes Arbeiten der damaligen Zeit nichts heiter Stimmendes vermitteln. Ihre Stadtansichten, Landschaften, Stilleben brauchen einen aufmerksamen Blick, um in ihren Details wahrgenommen zu werden. Kein Öl, kein Tempera, keine lauten Farben, nichts von Blut-und-Boden-Romantik, stattdessen holzschnittartige Strukturen, auch wie zarte Zeichnungen wirkende Lithographien in überwiegend schwarzweißer materialbedingter Farblosigkeit.

Die junge Künstlerin, die »undeutsch« malte und mit Juden verkehrte, ging schon vor 1933 von Karlsruhe nach Frankfurt, in der Hoffnung, daß sie in der größeren Stadt unbeobachteter würde arbeiten können: »Dort war ich nicht bekannt und mußte mir alles neu erobern.« Sie war keine aktive Widerstandskämpferin; aber sie dachte gar nicht daran, ihre Technik oder gar ihre Themen zu ändern. »Ich hielt mich fern von den Nazis und konnte trotzdem gelegentlich im ›Frankfurter Kunstverein‹ ausstellen.«

Nachdem sie 1935 der besseren Luft wegen ins nahegelegene Kronberg gezogen war, erhielt sie eines Tages den Besuch eines Herrn in brauner Uniform. »Er war Kunst-Professor an der Städel-Schule in Frankfurt und forderte mich auf, der NSDAP beizutreten. Mein Nein mußte ich unter anderem in Gegenwart des Bürgermeisters von Kronberg erklären. Er war erstaunt. Aber er akzeptierte meine Argumente: Wenn ich irgendwo Mitglied werde, dann fühle ich mich verpflichtet, auch aktiv mitzuarbeiten; das aber erlaubt mir meine angegriffene Gesundheit nicht.« Sie blieb fortan unbehelligt, schlug sich durch mit einigen Auftragsarbeiten und fertigte Postkarten mit Motiven der umliegenden Taunuslandschaft an, übrigens weiterhin melancholisch und »undeutsch«.

Mitten im Krieg bot sich Gertrud Sentke erstmals die Möglichkeit, ihr kunstpädagogisches Talent zu erproben. Zwei Jahre unterrichtete sie im Internat der Reinhardswaldschule in Kassel. Als sie diese Tätigkeit 1942 einer schweren Erkrankung wegen aufgab, erklärte der für Hessen zuständige Oberschulrat: »Sie dürfen uns als Kunsterzieherin nicht verloren gehen.« Er bot der Künstlerin, die niemals »Pg.« war und niemals Pädagogik studiert hatte, Arbeit an der »Adolf-Hitler-Schule« in Kronberg an.

Von 1942 bis 1953 blieb sie an dieser Schule, die nach dem Krieg diskret den Namen wechselte und von einer Mittelschule zum Gymnasium ausgebaut wurde. Aber, sagt Gertrud Sentke, »schon vor dem Zusammenbruch habe ich den Schülern von der ›anderen Kunst‹ erzählt, ganz unverfänglich. Ich sprach über die Kunst der zwanziger Jahre wie ich eben auch über die Kunst des Mittelalters sprach. Das ging.«

Die »andere Kunst« – das waren vor allen Dingen die Bilder der großen deutschen Expressionisten. Das war die Kunst der Moderne, die Adolf Hitler, der erfolglose Kunstmaler, als »artwidrig« zu diffamieren pflegte. Dagegen hatte die Kunst im Nationalsozialismus der Ideologie zu dienen. Sie sollte nichts ausdrükken, sie sollte keine Eindrücke widerspiegeln; sie sollte das Programm darstellen: Blut und Boden, Heim und Herd, Mutterschaft und Heldentum, abendsonnenbeschienene Scholle, Morgendämmerung der neuen Zeit, nationalsozialistischer Realismus.

Die moderne Malerei aber, die älter war als die Fleißarbeiten derer, die sich in den Dienst des Regimes stellten, sie durfte daneben nicht bestehen. Als abschreckendes Beispiel in der Ausstellung »Entartete Kunst« dem Publikum 1937 vorgeführt, wurden die bis dahin größten Schätze moderner Bildender Kunst »ausgemerzt«, teils gar verbrannt wie die Bücher bedeutender deutscher Autoren. Günstigstenfalls verschwanden die Werke der Verfemten in Museumsdepots oder wurden, devisenbringend, ins Ausland verkauft, was freilich häufig ihre Rettung bedeutete.

Die Werke dieser Künstler in Erinnerung zu bringen, jüngeren Menschen überhaupt erst bekannt zu machen – das wurde Gertrud Sentke nach dem Zweiten Weltkrieg fast wichtiger als die eigene künstlerische Arbeit. Unter den zum Teil in zwölf Jahren schon Vergessenen waren Otto Dix, den sie einige Jahre zuvor kennengelernt hatte; Erich Heckel, der Kunstprofessor an der ihr so vertrauten Akademie in Karlsruhe wurde; Paula Modersohn-Bekker, die schon lange vor Entfesselung des Nationalsozialismus gestorben und dennoch als »entartet« diffamiert worden war; Ernst Barlach, dessen wunderbares plastisches Werk nicht gezeigt werden durfte; Alfred Kubin, der sie so sehr ermutigt hatte.

In der Rückschau findet Gertrud Sentke, sie habe stets Glück gehabt, »denn die Dinge haben sich immer auf mich zu entwikkelt«. Aber sie scheint dem Glück durch Ideenreichtum und Initiative ein wenig nachgeholfen zu haben. Jedenfalls nutzte sie auch die kleinste Möglichkeit, um ihrem Ziel, der Vermittlung von Kunstkenntnis und Kunstverständnis, näherzukommen. Die Bekanntschaft mit der Vorsitzenden der Arbeiterwohlfahrt, Lotte Lemke, bot eine solche Möglichkeit. Sie erwies sich als ideal.

Nachdem die beiden grundverschiedenen Frauen einander näher kennengelernt hatten, lenkte Gertrud Sentke das Gespräch gezielt auf die Gegenwartskunst und ihre Vermittlungsmöglichkeiten; das geschah während eines Spaziergangs 1950 in Hannover. Sie regte an, den von der Wohlfahrtsorganisation herausgegebenen Fotokalender in einen Kunstkalender umzuwandeln. »Wir müssen die Menschen wegführen von der Nazi-Kunst«, argumentierte sie. »Wir müssen ihren Blick auf das Gegenwärtige lenken. Wir haben auch etwas gut zu machen an den Künstlern, die Malverbot gehabt hatten. Das ist eine kulturpolitische Aufgabe!«

Lotte Lemke empfand ebenso, bezweifelte anfangs aber, daß es ihr gelingen werde, ihren Vorstand für die Idee zu gewinnen. Was, schließlich, hatte eine Wohlfahrtsorganisation mit Kunst zu schaffen? Würden die Mitglieder und Freunde des Verbandes Verständnis für ein solches Vorhaben aufbringen? Würden sie überhaupt einen Zugang zu moderner Kunst finden? Und außerdem: War Kunst nicht gerade in Zeiten wie diesen das Letzte, um das es sich zu kümmern galt?

Da war allerdings die Künstlerin etwas anderer Meinung als die Managerin jener Wohlfahrtsorganisation. Gertrud Sentke schlug einen Kompromiß vor: Am Anfang sollten in den Kalender nicht nur die Werke der Modernen, sondern auch Bilder der Bekannten und Bewährten aufgenommen werden; zudem wollte man in einem Vorwort an die Tradition der Arbeiterkultur erinnern.

1952 erschien, klein im Format, der erste Kunstkalender der Arbeiterwohlfahrt. Die Vorsitzende griff das Stichwort »Tradition« tatsächlich auf; sie hatte in der Vorbereitungszeit gelernt, sich auch in dieser Sache gegenüber Widerständen argumentativ durchzusetzen: »Wir wollen nicht vergessen, daß die Arbeiterwohlfahrt vor 1933 ein echtes Gefühl für das hatte, was als ›das Neue in der Kunst‹ damals aufkam. Ein geistloses Regime hat diese Kunst verfolgt und ihr den Lebensraum genommen.«

Gertrud Sentke hatte den Kalender zusammengestellt und dafür, wie vereinbart, sowohl Bekanntes als auch Neues ausgewählt. In jenem ersten Kalender finden sich vertraute Blätter von Dürer, Rembrandt, van Gogh neben Arbeiten von Otto Dix, Käthe Kollwitz, Ernst Barlach, Alfred Kubin und einigen damals gänzlich unbekannten Malern.

Zu den überregional noch wenig bekannten Künstlern zählte die Kalendergestalterin selbst. Auch sie schuf sich mit ihrer Initiative eine Plattform. Der erste AW-Kunstkalender enthält unter anderem ihre Federzeichnung »Fischkutter in Holland«, die Lithographie »Orchideen«, den Holzschnitt »Verhaltenes Land«.

Es war ein bescheidener Anfang und eine ziemlich bunte Mischung – freilich nur im übertragenen Sinn, denn die Blätter zeigen, auch aus Kostengründen, reine Schwarz-Weiß-Graphik.

Aber es traf wohl zu, daß es bald gelang, »eine Brücke zu schlagen zwischen der Welt der Bildenden Kunst und den arbeitenden Menschen«, wie es im Vorwort zu einem der frühen Kalender heißt.

Es war nun leichter für Gertrud Sentke, Künstler zur Mitarbeit zu gewinnen. Sie hatte etwas in der Hand. Den Kalender zeigte sie unter anderem Otto Dix und Erich Heckel. Beide erklärten: »Das ist eine gute Sache; da mache ich mit.« Heckels »Exzentrik-Clown« ist eines der ersten farbigen Blätter, das bereits im folgenden Jahr in den Kalender aufgenommen wurde. Otto Pankok, damals Lehrer an der Düsseldorfer Kunstakademie und, wie Gertrud Sentke fand, aussehend »wie seine eigenen Holzschnitte«, reagierte ähnlich positiv und zeigte sich besonders angetan darüber, »daß sich Kunst mal an andere Kreise richtet, nicht nur an Galerie- und Museumsleute«.

Kunstpräsentation hatte damals – und noch für lange Zeit – etwas deutlich Museales. Wenige Menschen besuchten Museen; die Barrieren waren zu hoch. Um so wichtiger waren Publikationsmöglichkeiten, die viele Menschen erreichten – für das Publikum und für die Künstler.

Dreißig Jahre lang besuchte Gertrud Sentke – später für ihre Verdienste um die Gegenwartskunst vielfach gewürdigt und ausgezeichnet – jeden einzelnen Künstler-Kollegen, dessen Werk sie interessierte. Häufig handelte es sich jetzt um jüngere Maler und Graphiker, die noch »keinen Namen« hatten. Sie sprach mit jedem von ihnen, machte sich mit seiner Arbeit vertraut, setzte regionale, gelegentlich auch thematische Schwerpunkte und mußte bei all dem die Gratwanderung bestehen: ein hohes Niveau halten, ohne die Schauenden zu überfordern.

Zwar gab es im Lauf der Jahre hin und wieder Rückschläge, gelegentlich, wie überall, auch Unstimmigkeiten; doch insgesamt entwickelte sich der Kalender »zum erfolgreichsten Nebenprodukt der Sozialarbeit«, wie jemand aus der Vorstandsetage der Arbeiterwohlfahrt einmal sagte.

Der Kalender wurde bald grundsätzlich farbig gedruckt und

erhielt ein größeres Format. Die Auflage erreicht seit langem zehntausend Stück, nicht gerechnet die mit zeitlichem Verzug alljährlich zusätzlich hergestellte Lizenzausgabe eines großen Kunstverlags. »Graphik der Gegenwart« ist das Produkt inzwischen betitelt, nicht mehr »Kleiner Kunstkalender«. Gertrud Sentke führte bald ergänzende Textbeiträge ein, Künstlerbiographien und Bildinterpretationen.

Früh zog Lotte Lemke einen kleinen Kreis von Experten hinzu, die die endgültige Bildauswahl mit beschlossen; der Kölner Mäzen Josef Haubrich und der Kunstprofessor Friedrich Vordemberge zählten dazu. Die Fachleute änderten nichts daran, daß der Kalender umstritten blieb. Doch wann wäre Kunst dies nicht? Gerade die Gegenwartskunst ist anregend, aufregend, irritierend – wie unsere Zeit.

Als Gertrud Sentke die, wie sie sagte, »kühne Idee« vortrug, die eingereichten Arbeiten im Haus des Bundesverbandes der Arbeiterwohlfahrt vor der abschließenden Auswahl für den Kalenderdruck auszustellen, wurde zunächst wieder abwehrend reagiert: »Wir haben hier Arbeitsräume, keine Ausstellungsräume!« Aber dann verfremdete die Gegenwartskunst in jedem Frühjahr doch die Gänge, das Treppenhaus, den Sitzungssaal des damals noch äußerst provisorischen Gebäudes der Wohlfahrtsorganisation an der Karl-Marx-Straße in Bonn.

Wieder gab der Erfolg der Initiatorin Recht: Nach einigen Jahren bat das Rheinische Landesmuseum in Bonn die Arbeiterwohlfahrt, die jährlich versammelten Bilder in seinen, zweifellos geeigneteren Räumlichkeiten zeigen zu dürfen. Das geschah mit wachsendem Zuspruch, bis die Arbeiterwohlfahrt ihr Provisorium aufgab und sich ein neues Verbandsgebäude – mit eigenen guten Ausstellungsmöglichkeiten – baute: Bonn war längst endgültige Hauptstadt geworden.

Die Aktivitäten für Ausstellungsvorbereitung und Kalenderproduktion hätten manchen Menschen vollständig ausgefüllt. Gertrud Sentke – äußerlich klein und zierlich, inwendig ideenreich und zielstrebig – reichte dies jedoch nicht: Seit dem Gründungsjahr der Künstlerinnenvereinigung »Gedok« ist sie deren aktives Mitglied. Während der NS-Zeit, als ihre künstlerische Arbeit thematisch außerordentlich beschränkt wurde, beschäftigte sich Gertrud Sentke, neben der schulischen Lehrtätigkeit, mit einem Thema, das sie schon als junges Mädchen interessiert hatte, mit der altägyptischen Kunst. Sie konnte nicht voraussehen, daß dieses Interesse ihr Anfang der fünfziger Jahre ein zusätzliches Aufgabengebiet vermitteln würde.

Ägypten war immer ihr Traum gewesen – in der Jugend zu weit entfernt, um ein finanziell realisierbares Reiseziel zu sein, in den dreißiger Jahren ein durch Bücher und Museumsbesuche immerhin zugänglicher Ort, zudem geistige Stätte ihrer inneren Emigration, nun aber reales Ziel künstlerischer Inspiration. Denn einige Jahre, nachdem der Krieg zu Ende und die Bundesrepublik Deutschland entstanden war, als über Wiederbewaffnung und Wirtschaftswunder gesprochen wurde, erhielt Gertrud Sentke die Möglichkeit, am Aufbau des Deutschen Kulturinstituts in Kairo mitzuwirken.

Wer sie besucht in jenem alten Backsteinhaus, das sie seit den sechziger Jahren in Bad Homburg am Taunus bewohnt, entdeckt den Einfluß des damaligen Aufenthaltes an den Veränderungen in ihrem künstlerischen Arbeiten: fließende Formen, naturnähere Farbgebung, Steine der arabischen Wüste, nach weiteren Reisen: toskanische Hügel, adriatisches Meer.

Wie man die gesammelten abgeschliffenen Knochen, bizarren Holzstücke, rundgewaschenen Steine in Henry Moores plastischem Werk wiederfindet, so erkennt man in Gertrud Sentkes farbgraphischem Werk, was sie in Ägypten sammelte und bis heute in Vitrinen bewahrt: Miniaturbildnisse von Gottheiten, tönerne Öllämpchen, große und kleine Skarabäen, blauschimmernde Glasscherben aus der Zeit des Echnaton, bunte durchbohrte, zu Amuletten verarbeitete Keramiken, teils Selbstgefundenes, teils Erworbenes.

Als die Künstlerin nach Ägypten ging, war die Bundesrepublik Deutschland noch kein souveräner Staat; eine Viermächtekonferenz über die deutsche Frage war in Berlin gerade ohne Ergebnis verlaufen. An deutsche Kulturinstitute im Ausland wurde damals zwar schon gedacht; aber es gab sie noch nicht.

Die Arbeit, die Gertrud Sentke – unter äußerst bescheidenen Bedingungen – in Kairo aufnahm, war einer gewissen Pioniertätigkeit durchaus vergleichbar. Sie hatte vorerst die Aufgabe, im dortigen »Musée d'art moderne« Vorträge über die deutsche Kunst der Moderne zu halten. Wieder wurde sie zur Kunstvermittlerin – diesmal nicht gegenüber einem jüngeren deutschen Publikum, dem die Kunst der zwanziger Jahre nahegebracht werden sollte, sondern gegenüber Ausländern, denen die deutsche Bildende Kunst insgesamt weitgehend unbekannt war.

Gertrud Sentke empfand es als ein besonders dankbares Arbeitsfeld, interessierte Ägypter mit den verschiedenen deutschen Kunstperioden und Stilrichtungen der Moderne bekanntzumachen: »Mit dem ›Blauen Reiter‹ fing ich an; es folgten die Expressionisten, dann Emil Nolde und Max Beckmann und schließlich die ›abstrakten‹ Maler. Die Kunststudenten in Kairo, orientiert an französischer und englischer moderner Kunst, äußerten ihr Erstaunen darüber, ›daß die Deutschen auch malen‹.«

Gertrud Sentke erinnert sich daran, daß Beckmann als starker, »typisch deutscher« Künstler empfunden, Nolde aber nicht verstanden wurde. Es dauerte einige Zeit, bis sie den Grund erkannte: »Die nordische Landschaft war ihnen fremd. Sie kannten die Blumen nicht, die Nolde malte, und sie kannten seinen Himmel, seine Wolken nicht. So etwas hatten sie nie gesehen in Kairo.« Und Gertrud Sentke, die immer neue Ansätze für die Kunstvermittlung hatte finden müssen, sprach zunächst einmal über die Blumen, den Himmel, die Wolken in Norddeutschland ...

Fünf Jahre blieb die Künstlerin in Ägypten, mit Ausnahme der heißesten Sommermonate. Diese Jahre sind aus dem Werk ihrer zweiten Lebenshälfte nicht wegzudenken; das ist sichtbar. Niemals sichtbar und meßbar wird sein, was Gertrud Sentke als »Kunstbotschafterin« in einer Zeit bewirkt hat, da die Bundesrepublik Deutschland gerade erst begann, diplomatische Beziehungen mit dem Ausland aufzubauen.

»Kopf und Herz der Kinder erschließen«

Minna Specht lehrte Demokratie und Verantwortung

Damals hieß der Norddeutsche Rundfunk noch NWDR, Nordwestdeutscher Rundfunk. In einer seiner kulturpolitischen Sendungen war eine Lehrerin zu hören, die ein pädagogisches Konzept vortrug, welches manchen Hörerinnen und Hörern geradezu revolutionär erschien, andere jedoch an die schulischen Reformbestrebungen der zwanziger Jahre erinnerte. Die Stimme der Frau verriet, daß sie nicht mehr die jüngste war; um so mehr fiel der moderne Inhalt ihrer Ausführungen auf:

»Wir kämpfen gegen das einseitige Fachwissen, das auf sich beschränkt bleibt. Wir möchten in unseren Kindern die Vorstellung erwecken von der Einheit der Menschheit, von dem Ineinanderwirken von Wirtschaft, Politik und Wissenschaft. Das unruhige Herz, das heute von der Isolierung bedrängt wird, sucht nach Antwort auf das Verlangen nach Solidarität, auf das Eingebettetsein in größere Zusammenhänge. Dies anzubahnen, ist unsere schwerste Aufgabe ... Wenn wir Maß halten in dem, was wir der Jugend anbieten, ihre Kräfte der Selbsttätigkeit stärken, ihr Verantwortungsgefühl schulen, arbeiten wir daran, die Lernschule in die Gegenwartsschule zu überführen, eine Jugend zu bilden, die mit vorwärtsschauenden Augen bereit ist, ihren Platz in dieser Welt zu finden und ihr mit Kräften zu dienen.«

Die Lehrerin, die da sprach, war Minna Specht. Was sie vortrug, war in der Tat nicht neu. Aber es hatte sich zuvor, auch durch die nationalsozialistische Zeit, nicht durchsetzen können. In der späteren Bundesrepublik Deutschland stießen ähnlich fortschrittliche, insbesondere ganzheitliche, Bildungskonzepte noch Jahrzehnte nach dieser Radiosendung auf Widerspruch. Die Frau, die es dort formuliert hatte, war damals schon weit über 60 Jahre alt.

Der Pädagogen-Beruf war Minna Specht ursprünglich wenig erstrebenswert erschienen. Sie war im Seminar einer Klosterschule in Hamburg kurz vor der Jahrhundertwende zur Lehrerin ausgebildet worden und hatte die Form – wie das Lernen zu lehren sei – als derartig abstoßend empfunden, daß sie beschloß, nie in den staatlichen Schuldienst zu gehen. »Merkwürdig stark und nachhaltend sind solche Erfahrungen«, berichtete sie später über die autoritäre und rückständige Art und Weise, in der man ihr beibrachte, Kinder zu unterrichten. Diese Erfahrungen »verhinderten, daß ich jemals Beamtin wurde und . . . meinen Beruf in der Welt der freien Erziehung ausübe«.

Zunächst arbeitete sie als Erzieherin in einer pommerschen Landadelsfamilie. Dann aber bewog eine ehemalige Lehrerin der Klosterschule, die inzwischen eine Privatschule in Hamburg eröffnet hatte, ihre frühere Seminaristin, an dem neuen Institut zu unterrichten. Minna Specht, damals erst 23 Jahre alt, akzeptierte unter der Bedingung, daß man ihr freie Hand bei der Gestaltung des Unterrichts ließe.

Nun entdeckte sie zum erstenmal Freude bei der Arbeit mit den Kindern und erfuhr ihre Berufung: »Ich erlebte das Wunder, daß das Unterrichten meine Leidenschaft wurde« und »konnte kaum den Morgen abwarten, um meine Kenntnisse vor den Kindern zu entfalten«. In der Rückschau räumte sie ein, damals, unerfahren wie sie noch war, »vieles falsch gesehen« zu haben, »aber der Funke sprang über auf meine Schülerinnen, und bis heute bin ich überzeugt, daß die lebendige Anteilnahme des Lehrers an seinem Stoff eins der Zaubermittel ist, durch das er Kopf und Herz der Kinder erschließt«.

Minna Specht wurde als letztes unter sieben Geschwistern am 22. Dezember 1879 auf Schloß Reinbek bei Hamburg geboren. Großvater und Vater waren davor Besitzer von Schloß Friedrichsruh im Sachsenwald gewesen, bis Bismarck es übernommen hatte. Minnas Eltern erwarben danach Schloß Reinbek und richteten es als Hotel für wohlhabende Hamburger Sommergäste ein. Bald mußte die Mutter den großen Betrieb allein führen; Minnas Vater

starb, als seine jüngste Tochter erst zwei Jahre alt war. Trotzdem erlebte sie eine glückliche, auch lehrreiche Kindheit.

»Die Wechselfälle von gutem und regenreichem Wetter mit ihren schwankenden Einnahmen, das Kommen und Gehen von vielen Menschen, die Gelegenheit, hie und da mitzuhelfen, hat uns Kindern den Sinn fürs Praktische geweckt und mir oft geholfen, wenn neue Umstände neue Aufgaben stellten. In dieser auf Bewältigung der Tagesarbeit abgestellten Welt . . . war von Politik und den Läufen der Zeit wenig die Rede. Nur die Gestalt Bismarcks, der in dem benachbarten Friedrichsruh lebte, warf sein Licht und seinen Schatten in unsere Tage.« Politisches Interesse wurde in Minna Specht erst viel später geweckt.

Vorübergehend unterbrach sie nach der Ausbildung ihre pädagogische Tätigkeit, um Geschichte, Geographie, Geologie und Philosophie zu studieren. In allen Fächern schloß sie mit »sehr gut« ab, unterrichtete wieder einige Zeit und begann dann in Göttingen ein mathematisches Studium. Dort lernte sie kurz vor dem Ersten Weltkrieg den Philosophen Leonard Nelson kennen.

Über diese Begegnung, die ihr Leben veränderte, berichtete Minna Specht später: »Als er mir die Frage stellte: ›Sie haben gewiß gut unterrichtet, aber haben sie auch erzogen?‹, sah ich, wie einseitig, wie sehr von meinem Interesse aus ich meinen Beruf ausgeübt hatte. Ich entschloß mich, mit ihm gemeinsam zu arbeiten.«

Nelson, der Lehrer, war drei Jahre jünger als die Schülerin. Seine Philosophie basiert auf den Werken von Kant und Jakob Friedrich Fries, der die Tradition der Kantschen Philosophie fortgesetzt hatte. Im Mittelpunkt der Nelsonschen Lehre stehen die Berufung auf die Vernunft und eine wissenschaftlich fundierte Ethik. Nelson selbst verstand seine Philosophie als Aufforderung zum Handeln und entwickelte eine wissenschaftliche Pädagogik sowie Prinzipien für eine sozialistische Gesellschaft. An seiner Lehre orientierten sich der von Nelson gegründete Internationale Jugendbund, später Internationaler Sozialistischer Kampfbund (ISK), und das Landerziehungsheim Walkemühle, das Minna Specht ab 1925 leitete.

Zuvor hatte Leonard Nelson Minna Specht immer stärker zur Mitarbeit herangezogen. Parallel zu ihrer beruflichen Tätigkeit wirkte sie sowohl mit beim Aufbau des Jugendbundes als auch bei den Planungen für eine Schule, die nach den Prinzipien Nelsonscher Pädagogik arbeiten, aber auch die politische Erziehung erwachsener Schüler übernehmen sollte. In der Walkemühle wurde beides verwirklicht.

Für die Möglichkeit, dort tätig sein zu können, und für die Jahre der Zusammenarbeit und Freundschaft blieb Minna Specht ihrem schon 1927 gestorbenen Lehrer immer innig verbunden: »Was ich Leonard Nelson verdanke, ist weit weniger die Schulung des Denkens, nicht nur das Anerkennen eines sittlichen Maßstabs, der das Rechtsgesetz in das Zentrum der Ethik rückt, sondern der Wille, die Theorie seines Systems der philosophischen Ethik und Pädagogik der Probe der Erfahrung zu unterwerfen, indem er junge Menschen bilden wollte, die in ernster Erziehungsarbeit sich schulen sollten, den Gefahren des politischen Lebens ... standzuhalten.«

Es gab damals, in den zwanziger Jahren und sogar schon davor, knapp zwei Dutzend Landerziehungsheime im Deutschen Reich. Es handelte sich um Internatsschulen; in den meisten von ihnen wurden reformpädagogische Bestrebungen verwirklicht. Die Walkemühle, das Nelsonsche Internat in der Nähe von Melsungen, war beeinflußt von den pädagogischen Erfahrungen des Landerziehungsheims von Hermann Lietz, an dem Minna Specht zeitweilig auch unterrichtet hatte.

Leonard Nelson ging davon aus, daß der Sinn für Wahrheit und der Sinn für Recht dem Menschen nicht beigebracht werden müßten, weil beides in ihm ursprünglich vorhanden sei. Es gälte, diese positiven Anlagen zu schützen, und zwar besonders vor dem negativen Einfluß von Autoritäten, die die Entfaltung des Menschen hindern, verbiegen oder unterdrücken. Leonard Nelson selbst bezeichnete das von ihm gegründete Landerziehungsheim Walkemühle als eine »Freistatt«, in der die positiven Anlagen unverdorbener Kinder derartig entwickelt und gestärkt werden sollten, daß diese als Erwachsene nicht nur gegen un-vernünftige Anfechtungen gefeit sein würden, sondern, mehr noch, stets auch den Mut zur Vertretung der eigenen Überzeugung besäßen.

Als Minna Specht zwanzig Jahre später die Odenwaldschule leitete, zitierte sie gern ein Wort Platons, das die Bedeutung der Gemeinsamkeit von Leben und Lernen zur Gewinnung von Erkenntnis beschreibt: »Aus lange Zeit fortgesetztem, dem Gegenstand gewidmetem wissenschaftlichem Verkehr und aus entsprechender Lebensgemeinschaft tritt sie plötzlich aus der Seele hervor ... und nährt sich dann durch sich selbst.« In der Walkemühle der zwanziger Jahre hatte deren Leiterin bereits Gelegenheit, die Lebensgemeinschaft von Schülern und Lehrern zu erproben.

Es gab, als Voraussetzung für eine demokratische Erziehung, keine hierarchischen Strukturen; man ging kameradschaftlich miteinander um und duzte sich. Das Leben war spartanisch. Er gab kein Personal, das Schüler oder Lehrer bediente; alle in der Gemeinschaft anfallenden Arbeiten wurden gemeinsam erledigt. Im Unterricht wurde Wissen nicht gepaukt, nicht einmal mitgeteilt; es wurde vielmehr Erkenntnis im Gespräch zwischen Lehrern und Schülern erarbeitet. Auf die Ausbildung manueller Fertigkeiten und musischer Fähigkeiten wurde großer Wert gelegt. Zensuren und Examina gab es nicht. Trotz der Freiheitlichkeit des Umgangs miteinander wurden an die Schülerinnen und Schüler außerordentlich hohe Anforderungen gestellt.

Minna Specht und die drei weiteren Lehrer der Walkemühle praktizierten kein Laissez-faire, kritisierten, im Gegenteil, einige gutwillige Kollegen: »In ihrem Bestreben, die alten Fehler zu vermeiden, dem Kinde Autorität aufzuzwingen, lehnen es viele Erzieher ab, bewußt daran zu arbeiten, den Willen zum Guten, der im Schüler schlummert, zu entwickeln. Sie stützen sich auf den optimistischen Glauben, daß ein Mensch von selbst gut wird, wenn man ihn nur vor Autorität bewahrt und ihm jede Freiheit läßt. Aber dieser Optimismus genügt nicht; die Ansprüche, die ein gutes Leben stellt, sind zu groß und die in uns liegenden Hindernisse zu schwer.« Minna Specht wußte genau, wovon sie sprach. Von Freunden wird sie als eine Persönlichkeit beschrieben, die »viel Sinn für die schönen Seiten des Lebens besaß. Doch das soziale Gewissen trieb sie zur Askese. Zwischen diesen Polen schwankte sie«. Fünfzig Jahre, nachdem Minna Specht die Leitung der Walkemühle übernommen hatte, wurde, um es populär auszudrücken, das Rad noch einmal erfunden. Die Kinderladen-Bewegung wiederholte die Diskussion und verschlang Alexander Sutherland Neills Publikationen über seine Summerhill-Schule, als hätte es die deutsche Reformpädagogik der zwanziger Jahre mit ihrem großen Erfahrungsschatz nie gegeben.

1933 aber gab es einen Schnitt. Der Nationalsozialismus benötigte keine Menschen mit kritischem Geist, demokratischer Gesinnung und einer Liebe zu Recht und Wahrheit. Die Walkemühle wurde bereits geschlossen, noch ehe der Reichstag sich am 23. März 1933 selbst entmachtete. Der Internationale Sozialistische Kampfbund, dessen Mitglieder alle Nelson-Anhänger waren, hatte für diesen Fall beschlossen, daß die Kinderabteilung der Schule mit ihren Lehrern nach Dänemark emigrieren solle. Die erwachsenen Schüler waren schon vorher nach Berlin, andere in ihre Heimatorte gegangen, um sich ganz dem Kampf für eine Einheitsfront der deutschen Linken, ganz dem Kampf gegen den Nationalsozialismus zu widmen. Auch Minna Specht hatte zeitweilig in Berlin an der Tageszeitung des ISK, »Der Funke«, mitgearbeitet, war dann aber an ihre Schule zurückgegangen.

Fünf Jahre lang arbeitete sie in Dänemark mit ihren Schülern, überwiegend Kinder politisch Verfolgter. Als der Druck von Nazi-Deutschland auf den kleinen Nachbarstaat zu groß wurde, ging sie mit den Jungen und Mädchen nach England und fing dort, nun schon fast sechzig Jahre alt, noch einmal von vorn an. Auch im Internierungslager, das ihr nach Kriegsbeginn nicht erspart blieb, arbeitete sie als Pädagogin in der von ihr gegründeten und geleiteten Schule des Camp. Es folgten nach der Entlassung aus dem Lager Aktivitäten bei der Fabian Society und beim Aufbau des »German Educational Reconstruction Committee«.

An dieser »educational reconstruction« wirkte Minna Specht unmittelbar nach Ende des Zweiten Weltkriegs auch sehr konkret mit: Von 1946 bis 1951 leitete sie die Odenwaldschule. Was sie damit geleistet hat, beschrieb der Kultur- und Bildungspolitiker Hellmut Becker als »das wichtigste Schulmodell der Nachkriegsjahre ... überhaupt. Hier entstand das für die gesamte Nachkriegsentwicklung ausschlaggebende Gesamtschulmodell, dessen Bedeutung für die spätere Entwicklung der deutschen Pädagogik gar nicht überschätzt werden kann.«

Dieses Schulmodell stand in einem deutlichen Kontrast zu fast allem anderen, was sich im schulischen Bildungssystem der späteren Bundesrepublik Deutschland entwickelte, denn, so Becker: »Als die Deutschen nach dem Zusammenbruch des Nationalsozialismus begannen, ihre Schulen wieder aufzubauen, blickten sie im wesentlichen zurück. Nicht zurück auf den Nationalsozialismus, auch kaum zurück auf die Weimarer Zeit mit ihren vielfältigen Reformen, sondern auf die Zeit davor. Das alte Schulwesen wurde restauriert, als ob es die Weimarer Reformen kaum gegeben hätte.«

An der Odenwaldschule, freilich, besann man sich der eigenen reformpädagogischen Tradition; andernfalls hätte Minna Specht deren Umgestaltung und Leitung nie übernommen. Die bei Heppenheim an der Bergstraße gelegene Einrichtung war bereits 1910 von Paul Geheeb gegründet worden. Es handelte sich um das demokratischste Modell unter den Landerziehungsheimen, die sich etwa ab 1900 entwickelten.

Geheeb – auch er mußte Deutschland in der NS-Zeit verlassen – verstand sein Landerziehungsheim als »Schulgemeinde«, in der Schülerinnen und Schüler sowie Lehrerinnen und Lehrer gleichberechtigt zusammenarbeiteten. Aufgabe der Pädagogen war es nicht, die Kinder und Jugendlichen zu prägen und zu formen; vielmehr wollten sie Hilfe zur Selbstentwicklung der jungen Menschen leisten. Das entsprach ganz den Vorstellungen Minna Spechts. Und falls es stimmt, daß sie den Begriff vom »Mut zur Lücke« geprägt hat, dann hat sie sich damit ebenfalls auf Geheeb bezogen; er hatte an der Odenwaldschule schon sehr früh eine Beschränkung von traditionellem Lehrstoff und Unterrichtsfächern vorgenommen, das Angebot im musischen und handwerklichen Bereich allerdings ausgedehnt.

Durch die auch unter der Leitung von Paul Geheeb schon praktizierte Gemeinsamkeit von Leben und Lernen konnten dessen reformpädagogische Ideen am besten verwirklicht werden. Und auch wenn die Zahl derartiger Internatsschulen insgesamt sehr gering blieb, so gingen doch – ganz besonders nach dem Zweiten Weltkrieg – bedeutende Impulse von ihnen aus. Vor allem die Odenwaldschule wirkte anregend und vorbildlich auch für viele öffentliche Schulen in der Bundesrepublik.

Minna Specht mußte – angesichts ihres eigenen pädagogischen Verständnisses – also nichts grundsätzlich Neues schaffen, als sie die Leitung der Odenwaldschule übernahm. Aber es hatte jenen Bruch von über zwölf Jahren Dauer gegeben, der auch im bildungspolitischen Bereich bei der Mehrheit der Deutschen tiefe Spuren hinterlassen hat. Schon 1943 hatte Minna Specht über die Nazi-Erziehung geschrieben: »Die Geschichte kennt kein Beispiel, in dem die Unterdrückung der vernünftigen Antriebe des Menschen, deren Pflege die schöne Aufgabe des Erziehens ist, so planmäßig betrieben, die Ausnutzung der Instinkte so ruchlos vorgenommen worden ist wie unter diesen Herrschern.«

1946 war die Leiterin der Odenwaldschule »bewegt durch den Wunsch, in einer Heimschule, in der Erziehung möglich ist, wenigstens in einem Teil der verratenen Jugend Deutschlands einen Gesinnungswandel herbeizuführen.« Gern hätte sie diese Arbeit für die Jugend insgesamt geleistet. Wie ihr Lehrer Nelson war sie der Auffassung, daß jeder Mensch das gleiche Recht und auch die gleiche äußere Möglichkeit haben sollte, zur Selbstbestimmung zu gelangen. Aber: »Der Hemmschuh meiner Reformarbeit in der schulisch größeren Unabhängigkeit eines privaten Landerziehungsheims liegt darin, daß nur eine wirtschaftlich bevorzugte Schicht von Kindern hier aufgenommen werden kann.« Sie hoffte auf eine Regierung, die eines Tages allen Kindern die Chance geben würde, eine derartige Heimschule zu besuchen.

Eine solche Regierung gab es in den folgenden Jahrzehnten in der Bundesrepublik Deutschland nie. Und doch haben die wenigen Jahre, während derer Minna Specht an der Odenwaldschule ihre weiteren Reformpläne verwirklichen konnte, ganz außerordentliche Anstöße für das bundesdeutsche Schulwesen gegeben: Sie begann den Ausbau ihrer Heimschule für Mädchen und Jungen zur integrierten, differenzierten Gesamtschule, in der Durchlässigkeit besteht zwischen Hauptschule, Realschule, Gymnasium und der Werkstudienschule. Minna Specht schuf, aufbauend auf den reformpädagogischen Ideen der Weimarer Zeit, das Vorbild für die spätere moderne Gesamtschule. Inzwischen ist die Odenwaldschule schon lange staatlich anerkannt und zudem UNESCO-Modellschule.

Der Anfang an der Odenwaldschule im Nachkriegs-Deutschland hatte sich als ungeheuer schwierig erwiesen; manch einer hätte ihn wohl kaum gewagt. Schon 1945 war Minna Specht von der Besitzer-Familie Cassirer und dem Gründer Paul Geheeb gebeten worden, die Schulleitung zu übernehmen. Es gab keinen deutschen Staat; es gab Besatzungszonen mit noch unklaren Grenzverläufen. Durchdachte Bildungskonzepte existierten zum damaligen Zeitpunkt nicht einmal innerhalb der einzelnen Zonen. Aber Minna Specht hatte eines. Sie brachte es den Militärbehörden nahe, diskutierte es auch mit Gewerkschaftsvertretern, von denen sie hoffte, unterstützt zu werden.

Die neue Schulleiterin wollte eine demokratische Einrichtung aufbauen, die eine Veränderung der sozialen Struktur der Schülerschaft voraussetzte. Sie brauchte Geld, damit nicht nur Kinder wohlhabender Eltern die Odenwaldschule besuchten; sie brauchte auch Mittel, um die hundert vorgefundenen, bald aber mehr Schülerinnen und Schüler zu ernähren. Dann galt es, Erzieher zu finden; viele unter den Pädagogen, die in Frage kamen oder gekommen wären, waren Opfer des Nationalsozialismus geworden oder befanden sich noch im Exil. Unter denen, die sich als

Erzieher bewarben, mußten manche trotz des Mangels an Lehrern abgelehnt werden.

Ein weiteres wichtiges Anliegen Minna Spechts war es, die Schule nicht wie eine Insel im Meer zu betreiben, sondern nach außen zu öffnen. Doch damals konnten Schüler und Lehrer nicht auf Reisen gehen; schon die Zonengrenzen stellten oft unüberwindbare Barrieren dar. Die Schulleiterin wußte auch hier Rat; sie holte die Außenwelt nach innen.

1947, als allenthalben noch Not herrschte, sorgte sie dafür, daß in der Odenwaldschule eine »Internationale Studienwoche für das kriegsgeschädigte Kind« stattfand; 1949 tagten ausländische Persönlichkeiten der »German Educational Reconstruction« in der Heimschule an der Bergstraße. Die älteren Schüler nahmen an den Veranstaltungen teil; die jüngeren halfen bei den Vorbereitungen und betätigten sich voller Stolz als Gastgeber.

Gedankenaustausch und das Bemühen um gegenseitiges Verständnis fanden auch innerhalb der Schule statt. Minna Spechts Initiative sind sowohl die Einrichtung als auch das Funktionieren eines Schulparlaments und der Mitarbeiterkonferenz zu danken. In beiden Gremien fanden die Einübung demokratischer Umgangsformen und das Erlernen der Übernahme von Eigen- und Mitverantwortung statt.

»Wenn heute die politische Erziehung in der Odenwaldschule ein ganz bestimmtes Profil gewonnen hat, so wurden damals die Grundlagen dafür durch Minna Spechts Initiative gelegt«, schrieb in der Rückschau ihr Kollege und Nachfolger Kurt Zier. »Es ist Minna Spechts Einfluß zu danken, daß die Odenwaldschule ihre Wendung zu einer ganz konkreten politischen Erziehung, zu einer Erziehung staatsbürgerlichen Denkens und zur Bildung eines lebendigen geschichtlichen Bewußtseins vollzogen hat.«

Dieser Prozeß ist um so bemerkenswerter, als gerade damals – ein, drei, fünf Jahre nach Zerschlagen des nationalsozialistischen Deutschland durch militärische Kräfte von außen – unter den Deutschen die weitverbreitete Neigung bestand, sich nun »aus allem rauszuhalten«. Was Minna Specht in den wenigen Jahren von 1946 bis 1951 im Sinne einer freiheitlichen Pädagogik und einer lebendigen Demokratie geleistet hat, ist ganz außergewöhnlich. Es wirkt bis heute fort.

Die Pädagogin blieb in ihren Aktivitäten jedoch nie beschränkt auf die rein erzieherische Funktion. Mit über siebzig Jahren begann sie neue Tätigkeiten. Sie gründete zusammen mit Martha Friedländer die pädagogische Schriftenreihe »Kindernöte«, arbeitete einige Jahre am UNESCO-Institut für Pädagogik in Hamburg und war während der fünfziger Jahre gleichzeitig Mitglied der Deutschen UNESCO-Kommission.

Sie vertrat ihr pädagogisches Konzept im In- und Ausland gegenüber Politikern, aber auch gegenüber interessierten, nicht selten skeptischen Eltern. Immer stellte sie ihre pädagogischen Positionen zur Diskussion. Diese Positionen wandelten sich, fußten prinzipiell aber stets auf jenem reformpädagogischen Ansatz, der von den Bedürfnissen, Fähigkeiten und Neigungen des Kindes ausgeht.

Als 1948 die meisten Menschen mit Wohnungsproblemen, Lebensmittelbeschaffung, Flüchtlingselend, Wiederaufbau beschäftigt waren, vertrat Minna Specht vor dem hessischen Landesschulbeirat ihre These vom »Mut zur Lücke«: »Der Mut, den wir bei der Anerkennung der Stoffbeschränkung aufzubringen haben, liegt im Anfang, da wo wir den Absprung vom enzyklopädischen Wissen zu wagen haben. Die Durchführung wird durch vielfache Entdeckungen belohnt, die sich einfinden, weil der Geist die Ruhe hat, sich auf seine Kräfte zu besinnen.« Die pädagogische Erfahrung hatte Minna Specht längst gelehrt, was andere erst lernen mußten: wie wichtig es für die Entwicklung von jungen Menschen ist, »das Wissen zugunsten der Bildung einzuengen«.

Schüler, welche die Lehrerin an der Nelsonschen Walkemühle der zwanziger und an der Odenwaldschule der ausgehenden vierziger Jahre erlebten, sprachen noch Jahrzehnte später mit Liebe und Bewunderung von ihr. Kurt Hahn, als Gründer des Landerziehungsheims Schloß Salem selbst ein bedeutender Pädagoge, berichtete in einer Festschrift für Minna Specht, daß sie niemals predigte; daß es vielmehr ihr Beispiel war, welches »die Heilswirkung ausübt. Minna hat ihr ganzes Leben lang um die Wahrheit gerungen, mit einer zähen und siegreichen Geduld, immer des Irrtums gewärtig. Ihr Urteil war nie durch Prestigegefühle getrübt. Eine der größten Fehlerquellen in der Pädagogik war in ihrem Denken und Schaffen ausgeschaltet: der Wunsch, originell zu sein.«

Eine andere, Minna Specht kennzeichnende Eigenschaft war ihre Bereitschaft, die eigenen Überlegungen und Schlüsse in Frage zu stellen, wenn sie Widersprüche darin entdeckte. Als Minna Specht auf dem Sterbebett lag, füllte sie die Zeit des Wartens mit Lektüre und bat die um eine Generation jüngere Freundin Susanne Miller, ihr Literatur über Bismarck mitzubringen. »Zu Bismarck,« so Susanne Miller, »hatte Minna ein besonderes Verhältnis – nicht nur, weil sie als Lehrerin unter anderem Geschichte unterrichtet, sondern auch weil sie Kindheitserinnerungen an ihn hatte. – Ich brachte ihr also Bücher über Bismarck. Und als sie sie gelesen hatte, bemerkte sie tief betroffen: ›Ich habe meinen Kindern ein viel zu positives Bismarck-Bild vermittelt!‹ – Das war eine für Minna Specht sehr typische Begebenheit: Sie hat sich immer Fragen gestellt; sie war stets bereit, die eigenen Gedanken und ihr Handeln zu überprüfen und zu korrigieren.«

Die große Reformpädagogin starb in ihrer Wohnung in Bremen, die sie mit der Freundin Grete Henry-Hermann teilte, am 3. Februar 1961. Sie hatte im 83. Lebensjahr gestanden und war, nach traditionellen Vorstellungen, bereits im Rentenalter gewesen, als sie nach Ende des Zweiten Weltkriegs mitwirkte am Aufbau eines demokratischen schulischen Bildungssystems.

». . . allein die Wiederherstellung des Christentums«

Christine Teusch: Wiederaufbau des Bildungswesens

Konrad Adenauer war gegen sie, jedenfalls gegen sie als Ministerin. Er kannte Christine Teusch lange und gut; er schätzte sie sogar. Doch aus seiner Sicht gehörte sie dem falsche Flügel der nordrhein-westfälischen CDU an, dem linken um Karl Arnold nämlich. Allerdings wurde das nicht offen ausgesprochen. Als Ministerpräsident Arnold erwog, Christine Teusch zur Kultusministerin zu berufen, äußerte Adenauer, damals CDU-Fraktionsführer im Landtag Nordrhein-Westfalens, seine Parlamentskollegin sei den »mit dem Amt eines Kultursministers verbundenen starken seelischen Beanspruchungen« nicht gewachsen. Ja, der bereits über Siebzigjährige argwöhnte über die 1947 immerhin noch nicht Sechzigjährige, daß man »eventuell sogar mit dem Schlimmsten bei ihr rechnen« müsse.

Christine Teusch, die sehr wohl wußte, daß es Adenauer um ihren Gesundheitszustand zuallerletzt ging, nahm ihn beim Wort und ließ ihn Einblick nehmen in ein amtsärztliches Attest, welches auswies, daß sie, bei halbwegs geregeltem Leben, durchaus in der Lage sei, ihren Politiker-Beruf auszuüben.

Adenauer reichte dies, wie zu erwarten war, keineswegs, zumal es ihm nicht nur um den politischen Standort seiner Fraktionskollegin ging, sondern auch um den Umstand, daß sie Frau war. Eine Frau aber als Leiterin des Kultusministeriums empfand er – empfanden sehr viele Männer und auch Frauen damals – als höchst unpassend. Adenauer war »der Ansicht, daß bei der gegenwärtigen Lage der Dinge . . . es nicht wünschenswert sei, daß eine Frau das Kultusministerium Nordrhein-Westfalen führe«.

Doch die Mehrheit der CDU-Landtagsfraktion sprach sich gegen die Auffassung ihres Vorsitzenden aus. Am 19. Dezember

1947 wurde Christine Teusch zur Kultusministerin berufen. Sie war damit allerdings nicht, wie immer wieder behauptet wird, die erste deutsche Ministerin; da war ihr die Sozialdemokratin Martha Fuchs, ebenfalls Kultusministerin eines Landes, zuvorgekommen.

Das Verhältnis zwischen Christine Teusch und Konrad Adenauer blieb distanziert. Gelegentlich, so hieß es damals in der Presse über die Beziehung der beiden Politiker zueinander, »ergriff selbst Konrad Adenauer vor ihrer beharrlichen Beredtsamkeit die Flucht«. Dabei hatten sie so vieles gemeinsam: Beide waren sie Christdemokraten und zählten nach Kriegsende zu den Mitbegründern der Partei. Beide waren sie frühere Zentrumsmitglieder und als solche schon in der Weimarer Republik, wenn auch in sehr unterschiedlichen Positionen, herausragende Politiker gewesen. Beide waren sie katholisch. Und beide stammten sie aus Köln.

Christine Teusch und ihre Zwillingsschwester Käthe wurden am 11. Oktober des Drei-Kaiser-Jahres 1888 in Köln-Ehrenfeld geboren, einem Stadtbezirk, in dem sie auch später immer lebten. Sie entstammten einer alteingesessenen rheinischen Kaufmannsfamilie, in der man katholisch war, seinen Glauben aber mit jener heiteren Gelassenheit praktizierte, wie er für die Rheinländer, besonders für die Kölner, kennzeichnend ist.

Ihre Schulzeit und ihre berufliche Ausbildung absolvierte Christine Teusch zunächst am Lyzeum der Schwestern vom armen Kinde Jesu, dann an einem Oberlyzeum, der Königin-Luise-Schule in Köln. Christine wurde, wie auch ihre Zwillingsschwester, Lehrerin, ein damals im Bürgertum verbreiteter, weil sozial akzeptierter Frauenberuf. Schon mit 22 Jahren bestand sie das Examen als Oberschullehrerin, was die Mutter, wenngleich keineswegs aus armen Verhältnissen stammend, sehr entlastete. Denn Vater Teusch war bereits 1902 ums Leben gekommen; seine Zwillinge waren bei seinem Tod kaum vierzehn, sein Sohn erst neun Jahre alt gewesen.

Im Schuldienst arbeitete Christine Teusch insgesamt nur sieben Jahre lang. Doch schon als sehr junge Lehrerin betätigte sie sich gesellschaftspolitisch; sie leitete zeitweilig den Katholischen Lehrerinnenverband in Köln.

Die Umstände des Krieges machten sie, wie viele Frauen ihrer Generation, mit praktischer Sozialarbeit bekannt. Im August 1917, am Beginn des vierten Weltkriegsjahres, wurde sie dienstverpflichtet, und zwar im Range eines Offiziers, aber zu ihrer Freude ohne Uniform. Der 28jährigen Lehrerin wurde die Leitung einer Nebenstelle für Frauenarbeit der Militärverwaltung in der Krupp-Stadt Essen übertragen; sie hatte sich um 50 000 in der Rüstungsindustrie beschäftigte Arbeiterinnen zu kümmern.

Mit dieser sozialpädagogischen Aufgabe fand sie zu einem Arbeitsgebiet, das ihr – durch die Verbindung von Fürsorge und Kenntnisvermittlung – in ganz besonderer Weise lag. Der Kontakt zur christlichen Gewerkschaftsbewegung ergab sich für sie in dieser Zeit von selbst. Noch ehe der Krieg zu Ende war, bot ihr Adam Stegerwald, der Gewerkschaftsvorsitzende, an, für den Gesamtverband der Christlichen Gewerkschaften in Köln ein Frauendezernat einzurichten und dessen Leitung zu übernehmen.

Seit dem 1. April 1918 war Christine Teusch Verbandssekretärin. Sie veranstaltete Schulungen und Tagungen für die bei den Christlichen Gewerkschaften organisierten Arbeiterinnen, sorgte für die Herausgabe von Informationsschriften und baute Kontakte zu anderen Frauenverbänden auf. Eine dieser Vereinigungen, der Katholische Mädchenschutzverband, wählte sie später für viele Jahre immer wieder zur Vorsitzenden.

Wie sich die Beziehung zur Christlichen Gewerkschaftsbewegung durch die fürsorgerische Tätigkeit mit Munitionsarbeiterinnen entwickelt hatte, so entstand für Christine Teusch die Verbindung zur Zentrumspartei durch die hauptberufliche gewerkschaftliche Arbeit. Der allerdings blieb sie nur kurze Zeit treu. 1919 wurde sie auf Vorschlag des Zentrums in die Verfassungberatende Nationalversammlung gewählt. Sie vertrat dort den Wahlkreis 20, Köln-Aachen, in dem sie anschließend, während aller Jahre der ersten deutschen Republik, auch immer wieder in den Reichstag gewählt wurde.

Mit dreißig Jahren war Christine Teusch das jüngste Mitglied der Nationalversammlung. Dieser Umstand und die Tatsache, daß sie eine jener Frauen war, die zum erstenmal hatten gewählt werden können, machten ihr die politische Arbeit gelegentlich schwer. Doch setzte sie sich, wie Zeitgenossen von ihr bestätigten, selbstbewußt gegen die Älteren – und das waren überwiegend Männer – durch. Das wirkte auf manche überraschend; denn Christine Teusch hatte sich davor gegen die Einführung des Frauenwahlrechts ausgesprochen; und die Gleichberechtigung der Frau, die sie nun souverän praktizierte, hatte sie nur mit Einschränkungen gewünscht.

Die Frauen wurden von der Abgeordneten der Nationalversammlung im Sommer 1919 mit folgenden Worten charakterisiert: »Mütter des Volksnachwuchses..., Hüterinnen der Volkssitte, Erzieherinnen der Volksjugend, Helferinnen in der Volkswohlfahrt, Mitträgerinnen in der Volksbildung, Mitschöpferinnen der Grundlagen einer völkischen Ordnung in Gesetz und Verfassung«. Erst viel später, nach dem Zweiten Weltkrieg, gestand Christine Teusch den Frauen zu, Anerkennung und gleiche Rechte nicht nur in staatsbürgerlicher Hinsicht beanspruchen zu dürfen.

Im Reichstag, dessen Präsidium sie als Schriftführerin ab 1925 angehörte, entwickelte sie sich zu einer versierten Sozialpolitikerin, die gelegentlich, trotz unterschiedlicher Grundauffassung, auch mit Frauen anderer Fraktionen zusammenarbeitete, darunter mit Marie-Elisabeth Lüders von der Deutschen Demokratischen und mit Louise Schroeder von der Sozialdemokratischen Partei. Als Konrad Adenauer, in den zwanziger Jahren Oberbürgermeister von Köln, die qualifizierte Zentrums-Politikerin mit interessanten Angeboten, darunter die Position einer Schulrätin, in die Heimatstadt zurücklocken wollte, sagte sie ab: »Sie wissen, daß ich durch mein Reichstagsmandat mit der politischen Arbeit... eng verwachsen bin und darin meine volle Kraft eingesetzt habe.«

Die »volle Kraft« konnte sie als Politikerin nur deshalb einsetzen, weil sie, für die männlichen Kollegen eine Selbstverständlichkeit, keinen Haushalt, keine Familie zu versorgen hatte. Wie die meisten Frauen der ersten Parlamentarierinnen-Generation heiratete Christine Teusch nie. Sie hatte aber das Glück, mit ihrer ebenfalls unverheirateten, jedoch weiterhin als Lehrerin tätigen Zwillingsschwester in einer Wohnung zusammenzuleben. Käthe Teusch kümmerte sich um alle häuslichen Tätigkeiten und unterstützte die Schwester bei ihrer politischen Arbeit.

1945 stellte sich Christine Teusch, weiterhin im Einvernehmen mit ihrer Schwester Käthe, der politischen Arbeit sofort wieder zur Verfügung. Sie wurde gebraucht, wie alle qualifizierten und politisch nicht belasteten Persönlichkeiten: Christine Teusch hatte während der NS-Zeit nur auf caritativem Gebiet arbeiten dürfen und war 1944 noch in sogenannte Schutzhaft genommen worden.

Die meisten ihrer Freunde vom Zentrum schlossen sich, sofern sie sich wieder parteipolitisch engagierten, nach dem Zweiten Weltkrieg der neu entstandenen Christlich-Demokratischen Union an. Das tat, gleich bei Gründung der Partei, auch Christine Teusch. Schon im Jahr des Kriegsendes übernahm sie ein Stadtverordnetenmandat in Köln und gehörte gleichzeitig, 1945/46, dem beratenden Provinzialrat für Nordrhein und dem Zonenvorstand ihrer Partei an.

Das Land Nordrhein-Westfalen, ein politisches Kunstprodukt, entstanden durch Verordnung der britischen Militärregierung, wurde im August 1946 aus dem Nordteil der früheren Rheinprovinz und aus Westfalen gebildet; Lippe-Detmold wurde dem späteren Bundesland wenige Monate später eingegliedert. Der erste Landtag wurde im Oktober 1946 eingesetzt, im April 1947 demokratisch gewählt. Christine Teusch gehörte seit 1946 dazu.

Zwanzig Jahre lang vertrag sie in der Landeshauptstadt einen der Kölner Wahlkreise. 1966 – da war sie bereits 78 Jahre alt – kandidierte die mit vielen Auszeichnungen geehrte Politikerin nicht mehr. Zwei Jahre nach Beendigung ihrer lebenslangen parlamentarischen Tätigkeit, am 24. Oktober 1968, starb sie. Wenige Tage zuvor hatte sie ihr achtzigstes Lebensjahr vollendet.

Sie war eine der ganz großen deutschen Parlamentarierinnen. Doch die Beschreibungen aus der männlich geprägten Politiker- und Pressewelt unterscheiden sich, je nach dem Zeitpunkt, stark voneinander. In einem Zeitungsartikel aus den zwanziger Jahren ist von der »sympathischen Erscheinung mit seelenvollen Augen und zarten weißen Wangen«, auch von der »fleischgewordenen Sanftmut« die Rede. Dagegen heißt es über Christine Teusch in den frühen fünfziger Jahren: »Sie ist ein beliebtes Objekt der Karikaturisten, aber auch eine Freundin der Presse; und sie hat die Lacher stets auf ihrer Seite, wenn sie, hochgeschlossen mit weißem Bördchen, die respektvoll aufstehende Düsseldorfer Pressekonferenz mit ›Setzen!‹ begrüßt.«

Frauen in der Politik – das war zu Beginn der bundesdeutschen Geschichte etwas außerordentlich Bemerkenswertes, Frauen mit einem Regierungsamt erst recht. Und was einem Mann nur in Ausnahmefällen geschähe, passiert einer Politikerin bis heute immer wieder: Man(n) beschäftigt sich mit ihrem Erscheinungsbild, mit ihrem Auftreten.

Zahllos sind die kommentierenden Berichte über Christine Teuschs Kleidungsgewohnheiten: »Stets schwarz im Alt-Look von anno dazumal«, beschrieben sie Zeitungen um 1950. »Schlicht, altmodisch wirkend, wie ein Prälat oder vielleicht ein Abt«, fand der wesentlich jüngere Christdemokrat Rainer Barzel die Kultusministerin. Das weiße Krägelchen unter dem rundlichen Gesicht fällt jedem ein, der nach seiner Erinnerung über die Politikerin befragt wird, darüber das Haar, graumeliert, streng mittelgescheitelt und zu einem Knoten zusammengebunden. Die Mutmaßungen über das Alter der schwarzen Handtasche, die die Ministerin stets bei sich trug, erreichen 20 und mehr Jahre. – Aus den USA wurde gerade der »New Look« importiert, wie später vieles andere. Christine Teusch machte nichts dergleichen mit.

Die Christdemokratin, die als »Frau Minister« angesprochen zu werden wünschte, fiel als brillante, völlig frei sprechende Parlamentsrednerin und als geistreiche Zwischenruferin auf. Heinz Kühn, der Sozialdemokrat, erinnerte sich noch viele Jahre später voll Hochachtung daran, daß er mit Christine Teusch »handfest gestritten (habe) wie mit einem Mann«. Ein anderer SPD-Politiker bestätigte: »Sie konnte mit glühendem Eifer kämpfen«, sei aber »von ihren tieferen Überzeugungen nicht einen Fingerbreit abgewichen«. Im übrigen habe aber »über allem so etwas wie ein versöhnender Humor« gelegen.

Im Bereich des Humors schätzte die Politikerin aus Köln-Ehrenfeld mehr das Bodenständige als das Satirisch-Kabarettistische. Sie hatte, wie der Christdemokrat Rudolf Amelunxen schrieb, »zu dem derben Millowitsch-Theater und den traditionellen Kölner Puppenspielen mit Tünnes, Schäl und Marizzebell . . . mehr Zuneigung als für das moderne Düsseldorfer ›Kom(m)ödchen‹«.

Bei all dem war die mit soviel wohlwollender Aufmerksamkeit bedachte Kultusministerin politisch durchaus umstritten. Die konservativeren Christdemokraten hatten ihre Berufung ohnehin nicht gewollt und verübelten ihr zudem, daß die Vertreter der britischen Militärregierung gerade die Wahl einer Frau an den Kabinettstisch als ein sehr positives Signal gewertet hatten. Anderen Landtagsabgeordneten erschien die in tiefer Religiosität verwurzelte Ministerin zu konservativ. Weitere Politiker warfen der Frau im Amt vor, sie protegiere Frauen. Tatsächlich haben in den sieben Jahren, während derer Christine Teusch Kultusministerin war, zahlreiche qualifizierte Frauen wichtige Positionen in der nordrhein-westfälischen Kultusverwaltung erhalten. Dieses Stückchen Gleichberechtigung wurde in der Öffentlichkeit gezielt als »Weiberregiment« diffamiert.

Die Kultusministerin amtierte innerhalb einer Koalitionsregierung, die ihr Parteifreund Karl Arnold nach der NRW-Wahl von 1947 aus CDU, SPD und Zentrum gebildet hatte. Hier versuchte sie in der Bildungspolitik durchzusetzen, was sie in einem vergleichbaren Zusammenhang schon in den zwanziger Jahren formuliert hatte: »Nicht Umsturz der bestehenden Ordnung kann Heilung des kranken . . . Staats- und Gesellschaftslebens bringen, sondern allein die Wiederherstellung des Christentums.«

Dies schien ihr nach dem Zweiten Weltkrieg noch dringender geboten zu sein. Es galt, aus ihrer Sicht, nicht nur jene Orientierungslosigkeit zu überwinden, die Kriege stets verursachen; es galt vielmehr zusätzlich, die Zeit des Nationalsozialismus zu verarbeiten: »die Wiederherstellung des Christentums« als Rüstzeug gegen den Zustand innerer Verunsicherung, äußerer Not und der Ungewißheit über die Zukunft. Christine Teusch setzte die Möglichkeiten, die das Amt ihr gab, ein, um ihre Überzeugung durchzusetzen.

Als »Ruhmesblatt in der Geschichte des deutschen Wiederaufbaus« wurde ihre Hochschulpolitik bezeichnet; verschiedene nordrhein-westfälische Universitäten verdanken der Kultusministerin den zügigen Wiederaufbau, andere die Neugründung. »Den Ausbau und Neubau modernster Schulen und Turnhallen, wissenschaftlicher Institute und medizinischer Kliniken begünstigte sie mit einer Munifizenz, die sie oft in Kampfstellung brachte zu ihrem Ministerkollegen von der Finanz«, schrieb Amelunxen, ihr Ministerkollege von der Justiz.

Obwohl die Zahl der Gymnasiasten bis weit in die fünfziger Jahre hinein verschwindend gering war, standen 1949 noch nicht einmal für die wenigen, nämlich nur für jeden zehnten, Studienplätze zur Verfügung. Um zu illustrieren, wie wichtig ihr ein angemessen großes Angebot an Studienplätzen war, scheute Christine Teusch handfeste, übrigens negative, Vergleiche nicht: »Fassen wir es als Warnung auf, daß Himmler, Goebbels und andere Übeltäter der vergangenen Jahre verkrachte akademische Existenzen waren.« Als Mitgründerin und Förderin der »Studienstiftung des Deutschen Volkes«, des »Deutschen Akademischen Austauschdienstes«, der »Forschungsgemeinschaft der deutschen Wissenschaft« und als zeitweilige Vorsitzende der Westdeutschen Kultusminister-Konferenz erwarb sich Christine Teusch uneingeschränkte Verdienste um die akademische Bildung.

Im schulischen Bereich allerdings hatte die Ministerin einen schweren Stand. Sie befand sich in Opposition zum konservativeren Flügel der eigenen Partei, der bestrebt war, ausschließlich humanistische Gymnasien zu schaffen und Mädchen grundsätzlich nur den Zugang zu sogenannten Frauenfachschulen zu eröffnen. Christine Teusch, hier auch unterstützt durch die Besatzungsbehörden, verhinderte beides: Es wurden sowohl neusprachliche als auch naturwissenschaftliche Gymnasien eingerichtet; und Mädchen erhielten dieselben Chancen wie Jungen, jede Oberschule zu besuchen und zum Abitur zu gelangen.

Hatte die Kultursministerin bei diesen Bemühungen um Gleichberechtigung an weiterführenden Schulen mit der Unterstützung durch den Koalitionspartner SPD rechnen können, so war sie bei der Durchsetzung von Bekenntnisschulen allein auf die Zustimmung der eigenen Partei und des Zentrums angewiesen.

Das Elternrecht, den Vorrang von Vater und Mutter in allen Erziehungsfragen, faßte Christine Teusch als ein Naturrecht auf, das durch gesetzgeberische Maßnahmen allenfalls bestätigt, nicht aber durch Gesetze untergraben werden durfte. Sie setzte sich deshalb ganz entschieden dafür ein, »das Elternrecht als Naturrecht in der Schulgesetzgebung zu verankern«. Wesentliches Kriterium des Elternrechts war aus der Sicht von Christdemokraten und Zentrums-Politikern die geistig-sittliche, die religiöse Erziehung. Sie wurde als Vorrecht und Pflicht der Eltern aufgefaßt und sollte in der Schule unterstützt werden.

Die Kultusministerin wurde oft als »einziger Mann im Kabinett« apostrophiert. Sie setzte gegen heftige Widerstände aus der Öffentlichkeit durch, daß 1952, für Deutschland erstmals, ein Schulordnungsgesetz in Kraft trat, welches den Vorrang des Elternrechts garantierte und zugleich sicherstellte, daß der Schulunterricht »im Geist des jeweiligen Bekenntnisses« erfolgte. In Nordrhein-Westfalen entstand eine große Anzahl von konfessionell unterschiedenen Zwergschulen. Wo ein vorhandenes Schulgebäude von Jungen oder Mädchen beider christlicher Bekenntnisse gemeinsam benutzt werden mußte, wurden verschiedene Eingänge geschaffen und trennende Drahtzäune über die Schulhöfe gezogen. Es war nach Auffassung der Ministerin, die dies als ein Zeichen von Toleranz verstand, weder Katholiken, noch Protestanten zumutbar, gemeinsam eine Schultür, gemeinsam einen Schulhof zu benutzen.

Diese Schulen, so berichtete einer der Kabinettskollegen von Christine Teusch, »inspizierte sie in persona, nach dem Schema der Schulinspektoren Karls des Großen, ohne vorherige Anmeldung: Die Lehrer sollten ihre drei P, ihre Prügelstöcke, Pantoffeln und Pfeifen, nicht verstecken können. Plötzlich stand sie da ... Für den nächsten Tag dekretierte sie Schulfreiheit, eine Maßnahme, durch die in jedem Staat die Autorität des Ministers in den Augen unreifer Kinder und bequemer Lehrer sich heben läßt, selbst wenn der Minister ein Esel wäre.«

Christine Teusch war eine leidenschaftliche Politikerin und eine engagierte Kultusministerin. Als sie ins dritte Kabinett Arnold nicht mehr berufen wurde, hat sie dies, wie sie einem befreundeten Fraktionskollegen gegenüber äußerte, »bis ins Innerste getroffen«. Aber die Machtverhältnisse innerhalb der CDU änderten sich, und es wandelte sich allmählich vor allem der Zeitgeist. Eine Ministerin, die allein in Nordrhein-Westfalen die Existenz von 3000 Zwergschulen zu verantworten hatte, erschien nicht mehr tragbar.

Karl Arnold entschied sich für Werner Schütz als neuen Kultusminister. Der stellte kurz nach der Amtsübernahme fest: »Je mehr ich mich ... hineinarbeite, desto staunender stehe ich vor dem Werk, das Frau Teusch geschaffen hat.« Konrad Adenauer übrigens hatte sich bereits lange vorher versöhnlich vernehmen lassen. Aus Anlaß der Siebenhundert-Jahrfeier des Kölner Doms, dessen Baubeginn auf 1248 datiert wird, hatte er – so ist überliefert – erklärt: »In diesem Dom gibt es nur zwei Sessel: einen für die Heilige Ursula, den zweiten für Frau Christine Teusch.«

»Mit der alten Fahne in die neue Zeit«

Helene Wessel, Vorsitzende der Zentrumspartei

Je nach politischer Ausrichtung der Zeitungen konnte man zwischen den Zeilen klammheimliche Freude lesen oder auch Wohlwollen entdecken. Ein Journalist, der die Aktivitäten Helene Wessels mit offenkundiger Sympathie kommentierte, beendete sein Kurzporträt der Politikerin mit der nüchternen Feststellung: »Helene Wessel wird mit Schreiern und Steinewerfern rechnen müssen, wo immer sie das Wort ergreifen mag.« Die Steine flogen 1952 in Berlin; die Schreier hatte sie schon vorher im Deutschen Bundestag vernommen. So war damals das politische Klima, besonders gegenüber Außenseitern.

Helene Wessel wurde als Außenseiterin empfunden: Mit aller ihr zur Verfügung stehenden Kraft hatte sie nach 1945 die Zentrums-Partei wieder aufgebaut. Als Vorsitzende des Zentrums war sie die erste Frau gewesen, die in Deutschland überhaupt an der Spitze einer Partei gestanden hatte. Nun aber hatte sie mit dieser Partei gebrochen und arbeitete mit in der »Notgemeinschaft für den Frieden Europas«, eine Vereinigung, die sich gegen die Wiederbewaffnung Deutschlands wendete – und damit gegen den Bundeskanzler.

Die ehemalige Zentrums-Politikerin war keineswegs die einzige Frau, die sich dieser Friedensinitiative angeschlossen hatte. Aber sie besaß einen außergewöhnlichen Bekanntheitsgrad, der ihr Aufmerksamkeit bei allen politischen Äußerungen sicherte. Und diese Äußerungen entsprachen sehr häufig nicht der Meinung der Mehrheit:

1948/49 arbeitete sie, die Abgeordnete des Zentrums, als eine der nur vier weiblichen Mitglieder des Parlamentarischen Rates mit an der Verfassung für die Bundesrepublik Deutschland; am

Ende aber stimmte sie gegen die Annahme des Grundgesetzes. Davor und noch danach legte sich die gläubige Katholikin mit den Bischöfen ihrer Kirche an.

Zu Konflikten mit Konrad Adenauer kam es nicht erst im Zuge der Wiederaufrüstungsdebatten, sondern lange vorher, als Helene Wessel sich weigerte, das Zentrum in die CDU integrieren zu lassen.

Später, nach dem Bruch mit ihrer Partei, gründete die kämpferische Katholikin Helene Wessel zusammen mit dem streitbaren Protestanten Gustav Heinemann die Gesamtdeutsche Volkspartei. Weitere Jahre danach, 1957, schloß sie sich, gemeinsam mit dem späteren Bundespräsidenten, der Sozialdemokratischen Partei an, deren politische Ziele und weltanschauliche Sicht sie davor nie hatte teilen können. Sie vertrat die SPD im Deutschen Bundestag bis zu ihrem Tod im Jahr der sozial-liberalen Koalition, am 13. Oktober 1969.

Eine Frau voller Widersprüche? – Keineswegs. Aber eine Persönlichkeit mit Grundsätzen, die den Begriff »Sachzwänge« nicht über die Lippen gebracht hätte, wenn er in der Frühzeit der Bundesrepublik Deutschland schon zu einer der Lieblingsvokabeln bundesdeutscher Politiker geworden wäre. In einer späteren Diskussionsveranstaltung des Rhein-Ruhr-Clubs erklärte Helene Wessel – und die Begründung war sehr typisch für sie –, das Grundgesetz habe dem Kanzler zuviel, dem Parlament zuwenig Macht gegeben: »Es handelt sich ja gar nicht um Herrn Adenauer, den ich persönlich sehr schätze. Es handelt sich um das Prinzip!«

Ihr Vater war Lokomotivführer und Zentrumsmitglied gewesen. Er hatte schon drei Kinder, als seine Tochter Helene am 6. Juli 1898 in Dortmund geboren wurde. Direkten – politischen – Einfluß kann er auf sie kaum ausgeübt haben, denn er starb bereits, als seine jüngste Tochter sieben Jahre alt war. Doch mag die Atmosphäre im Elternhaus zu Helenes späterer politischer Entscheidung beigetragen haben.

Zugang zur Zentrumspartei fand sie zunächst als »Hauptamtliche«. Nachdem Helene Wessel erst die Volksschule, eine zusätzli-

che Ausbildung an einer Handelsschule und dann eine kaufmännische Lehre absolviert hatte, fand sie 1915 Arbeit im Büro des Zentrums in Dortmund-Hörde. Dort hatte sie zu tun mit der Organisation von Schulungen und Wahlkämpfen, mit der Kassierung von Mitgliedsbeiträgen, mit der Kontaktpflege zu den Gliederungen der Partei. Mit der Arbeit vertraut gemacht, dann sowohl gefordert als auch gefördert wurde sie durch Johannes Gronowski, den Parteisekretär. Gronowski, ursprünglich ein Arbeiter, später Oberpräsident von Westfalen, hat durch sein sozialpolitisches Interesse möglicherweise dazu beigetragen, daß Helene Wessel bald zu ihrem Spezialgebiet, der Wohlfahrtspflege, fand.

Nach siebenjähriger Tätigkeit als Bürokraft des Zentrums und fünfjähriger Mitgliedschaft in der Partei, der sie neunzehnjährig beigetreten war, ließ sie sich an einer Fachschule in Münster zur Jugendwohlfahrtspflegerin ausbilden und erwarb später, nach einjährigem Fortbildungskurs, noch ein Diplom. Dazu mußte sie Opfer bringen. Als sie Jahrzehnte danach auf ihr Hobby angesprochen wurde, bekannte sie, daß dies das Briefmarkensammeln sei. Viel war von den früh erworbenen und getauschten Schätzen aber nicht mehr übrig, denn mit ihnen hatte sie die Ausbildung finanziert: »Aus dem Erlös der Marken, die ich Jahre zuvor als junges Mädchen gesammelt hatte, konnte ich Unterricht und Aufenthalt ganz gut bestreiten.«

Beschäftigt wurde die staatlich anerkannte Fürsorgerin anschließend in der Jugendpflege ihrer Heimatstadt Dortmund. Das in tiefer Religiosität wurzelnde Interesse für Sozialarbeit und Sozialpolitik, verbunden mit Erfahrungen aus praxisorientierter Berufstätigkeit, bestimmte bald den Inhalt ihrer politischen Arbeit. Helene Wessel ist ein Beispiel für die vielen Frauen der ersten Politikerinnen-Generation, die sich überwiegend nur mit solchen Themen beschäftigten, über die sie kompetent etwas aussagen konnten.

Das Zentrum der Weimarer Zeit, de facto eine Katholikenpartei, zudem eine politische Organisation mit hohem sozialen

Anspruch, bot Helene Wessel die ideale Basis zur Verwirklichung ihrer Vorstellungen. Als damals noch nicht einmal dreißigjährige Parlamentarierin und damit jüngstes Mitglied unter 71 Zentrums-Abgeordneten im preußischen Landtag profilierte sie sich rasch zur Fraktionsfachfrau für Fürsorgefragen. Zuvor war sie bereits Mitglied des Reichsvorstandes ihrer Partei geworden.

Helene Wessel war also eine gestandene Politikerin und erfahrene Parlamentarierin, als sie sich nach Ende des Zweiten Weltkriegs an die Neugründung der Zentrumspartei begab. Dabei erwies sie sich als ein Mensch, der aus der Vergangenheit, auch aus dem eigenen Verhalten, wirklich gelernt hatte.

Die Zeit der NS-Herrschaft hatte die als »politisch unzuverlässig« Eingestufte mit der Arbeit in katholischen Frauenvereinen überstanden. »Ich habe mich sehr unsichtbar gemacht, um der Gestapo keine Angriffsflächen zu bieten«, erklärte sie im nachhinein. Aber sie scheint darunter gelitten zu haben, daß die Reichstagsfraktion ihrer Partei Hitlers »Ermächtigungsgesetz« zugestimmt und sie selbst sich nicht entschieden oppositionell verhalten hatte. Als das »Ermächtigungsgesetz« auch den Landtagen vorgelegt wurde, stimmte sie nicht mit Nein, sondern enthielt sich – nach eigenem Bekunden – der Stimme. Das ist nicht überprüfbar, denn es wurde dort nicht namentlich abgestimmt.

Da die Zentrums-Reichstagsfraktion sich die Zustimmung zur Selbst-Entmachtung am 23. März 1933 immerhin schwer gemacht und die sozialdemokratische Reichstagsfraktion mit Nein gestimmt hatte, waren für Helene Wessel diese beiden Parteien die einzigen politischen Gruppierungen, die glaubwürdig genug waren, um die zweite deutsche Republik aufzubauen.

Unermüdlich wies sie auf diese historischen Zusammenhänge hin. Der Koalition von Sozialdemokratie und Zentrum im preußischen Landtag der Weimarer Zeit maß sie geschichtlichen Rang zu, weil »Preußen der einzige Schutz der Republik wurde und am längsten das Bollwerk gegen den Nationalsozialismus war«.

In frühen Reden und Schriften – darunter eine mit dem Titel »Von der Weimarer Republik zum demokratischen Volksstaat« –

ging sie noch weiter in die Geschichte zurück. In äußerst kritischen Formulierungen rechnete sie ab mit reaktionären Organisationen der Kaiser- und der Weimarer Zeit, erinnerte an die Verumglimpfung der Sozialdemokraten als »vaterlandslose Gesellen«, an die »Dolchstoßlegende« und die systematisch betriebene Demontage des Reichspräsidenten Friedrich Ebert.

Es wäre allerdings völlig verfehlt, hier bereits die Wurzel für Helene Wessels spätere Hinwendung zur Sozialdemokratie zu sehen. Sie war eine Zentrums-Frau und genau das, was sie auch von anderen forderte: »Wir brauchen politische Persönlichkeiten mit Zivilcourage, mit dem Mut zur Unpopularität und zur Brechung des Fraktionszwangs!« Gleichzeitig beklagte sie, »wie unpolitisch im Grunde genommen das deutsche Volk noch ist, und wie wenig Rückschlüsse es aus den Erfahrungen der vergangenen zwölf Jahre gezogen hat. ... Das ›spießige Bürgertum‹ ist in Deutschland noch keineswegs beseitigt.«

Die Wiedergründung der Zentrums-Partei, die bereits ab Sommer 1945 auch von Helene Wessel auf den Weg gebracht wurde, stand unter keinem glücklichen Stern. An verschiedenen Orten des Rheinlands und Westfalens wurde unter aktiver Teilnahme ehemaliger Zentrumsmitglieder schon die Gründung der CDP, der Christlich-Demokratischen Partei, betrieben. Auch Johannes Gronowski, unter dessen maßgeblichem Einfluß Helene Wessel zum Engagement im Zentrum gefunden hatte, zog die Mitarbeit in der CDP, der späteren CDU, vor.

Argumentiert wurde von den Initiatoren dieser Partei-Neugründung unter anderem mit der Tatsache, daß das alte Zentrum kompromittiert sei durch seine Zustimmung zum »Ermächtigungsgesetz«. Außerdem wurde eine faktisch rein katholische Partei, wie das Zentrum es gewesen war, für überholt gehalten. Die CDP wollte auch Protestanten integrieren, wurde an einigen Orten sogar von ihnen initiiert. Auch Zentrums-Frauen, die Helene Wessel aus der Weimarer Zeit kannte, unter ihnen Helene Weber und Christine Teusch, wandten sich der neuen Partei zu.

Helene Wessel beurteilte die Situation vollkommen anders. In der CDP erblickte sie vorwiegend ein Sammelbecken »heimatlos gewordener Deutschnationaler und Volksparteiler«, also rechtskonservativer Parteigänger aus der Weimarer Zeit, mit denen sie nichts zu schaffen haben wollte. Wegen der unterschiedlichen Staatsauffassungen der beiden großen christlichen Kirchen glaubte sie auch nicht daran, daß Katholiken und Protestanten innerhalb einer Partei fruchtbar würden zusammenarbeiten können. »Es ist ... meine feste Überzeugung«, schrieb sie 1946 in einem Brief, »daß nur ein starkes Zentrum es verhindern kann, daß wir in die Reaktion von rechts und darauf als weitere Folge in die Revolution von links hineingeraten.«

Einem anderen Adressaten teilte sie im gleichen Jahr ihre Kritik über die Unterstützung der CDP durch die katholische Amtskirche mit: »Ich kann mich immer nur wieder von neuem über die Kurzsichtigkeit unserer Geistlichen wundern, die wirklich nicht begreifen, was in Deutschland vor sich geht. Vielleicht fassen sie es, wenn durch die CDU der Zusammenschluß der beiden Linksparteien Wirklichkeit ist; dann ist es mal wieder, wie so oft im lieben Vaterland, zu spät. Und dann geht wieder das Lamentieren darüber los, daß wir den Bolschewismus vor der Tür haben.«

Den Graben zwischen neuem Zentrum und CDU empfand sie als ebenso groß, wie zwischen Zentrum und SPD, freilich aus unterschiedlichen Gründen. Die CDU flößte ihr keinerlei Vertrauen ein wegen der Personen, die sie aufnahm; die Distanz zur SPD hatte weltanschauliche Ursachen. Helene Wessel wollte, so erklärte sie Anfang 1946 auf einer Kundgebung in Düsseldorf, »mit der alten Fahne in die neue Zeit marschieren und das Schicksal Deutschlands gestalten«. Sie glaubte, damit an christliche, insbesondere katholische Werte anzuknüpfen und so »die neue Zeit gestalten« zu können. In der Ablehnung der CDU ging sie soweit, eine einstweilige Verfügung zu erwägen, die der neuen Partei untersagen sollte, sich als Nachfolgerin des alten Zentrums auszugeben.

Unterdessen gerieten die Initiatoren der Zentrums-Gründung ins Hintertreffen. Anfang September 1946 hatte die Christlich-

Demokratische Partei ihre ersten Landesverbände für Rheinland und Westfalen gegründet; und erst sechs Wochen später versammelten sich die Wiedergründer des Zentrums, etwa sechzig Männer und Frauen, im westfälischen Soest. Damit knüpfte man nicht nur geographisch an jenen Ort an, in dem 75 Jahre zuvor das alte Zentrum konstituiert worden war. Nun wurden – neben Wilhelm Hamacher als Vorsitzendem und Fritz Stricker als seinem Vertreter – Helene Wessel und Johannes Brockmann in den Vorstand des neuen Zentrums gewählt.

Der organisatorische Aufbau der Partei ging nicht eben zügig voran. Zum Teil lag dies an der britischen Militärbehörde, die Genehmigungen für Parteigründungen gelegentlich nur zögernd erteilte und im Fall CDU/Zentrum abwarten wollte, wie sich die konkurrierenden christlichen Parteien bei den ersten Wahlen auf Gemeinde- und Kreisebene entwickeln mochten. Jedenfalls wurde die Zulassung des Zentrums für das gesamte britische Besatzungsgebiet erst im Oktober 1946 erteilt. Außerhalb des Rheinlandes und Westfalens, also im übrigen Westzonen-Gebiet, erwies sich die Wiedergründung des Zentrums als noch schwieriger.

Helene Wessel entfaltete – trotz ihres Landtagsmandats, trotz ihrer Vorstandsarbeit im Rheinisch-Westfälischen – unter den damals so schwierigen wirtschaftlichen und verkehrstechnischen Bedingungen eine rege Reisetätigkeit ins Hessische und ins Niedersächsische. Neben den vielen politischen und historischen Informationen, die ihr Nachlaß birgt, finden sich dort auch eine bemerkenswert große Anzahl telegrafischer Terminabsprachen für Zentrumsversammlungen – und Bestätigen über Benzin- und Motorölkontingentierungen.

Dabei hatte sie keineswegs mit Gewißheit vorgehabt, sich nach 1945 wieder politisch zu betätigen. Im Sommer 1946 schrieb sie jedenfalls, es hätten »die Zeitumstände« mit sich gebracht, daß sie stärker, als es eigentlich ihre Absicht gewesen war, politisch aktiv geworden sei. Ihre Begründung: »Man darf sich dieser Verantwortung nicht entziehen, vor allem, wenn man glaubt, damit auch als katholischer Mensch für die Aufgabe der Katholiken im politischen Leben wirken zu können.«

An anderer Stelle und später, als sie von den Militärbehörden bereits die Genehmigung zur Herausgabe des »Neuen Westfälischen Kuriers« besaß, klingt fast so etwas wie eine Distanzierung von der ausschließlichen Beschäftigung mit Politik an: »Ich behalte den Beruf als Fürsorgerin, widme mich aber mehr der Zeitung; ich möchte nämlich nicht restlos in das politische Leben einmünden und so etwas wie eine ›Berufspolitikerin‹ darstellen. Dadurch wird man zu abhängig und behält nicht seine völlig selbständige Stellung, die gerade im politischen Leben so dringend notwendig ist.« Trotzdem machte sie praktisch ausschließlich Politik, vor allem für das Zentrum, gegen die CDU und mit ihrer Zeitung.

Vor Verabschiedung des Grundgesetzes erteilten die Besatzungsmächte Lizenzen zur Herausgabe von Zeitungen. Die britischen Behörden bevorzugten die Lizenzvergabe für parteinahe Zeitungen an Einzelpersönlichkeiten. Erst im Mai 1946 erhielt das Zentrum die Genehmigung zur Herstellung zweier Zeitungen. Es dauerte bis zum 6. September 1946, ehe die erste Nummer des »Neuen Westfälischen Kuriers« erschien – zweimal wöchentlich mit je vier Seiten.

Helene Wessel zog an den Verlagsort Werl und übte – im Gegensatz zu ihren beiden Mit-Lizenzträgern, dem Anwalt Fritz Erhart und dem Kaufmann Josef Weiser – spürbaren Einfluß auf den Inhalt des Blattes aus. Gleichzeitig kämpfte sie um höhere Papierzuteilungen und gegen die oft willkürliche Festsetzung der Auflagenhöhe. Erst als sie im Parlamentarischen Rat arbeitete, zog sie sich aus der »Westfälischen Verlagsgesellschaft mbH« und damit aus der Zeitungsarbeit zurück.

Zunächst aber stellte die Zeitung das wichtigste Werbemedium für die Partei dar. Sie wurde von Helene Wessel als Mittel der politischen Erziehung verstanden und sollte »den Zentrumsanhängern das Rüstzeug geben, damit sie selbst über ihre parteipolitische Einstellung Klarheit bekommen und vor allem sich gegenüber den politischen Gegnern behaupten«. Aber auch unabhängig von der parteipolitischen Zielsetzung erachtete Helene Wessel parteinahe Zeitungen als sehr wichtig im Kampf gegen die Parteimüdigkeit der Deutschen, die sie als »Indifferentismus« bezeichnete: »Die Begründung und die Aufgabe einer Parteipresse liegt darin, den Wähler zu einer klaren Entscheidung gegenüber politischen Problemen zu bringen. Das kann aber nur eine Presse fertigbringen, die einen eigenen Standort vertritt.«

Inhaltlich vermittelte das Blatt seiner Klientel die damals weitgehend noch gar nicht bekannte Zentrums-Programmatik. Nachdem eine Satzung bereits im März 1946 in Essen beschlossen worden war, wurde im November 1946 in Werl ein Wirtschafts- und Sozialprogramm, vordringlich zu damaliger Zeit, diskutiert. Es war übrigens progressiver als das gleichzeitig debattierte CDU-Programm. Helene Wessel gestaltete das Zentrums-Programm als Mitglied der entsprechenden Kommission maßgeblich mit.

Es wäre allerdings ein Trugschluß anzunehmen, daß in der kleinen Partei, die um ihre Existenz zu kämpfen hatte, Einmütigkeit über die programmatischen Ziele geherrscht hätte. Stets hatte man die konkurrierende CDU im Blick und schwankte zwischen Anpassung und Distanzierung; schließlich wollte man sich mit seinem Programm an dieselbe potentielle Wählerschaft wenden. Überhaupt waren Programmdiskussion und Aufbauzeit des Zentrums überschattet von immer wieder erfolgenden Fusionsverhandlungen mit der CDU, an denen Helene Wessel sich allerdings keineswegs beteiligte. Es verließen – auch führende – Zentrumsmitglieder die Partei und gingen zur politischen Konkurrenz; das verunsicherte die Anhängerschaft.

Besonders engagiert beteiligte sich Helene Wessel an der bildungs- und kulturpolitischen Diskussion um das Zentrums-Programm, konnte sich allerdings nicht immer durchsetzen. Sie wünschte einen deutlichen Rückgriff auf die Programmatik des alten Zentrums, forderte eine stärkere Betonung des Elternrechts in Erziehungsfragen und ein ausdrückliches Ja zur Bekenntnisschule.

Entschiedener, als dies im späteren Programm formuliert wurde, vertrat Helene Wessel den naturrechtlichen Standpunkt, der aus ihrer Sicht weder umstritten noch relativierbar war. Sie glaubte an ein dem Menschen innewohnendes, mit ihm geborenes Recht, das unabhängig von irgendeiner Gesetzgebung ist. Damit verhielt sie sich nicht nur traditionsgebunden; vielmehr fühlte sie sich auch durch die vorangegangenen Jahre der NS-Herrschaft bestätigt: Hatte damals das positive, vom Menschen gestaltete Recht nicht seine Untauglichkeit erwiesen?

Auch während ihrer 1948/49 im Parlamentarischen Rat erfolgten Mitarbeit argumentierte Helene Wessel immer von diesem rechtsphilosophischen Standort aus. Außerdem wünschte die kleine Zentrumsfraktion, naturrechtliche Positionen, insbesondere in Zusammenhang mit der Formulierung sozialer Rechte, ins Grundgesetz aufgenommen zu sehen. Damit konnte sie sich allerdings schon deshalb nicht durchsetzen, weil die Mehrheit im Rat allein den Begriff als problematisch empfand; sein Inhalt wechselt mit der Veränderung gesellschaftspolitischer Verhältnisse.

»Wir sind der Auffassung«, erklärte dagegen Helene Wessel im Rat, »daß unsere Treue zum Naturrecht und seinen Forderungen in kultureller Hinsicht von der gleichen Treue zu den sozialen Rechten bestimmt sein muß, denn es gibt nicht nur ein Naturrecht für sittlich-religiöse Freiheiten des Menschen, sondern ein ebenso bestimmtes Naturrecht für den sozialen Bereich. Daß diese Rechte nicht im Grundgesetz verankert sind, zeigt den vorläufigen Charakter und die Notwendigkeit seiner Ergänzung. Ein Grundgesetz ohne soziale Rechte kann in keiner Weise den Anspruch auf eine Verfassung erheben.«

Das Zentrum lehnte das Grundgesetz ab, hatte freilich noch weitere Gründe für diese Entscheidung: Es wollte die Verantwortung vor Gott als ein Kriterium der Gewissensfreiheit in die Verfassung aufgenommen wissen und verlangte zudem, die Möglichkeit einer Volksabstimmung als Element echter Demokratie vorzusehen. Die Sperrklausel lehnten die Zentrums-Parlamentarier dagegen ab.

Helene Wessel kommentierte ihr ablehnendes Abstimmungsverhalten mit der Feststellung: »Gewissensfragen können nicht zum Gegenstand von Kompromissen gemacht werden.« Das Zentrum verstand sich trotzdem als Verfassungspartei.

Das Jahr 1949 brachte der Politikerin nicht nur den Abschluß ihrer Arbeit im Parlamentarischen Rat, sondern auch ein Mandat im ersten Deutschen Bundestag; Helene Wessel wurde zur Vorsitzenden ihrer Fraktion, später auch zur Vorsitzenden ihrer Partei gewählt.

Schwere Monate waren vorausgegangen. Sie waren immer wieder belastet gewesen durch Fusionsgespräche einiger führender Zentrums-Männer mit Vertretern der CDU; daraufhin hatte es einen Wechsel in der Parteiführung gegeben. Schließlich aber sprach sich im Januar 1949 ein außerordentlicher Delegiertentag mit überwältigender Mehrheit gegen weitere Gespräche mit den Christdemokraten aus und gab Helene Wessel in ihrer strikten Ablehnung eines Zusammengehens mit der größeren Konkurrenzpartei in beeindruckender Weise recht.

Die Entscheidung der Delegierten kommentierte sie im »Neuen Westfälischen Kurier«: »Es fehlt ihnen das Vertrauen, daß in der CDU die Politik einer schöpferischen und konstruktiven Mitte, von der aus auch eine gerechte Lösung der sozialen Gegensätze, eine Neu- und Umgestaltung der Wirtschafts- und Gesellschaftsordnung erstrebt werden muß, vertreten wird.« In der gleichen Zeitung wurde Helene Wessel daraufhin als »das soziale Gewissen des Zentrums« bezeichnet. 95 Prozent der Delegierten wählten sie im Oktober 1949 in Rheydt zur Parteivorsitzenden.

Zwei – sehr unterschiedliche – Themen beschäftigten sie nun besonders stark: die Mobilisierung der Frauen, für die sie bei der Diskussion um das Wahlgesetz im Parlamentarischen Rat bereits eine Sonderregelung in Form einer Quotierung verlangt hatte, und die Aufnahme von Gesprächen mit Vertretern der DDR. Bereits 1949 erklärte sie: »Ob wir wollen oder nicht: Westdeutschland wird mit Ostdeutschland die Verbindung aufnehmen, und aus dem heute geteilten Deutschland ... wird sich etwa um die

Zeit des Friedensvertrages herum eine gesamtdeutsche Lösung gestalten ... Ich brauche hier nicht zu betonen, daß das Zentrum seiner ganzen Natur nach zu den schärfsten Gegnern des Kommunismus gehört. Aber es gibt nur eine Art des Sieges in diesem Kampf.«

Drei Jahre später war Helene Wessel nicht mehr Vorsitzende, nicht einmal mehr Mitglied der Partei, die sie unter so unendlich großen Schwierigkeiten und persönlichen Opfern mitaufgebaut hatte. Der Kalte Krieg bestimmte das politische Klima. Helene Wessel fand auch in der eigenen Partei kaum noch Verbündete für ihre Überzeugung, nach der mit der DDR Gespräche geführt werden sollten. Noch weniger begeistert waren ihre Freunde vom Zentrum von ihrer Idee, für Deutschland einen völlig bündnisfreien Status zu erreichen, um die endgültige Teilung des Landes zu verhindern. Selbstverständlich lehnte Helene Wessel aus diesen Gründen sowohl die Westorientierung der Bundesrepublik als auch die Adenauersche Wiederbewaffnungspolitik entschieden ab.

Das Zentrum folgte ihr darin nicht; es neigte zur Politik Adenauers. Helene Wessel stand allein. Da gab sie ihr gesamtes Lebenswerk auf, nicht allerdings den Kampf. Sie gründete mit Heinemann eine neue Partei. Sie war Mitte Fünfzig und fing politisch noch einmal ganz von vorn an – an einem anderen Ort, mit anderen Menschen.

»Macht aus Eurem Leid keine seltenen Blumen!«

Jeanette Wolff – gläubige Jüdin, streitbare Sozialistin

Die Zeitungen waren voll davon. Nicht nur in den West-Sektoren der Stadt nahmen sie Notiz von dem Vorfall, sondern überraschenderweise auch im Ost-Teil: Jeanette Wolff, Stadtverordnete in Berlin, eine alte, zierliche kleine Dame, hatte sich auf eine Prügelei mit Mitgliedern der FDJ eingelassen. Die Prellungen, die sie davontrug, waren noch tagelang zu sehen. Freunde, die von dem Ereignis hörten, reagierten irritiert: »Ihre« Jeanette, dieses Muster an Sanftmut und Verständnis für andere, war nicht nur verprügelt worden, sondern soll auch selbst Hand angelegt haben? Unvorstellbar. »Guckt nicht nach meinen Veilchen,« rief sie, noch sichtbar beschädigt, vom Rednerpult in einer Versammlung. »Die sind von den Kommunistenjünglingen, die mich verprügelt haben. Ich sage Euch: Die können mir auch noch das andere Auge blau schlagen, wenn ich wüßte, daß sie dadurch alle ihre Mandate in Berlin verlören.«

Jeanette Wolff war wahrscheinlich das Opfer einer Verwechslung geworden; die aus der sowjetzonalen Provinz herbeigeschafften »Demonstranten« hatten sich eigentlich an der Amtierenden Oberbürgermeisterin vergreifen wollen. Die Heftigkeit, mit der die so übel Zugerichtete über die »Kommunistenjünglinge« sprach, überraschte ihre Zuhörer; denn jeder in Berlin wußte, daß sie Schlimmeres mit größerer Duldsamkeit ertragen hatte.

Der Tumult ereignete sich vor dem Stadthaus im Ost-Sektor Berlins am 23. Juni 1948. Tags zuvor war Jeanette Wolff sechzig Jahre alt geworden. Einen weiteren Tag vorher hatte die Währungsreform stattgefunden. Anstelle von Reichsmark gab's nun Deutsche Mark; und es waren auf scheinbar wundersame Weise plötzlich Waren in den Geschäften zu kaufen.

Auch in der sowjetischen Besatzungszone hatte man die Währung umgestellt, bei dieser Gelegenheit aber versucht, nicht nur den Ost-Sektor der Stadt, sondern auch die drei West-Teile Berlins in die sowjetzonale Währungsreform einzubeziehen. Die nicht-kommunistischen Stadtverordneten erkannten, daß dies der Anfang einer endgültigen Vereinnahmung ganz Berlins in die sowjetisch besetzte Zone bedeuten könnte. Sie wehrten sich, allen voran Jeanette Wolff.

Die Stadtverordnetenversammlung Gesamt-Berlins tagte damals im Ost-Sektor. An jenem Juni-Tag des Jahrs 1948 war der Sitzungssaal durch Kommunisten faktisch besetzt worden. Nicht-kommunistische Mandatsträger wurden am Zugang gehindert. Jemand warnte Jeanette Wolff vor dem Betreten des Sitzungssaales. »Ich habe doch sechs Jahre bei den Nazis im Konzentrationslager gesessen und mich auch nicht gefürchtet: da werde ich doch vor der SED nicht kehrtmachen«, erklärte sie dem jungen Polizeibeamten, der sie hatte zurückhalten wollen.

»Dir werden wir das Maul schon stopfen!« hörte sie, nachdem sie sich zur Rednertribüne durchgekämpft hatte. Und: »Hängt die Sau an den Laternenpfahl!«, als sie im Handgemenge den Bürgermeister vom Prenzlauer Berg durch eine Ohrgeige außer Gefecht setzte. Worte wie diese kamen ihr auf eine erschreckende Weise bekannt vor. Und sie begriff durch die Vorfälle jenes Tages, an dessen Abend die Berliner Blockade begann, »daß es keinen Unterschied gibt zwischen nationalsozialistischem und kommunistischem Terror«. Das nationalsozialistische Terror-Regime aber hatte sie in seinen vollen Ausmaßen kennengelernt: Jeanette Wolff war Jüdin und Sozialistin. Außer ihr überlebte niemand unter den zahlreichen nächsten Verwandten den SS-Staat.

Als ältestes von sechzehn Kindern war Jeanette Cohn im »Dreikaiserjahr« 1888 in Bocholt geboren worden. Zwar gehörte die Familie Cohn in dem Städtchen nicht zu den Ärmsten der Armen, denn die Eltern führten einen leidlich profitablen Stoffhandel; doch soziales Elend lernte Jeanette früh in unmittelbarer Nachbarschaft kennen. Bocholt lebte damals von der Textilindustrie.

Die meisten Bewohner arbeiteten als Weber, Färber, Bleicher, Spinner täglich zwölf bis sechzehn Stunden in den Fabriken; die Vollendung ihres 35. Lebensjahres erlebten sie in der Regel nicht.

Jeanettes Vater, ein religiöser Jude und aktiver Sozialdemokrat, hat prägenden Einfluß auf seine älteste begabte Tochter ausgeübt. Bei ihm lernte sie lange vor der üblichen Zeit Lesen und Schreiben; er vermittelte ihr seinen Glauben, und von ihm erfuhr sie vieles über die Geschichte der damals noch jungen, doch unter Bismarck schon einmal zwölf Jahre lang verfolgten Sozialdemokratie. Isaac Cohn hatte Lehrer werden wollen. Doch nach Abschluß der Ausbildung war er wegen seiner SPD-Mitgliedschaft mit Berufsverbot belegt worden; deshalb wurde auch er in der Bocholter Textilbranche tätig. Allerdings reichten die Einkünfte nicht aus, um Jeanette studieren zu lassen; sie mußte zudem als Älteste der Mutter in dem außergewöhnlich großen Haushalt helfen. Verwandte in Brüssel ermöglichten ihr schließlich eine Kindergärtnerinnen-Ausbildung. In Belgien schloß sie sich, erst siebzehn Jahre alt, der Arbeiterbewegung an.

Jeanette Cohn war eine ebenso überzeugte, wie überzeugende Sozialdemokratin. Eines der ersten von ihr geworbenen Parteimitglieder war Hermann Wolff, ein Kaufmann aus Dortmund, den sie 1910 heiratete. Am Polterabend trat er der SPD bei, allerdings, wie seine Frau später berichtete, »vorerst mehr aus Liebe zu mir, als aus Überzeugung«. Mindestens muß Hermann Wolff ein aufgeschlossener und toleranter Mensch gewesen sein, denn er duldete – und das war damals durchaus ungewöhnlich – die vielen gesellschaftspolitischen Aktivitäten seiner Frau Jeanette.

Die arbeitete nicht nur im Geschäft mit, versorgte den Haushalt, zog drei Töchter groß und führte während der Jahre des Ersten Weltkriegs den Betrieb ganz allein, sondern engagierte sich auch als Jüdin und als Sozialistin. Als Vorstandsmitglied des sozialdemokratischen Bezirks Westliches Westfalen war sie eine vielbeschäftigte Versammlungsrednerin, außerdem später Stadtverordnete. Zudem arbeitete Jeanette Wolff mit im jüdischen

Frauenbund und im Centralverein deutscher Staatsangehöriger jüdischen Glaubens, war auch hier Vorstandsmitglied und eine im ganzen Reichsgebiet gefragte Referentin.

Es entsprach, wie der Vater es ihr vorgelebt hatte, ihrer Überzeugung, daß Glaube und Sozialismus einander nicht ausschlossen, sondern, umgekehrt, bedingten. Ihren knappen autobiographischen Aufzeichnungen, die freilich schon 1945 enden, hat sie den Titel gegeben: »Mit Bibel und Bebel« – in dieser Reihenfolge.

Dort berichtet sie auch, die Lektüre von Hitlers »Mein Kampf« habe ihr früh Aufschluß darüber gegeben, was auf die ungefestigte Weimarer Republik – und auf sie selbst – zukommen würde, wenn die Nationalsozialisten die politische Macht in Deutschland errängen. Lange vor deren »Machtergreifung« machte sie sich die NS-Anhänger durch Vortragsveranstaltungen, durch Zeitungsartikel zu Feinden. Die rächten sich am Tag der letzten, schon nicht mehr als frei zu bezeichnenden Reichstagswahl und nahmen Jeanette Wolff am 5. März 1933 »wegen Beunruhigung der nationalen Bevölkerung« auf zwei Jahre in sogenannte Schutzhaft.

Als sie entlassen wurde, gab es die Firma ihres ebenfalls jüdischen Mannes nicht mehr. Ein paar Monate später wurden die »Nürnberger Rassegesetze« beschlossen. Drei Jahre danach – es war die Zeit der Judenpogrome vom November 1938 – wurde der Familie die bescheidene Existenzgrundlage genommen, eine kleine Pension, die Jeanette Wolff geführt hatte. Ihren Mann verschleppten die Nationalsozialisten ins Konzentrationslager Sachsenhausen. Das Martyrium der jüdischen, der sozialistischen Familie Wolff aus Dortmund hatte begonnen.

Tochter Juliane verschwand in Riga-Ghetto und wurde nie wiedergesehen. Tochter Käthe wurde im Frauenkonzentrationslager Ravensbrück erschossen, Hermann Wolffs Mutter endete, weit über achtzig Jahre alt, in Theresienstadt. Zuvor hatte die Drei-Generationen-Familie noch drei Jahre in einer sogenannten Judenwohnung in Dortmund-Mengede zubringen müssen. Im Januar 1942 wurden sie alle »zum Arbeitseinsatz im Osten« deportiert.

Die Fahrt, deren genaues Ziel den Verschleppten lange unbekannt blieb, ging bei bitterer Kälte in unbeheizten Waggons quer durch das deutsche Reich nach Lettland und endete nach Wochen entsetzlichen Leidens in Riga-Ghetto. Um Platz für die Neuankömmlinge zu schaffen, hatte man dort vorher Menschen zu Hunderten ermordet. »Das, was sich vor den Erschießungen an Vergewaltigungen, Schreien, Nervenzusammenbrüchen und wahnsinnig gewordenen Menschen abgespielt hat, wiederzugeben, ist unmöglich«, schrieb Jeanette – und hat doch für die Nachwelt viel der von ihr miterlebten und an ihr selbst begangenen Greuel aufgeschrieben, »um einen Beitrag zur Aufklärung unseres Volkes zu geben.«

Ihre Güte, ihre Entschiedenheit, ihre Aufrichtigkeit hatten Jeanette Wolff, verbunden mit ihrem Zuversicht ausstrahlenden Glauben, immer wieder Freunde geschaffen, Menschen, denen sie eine Stütze war und solche, die auch ihr beistanden.

Vier weitere Jahre verbrachte sie in verschiedenen Konzentrationslagern im Osten. Immer wieder fand sich um sie »ein kleiner Kreis sozialistisch denkender Frauen, die, so gut es ging, zusammenhielten. Wir wollten das Lager überleben, um der Nachwelt vor Augen zu führen, mit welcher ... Bestialität man im Dritten Reich regierte.«

Wieder waren es eisige Wintertage, als sie »auf Transport« geschickt wurde, diesmal jedoch von Osten nach Westen und zu Fuß. Die Rotarmisten sollten die elenden Gestalten in den Konzentrationslagern nicht zu sehen bekommen. Parallel zu den in heilloser Flucht sich befindenden deutschen Truppen schleppten sich die Häftlinge im Januar 1945 durch die verschneiten Wälder. Frauen, die unterwegs vor Kälte, Hunger, Krankheit, Erschöpfung zusammenzubrechen drohten, wurden auf der Stelle erschossen. Die noch gehfähigen 997 Frauen sollten in einem Zuchthaus in Polen, wo Station gemacht wurde, ermordet werden. Jeanette Wolff befand sich unter ihnen. Die Sowjet-Armee kam diesem Plan um wenige Stunden zuvor und befreite die Frauen aus der Falle, dem Zuchthaus von Koronowo.

Herman Wolff, aus Sachsenhausen entlassen, bei der neuerlichen Deportation aber von seiner Familie getrennt, lebte zu diesem Zeitpunkt noch: kurz vor der Kapitulation der deutschen Truppen wurde er auf dem Todesmarsch von Buchenwald nach Flossenbürg erschossen.

Mit ihrem einzigen überlebenden Familienmitglied, der Tochter Edith, blieb Jeanette Wolff noch fast bis zum Jahresende 1945 in Polen. Am 2. Januar 1946 gelangten beide in Berlin an. Die Berliner behielten sie dort. Noch im selben Jahre wurde Jeanette Wolff in die Stadtverordnetenversammlung gewählt.

Sie vertrat die Bürger Berlins in extrem schwerer Zeit. Unter der Zerstörung ihrer Städte, unter Wohnungsnot, Flüchtlingsströmen, Versorgungsproblemen hatten damals viele Menschen zu leiden; doch Berlin war in vier Sektoren geteilt und lag wie eine Insel im sowjetischen Besatzungsgebiet. Es begann der Kalte Krieg, kaum daß Nazi-Deutschland von den Alliierten geschlagen worden war. Und in Berlin sah man den Eisernen Vorhang, der zwischen zwei rasch sich bildenden Blöcken herabgelassen wurde, aus besonders deutlicher Nähe.

Ungewißheit herrschte über die Zukunft Deutschlands, über die Zukunft der Stadt Berlin. SPD und KPD wurden im Bereich der späteren DDR in einer Weise vereinigt, die viele Sozialdemokraten, welche schon zur NS-Zeit in Zuchthäusern geschmachtet hatten, noch einmal wegen ihrer politischen Überzeugung in die gleichen Haftanstalten brachte. Mit der Berliner Blockade wurde dem letzen klar, was die UdSSR, damals noch unter Führung Stalins, mit der Stadt vorhatte. Es war keine dankbare Aufgabe, Stadtverordnete zu sein.

Jeanette Wolff beschränkte sich nicht auf die politische Arbeit im engeren Sinn. Sofort nach Kriegsende und Heimkehr engagierte sie sich zusätzlich in den wieder entstehenden, auch in neu gegründeten jüdischen Organisationen. Sie arbeitete mit in der jüdischen Gemeinde Berlins, im Zentralrat der Juden in Deutschland, dessen Direktoriumsmitglied sie war, im Vorstand des jüdischen Deutschen Frauenbundes, später als Ehrenvorsitzende der

Zentralwohlfahrtsstelle der Juden in Deutschland; sie wurde Gründungsmitglied, später Vorsitzende der Berliner Gesellschaft für christlich-jüdische Zusammenarbeit und war auch tätig im International Council of Jewish Women.

Frauenfragen beschäftigten sie besonders stark. Als sie in den letzten fünfzehn Jahren ihres Lebens kein Mandat als gewählte Politikerin mehr innehatte, konzentrierte sie sich noch stärker als vorher auf die Probleme jüdischer Frauen in Deutschland. Hans Rosenthal, vielen Deutschen mehr als Fernseh-Entertainer denn als gläubiger und in verschiedenen Organisationen aktiver Jude bekannt, hat mit Jeanette Wolff intensiv in der Jüdischen Gemeinde Berlins zusammengearbeitet und liebevoll »ihr ungeheures Redetalent und ihre Dynamik« geschildert: »Selbst als 85jährige Frau konnte sie noch kämpfen!« Als Beispiel nannte er ihr argumentatives Geschick, wenn es darum ging, Geld für die Frauengruppen locker zu machen: »Es machte ihr nichts aus, sich fünf- bis sechsmal nur zu diesem Punkt zu Wort zu melden, und sie verstand auch, auf der Tonleiter der Gefühle zu spielen. Sie bekam letztlich immer das Geld für ihre Frauen.«

Durch Rosenthal, für den Jeanette Wolff nicht nur eine außerordentlich kluge Politikerin, sondern auch »die typische gute ›jiddische Mamme‹« war, ist gleichfalls überliefert, wie charmant und attraktiv diese Frau noch im hohen Alter erschien; freilich legte Jeanette Wolff stets Wert auf ihre äußere Erscheinung. »So manches Mal bat sie mich, Sitzungen später anzusetzen, weil sie vor der Debatte noch zum Friseur müßte.«

Bei den vielfältigen Aktivitäten in ihrem langen Leben bestand für Jeanette Wolff nie ein Widerspruch zwischen ihrer Arbeit als Politikerin und ihrer Tätigkeit in den verschiedenen jüdischen Organisationen; denn Religiosität, politisches, vor allem sozialpolitisches, Engagement und die Sicherung demokratischer Verhältnisse hatte für sie ein und dieselbe Wurzel und ein und dasselbe Ziel: »Alle unsere Arbeit soll dem Menschenrecht und der Menschenwürde gelten«, erklärte sie einmal im Deutschen Bundestag, und sie meinte dies wörtlich.

Sie empfand es als eine persönliche Verpflichtung der Davongekommenen, »im Interesse der Menschenwürde und im Interesse all der Menschen, die aus dem Inferno des Nazi-Regimes übriggeblieben sind, eine andere Welt zu schaffen, aus der wir hinausjagen die Diktatur und die Unterdrückung und in die wir hineinbringen müssen das Menschenrecht für alles, was ein menschliches Antlitz trägt«.

Viele Menschen lernten gegen Ende der vierziger Jahre das Leben der Jeanette Wolff kennen. Sie verdrängte nichts und berichtete immer wieder – als Beispiel für andere – von ihren Erfahrungen im SS-Staat. Die Eindrücke waren noch frisch und schmerzhaft. Der November-Pogrom von 1938 lag zur Zeit von Währungsreform und Berliner Blockade erst ein Jahrzehnt zurück. Und während noch die Nürnberger Kriegsverbrecher-Prozesse stattfanden, begann im westlichen Teil Deutschlands bereits die Restauration. Wenig später hörte man von ersten neonationalsozialistischen Aktivitäten. Jeanette Wolff ließ sich dadurch nicht entmutigen, zumal ihre persönlichen Erfahrungen mit jungen Menschen, die zu den von ihr gestalteten Wochenendseminaren kamen, ausschließlich positiv waren.

Sie traf damals und auch in späteren Jahren noch auf große Unwissenheit, aber auch auf eine ausgeprägte Bereitschaft, von ihr, der Zeitzeugin, Information zu erhalten. Sie sprach über die Geschichte des zwölfjährigen Reiches und über die viel ältere Geschichte der Juden in Deutschland. Dabei wollte sie mehr als nur politische und historische Aufklärung. Sie wollte zunächst auch ergründen, »ob die Arbeit an der jungen Generation in Deutschland zu einer Brücke des Verständnisses zwischen Juden und Nichtjuden werden kann«. Immer wieder verknüpfte sie das Gestern mit dem Heute, die Geschichte der Juden und ihres Glaubens mit den sozialpolitischen Gegebenheiten in der Gegenwart, stellte inhaltliche Bezüge her, die für ihre Zuhörer in der Regel ganz neu, für sie selbst aber immer vorhanden gewesen waren.

Den jüdischen jungen Menschen, die bei derartigen Veranstaltungen zugegen waren, wollte sie zugleich innere Sicherheit und Zuversicht vermitteln. »Der jüdische Mensch, der sich entschlossen hat, hier in Deutschland zu leben, kann das unmöglich, wenn er von der Psychose beherrscht wird, auf gepackten Koffern zu sitzen. Hat eine Familie Kinder, so kann sie mit dieser Auffassung seelenzerstörend auf diese jungen Menschen wirken. Kinder brauchen den Anschluß an ihre gleichaltrige Umwelt fast ebenso nötig, wie die soziale und religiöse Sicherheit im Elternhaus.« Den Eltern der Jugendlichen, zu denen sie sprach, die, wie sie selbst, Pogrome, Ghettos und Konzentrationslager kannten, sagte sie immer wieder: »Macht aus Eurem Leid keine seltenen Blumen, die ihr täglich begießt, um sie immer in Blüte zu erhalten!«

Außerordentlich blieb – und wirkte auf viele Menschen »wie ein Wunder« –, daß Jeanette Wolff niemals Haß predigte. »Niemals kamen bei ihr Gefühle der Unversöhnlichkeit auf« erklärte Heinz Galinski, damals Vorsitzender der Jüdischen Gemeinde in Berlin, nachdem Jeanette Wolff am 19. Mai 1976 gestorben war. »Niemals hielt sie solche Regungen mit dem jüdischen Glauben für vereinbar.« Sie war aber alles andere als lau. Sie argumentierte deutlich und hart. Das zeigte sich in der Berliner Stadtverordnetenversammlung und bei ihrem Kampf gegen die erzwungene Vereinigung von SPD und KPD in der sowjetischen Besatzungszone; das zeigte sich auch im Deutschen Bundestag.

Zunächst, nach dem Wahlgesetz vom Juni 1949, entsandte Berlin nur acht Abgeordnete in das erste Parlament der zweiten deutschen Republik. Sie wurden von der Berliner Stadtverordnetenversammlung am 14. August 1949 gewählt; das war für die Bundesbürger der Tag der ersten Bundestagswahl. Den nur begrenzt stimmberechtigten Berliner Abgeordneten gehörten fünf Sozialdemokraten, zwei CDU-Mitglieder und ein FDP-Vertreter an. Nachdem 1950 die Berliner Verfassung in Kraft getreten und eine Änderung des Wahlgesetzes erfolgt war, gelangten zum Jahresbeginn 1952 mehr als doppelt soviele, nämlich elf weitere Berliner Abgeordnete ins Bonner Parlament, von denen je vier der SPD und FDP sowie drei der CDU angehörten.

Zu dieser während der ersten Legislaturperiode nachgerückten Abgeordneten-Gruppe zählte auch Jeanette Wolff. Kurz vorher war die nun als Land Berlin bezeichnete Teilstadt innerhalb des Finanzsystems des Bundes den anderen Bundesländern gleichgestellt, waren Milliardensummen als Bundeshilfe für die Stadt beschlossen und das »Notopfer Berlin«, eine schon 1948 erhobene Sondersteuer, erhöht worden.

Die Schwierigkeiten, mit denen ihre Wahlheimatstadt insbesondere in den Anfangsjahren nach dem Krieg zu kämpfen hatte, beschäftigten die Abgeordnete Wolff in allererster Linie. Und doch standen ihrem Herzen und ihrer Lebenserfahrung andere politische Themen näher: die Entschädigung von Opfern des Nazi-Regimes, Fragen der Wiedergutmachung, Rentenprobleme – und der demokratische Umgang miteinander.

Sie hatte hohe Erwartungen an diese neue Republik gehabt; sie hatte erwartet, die Menschen hätten aus der jüngsten Vergangenheit wirklich etwas gelernt. Sie war Realistin genug, um zu wissen, daß es in dem zerstörten Deutschland sehr, sehr viele Probleme zu lösen gab; aber sie hatte doch gehofft, an die Kriegerwitwen und -waisen, an die ehemals politisch Verfolgten, an die überlebenden Mitglieder zu Tode gebrachter jüdischer Familien würden man zuerst denken. Das war nicht der Fall; und es gab ganze Opfer-Gruppen in der Bevölkerung, an die man überhaupt nicht dachte. Außerdem war Jeanette Wolff der Überzeugung gewesen, über die Begriffe von Freiheit und Demokratie herrschte ein allgemeiner Konsens; doch in diesem Punkt war sie bereits am Tag des Beginns der Berliner Blockade eines anderen belehrt worden.

Der Kalte Krieg bestimmte das politische Klima und die politische Kultur – auch im Deutschen Bundestag. Die kommunistischen Abgeordneten hatten, ob sie wollten oder nicht, einen schweren Stand. Sie wurden nicht zu Unrecht mit dem noch SBZ genannten Teilstaat jenseits der Elbe identifiziert; und was dort geschehen war und noch geschah, widersprach allem, was man im Westen unter demokratischen Verhältnissen verstand.

Jeanette Wolff erblickte immer wieder Parallelen zwischen

jüngster Vergangenheit und Gegenwart, wenn sie von Berlin »nach drüben« schaute. Parallelen nicht in der Ideologie, aber in den Methoden. Und die prangerte sie an. Dabei war sie nie ganz ohne Hoffnung, mit ihren Argumenten wenigstens denjenigen gegenüber, die sie mit Worten erreichen konnte, etwas zu bewirken: »Ich appelliere an Sie, die Sie doch letzten Endes Deutsche sind, wenn auch Mitglieder der KPD, ich appelliere an Sie, die Sie selbst das Elend eines Diktatursystems über sich haben ergehen lassen: Soll denn immer noch die Menschlichkeit in Schutt und Asche gehen? Soll denn die Welt noch immer in Scham ihr Haupt verhüllen müssen? Geht es denn nicht, daß man endlich freier denken lernt? ... Ich bin Jüdin und habe meine ganze Familie, meine Kinder, meinen Mann, die Schwiegersöhne und Enkelkinder verloren. Ich möchte hier an dieser Stelle sagen: Es geht nicht an, daß diese Methoden weiter bestehen.«

Sie meinte die Nazi-Methoden, und sie meinte die Methoden in der DDR. Das Protokoll des Bundestages verzeichnet »starken Beifall auf allen Seiten des Hauses außer bei der KPD«. Am Ende ihrer Rede, die von Tumult, Beifall, präsidialem Glockenläuten, Gelächter und Zurufen unterbrochen wurde, schien Jeanette Wolff zu resignieren: »Wir haben den Tag der Freiheit 1945 herbeigesehnt. Wir haben gesagt: Nie wieder Stacheldraht, nie wieder Konzentrationslager! Wer das am eigenen Leib erlebt hat und heute noch nicht zum Gegner dieser Dinge geworden ist, der wird auch niemals mehr zu ändern sein.« Wenige Wochen nach dieser Rede wurde in der DDR ein fünf Kilometer breites Sperrgebiet entlang der Grenze zum Westen eingerichtet. Die Sperrzone wurde entvölkert; die Zwangsevakuierung Tausender von Familien löste eine neue Fluchtwelle aus.

Jeanette Wolff resignierte dennoch nicht: Von Anbeginn bis wenige Wochen vor ihrem Tod stritt sie gegen Unbelehrbare von rechts und von links, erinnerte mahnend immer wieder an die Zeit des NS-Regimes und wurde in ihrer Kritik besonders dann außerordentlich scharf, wenn sie feststellen mußte, wie rasch die Frage der Generalspensionen, wie zögerlich aber die Probleme der Nazi-

Opfer von den Politikern behandelt wurden. Sie entsetzte sich über die praktizierte Langmut bei Fragen der Wiedergutmachung ebenso wie über die Großherzigkeit gegenüber den sogenannten 131ern. Dem Bundesfinanzminister rief sie im Parlament zu, er habe sich augenscheinlich »mehr von fiskalischen als von menschlichen Gesichtspunkten« leiten lassen. Und: »Sie haben hinter das Projekt, das diejenigen umfaßt, die als Widerstandskämpfer oder als religiös oder rassisch Verfolgte in der Nazi-Zeit gelitten haben, nicht die Wärme gesetzt, die Sie bei der Ausweitung des Gesetzes zu Art. 131 bewiesen haben. Da hätten Sie am liebsten noch die gesamte Gestapo und den SD hineingenommen.« Und weil ihr alles viel zu lange dauerte, schlug sie vor, in den Ausführungsbestimmungen für das Bundesentschädigungsgesetz mögen doch gleich Totenkränze für diejenigen vorgesehen werden, die bei etwas zügigerer Behandlung des Themas im Parlament vielleicht noch in den Genuß einer kleinen materiellen Zuwendung gekommen wären . . .

Sie argumentierte in den zehn Jahren ihrer Abgeordnetentätigkeit mit Temperament und zuweilen mit einer Schärfe, die Freunde – weil sie sie in anderen Situationen erlebten – an ihr nicht kannten. Jeanette Wolff, eigentlich ein nachsichtiger und auf Ausgleich bedachter Mensch, bewahrte sich ihren gerechten Zorn bis ins hohe Alter. Ihre Sprache bildete im letzten Drittel ihres Lebens, wie gegen dessen Ende ein Berliner Journalist vermerkte, immer mehr »eine krause Mischung aus rheinisch-westfälisch-berlinischem Dialekt«. Sie hatte wohl aus den beiden, sehr gegensätzlichen Landschaften ihrer Heimat und ihrer Wahlheimat das für sie Beste mitgenommen. Und dies war nicht nur die Sprache.

Herangezogene und weiterführende Literatur

Eine Auswahl

Aichinger, Ilse: Die größere Hoffnung, Roman, Frankfurt a. M. 1974

Dies.: Meine Sprache und ich, Erzählungen, Frankfurt a. M. 1978

Arbeiterwohlfahrt Bundesverband (Hg.): 50 Jahre Arbeiterwohlfahrt, Bonn 1969

Baur, Hanneclàre/Fölsing, Günter (Hg.): Das politische Engagement des Christen heute – Zum 80. Geburtstag von Klara-Marie Faßbinder, Bonn 1970

Beck, Dorothea: Julius Leber – Sozialdemokrat zwischen Reform und Widerstand, Berlin 1983.

Becker, Hellmut/Eichler, Willi/Heckmann, Gustav: Erziehung und Politik – Minna Specht zu ihrem 80. Geburtstag, Frankfurt a. M. 1960.

Conze, Werner: Jakob Kaiser – Politiker zwischen Ost und West 1945–1949, Stuttgart 1969.

Dertinger, Antje: Die bessere Hälfte kämpft um ihr Recht, Köln 1980, darin u. a.: Das Parlament als Patriarchenversammlung – Sozialdemokratische Frauen im Reichstag: Expertinnen für Sozialpolitik (über Louise Schroeder) sowie: »Durchsetzen, was uns zusteht!« – Wie eine Sozialdemokratin Artikel 3 des Grundgesetzes erkämpfte (über Elisabeth Selbert).

Dies.: Elisabeth Selbert – Eine Kurzbiographie, Wiesbaden 1986.

Deutscher Juristentag (Hg.): Verhandlungen des 38. Deutschen Juristentages in Frankfurt am Main 1950, Tübingen 1951, darin u. a. die Rede Erna Schefflers zur Umsetzung des Art. 3 GG.

Ehre, Ida: »Gott hat einen größeren Kopf, mein Kind ...«, Reinbek 1988

Faßbinder, Klara-Marie: Begegnungen und Entscheidungen, Darmstadt o. J.
Dies.: Der versunkene Garten – Begegnungen mit dem geistigen Frankreich 1919–1939, Heidelberg 1968.
Funcke, Liselotte (Hg): Frauen in der Politik – Die Liberalen, Stuttgart u. Herford 1984, darin Stubbe-daLuz, Helmut: Kommunale Kultur und politische Frauenbildung – Bertha Middelhauve, sowie Witteler-Koch, Ruth: Der ›stärkste Mann‹ der Liberalen – Marie-Elisabeth Lüders.

Hellwig, Renate (Hg.): Frauen in der Politik – Die Christdemokratinnen, Stuttgart u. Herford 1984, darin Hürland, Agnes: Christine Teusch.
Huber, Antje (Hg.): Frauen in der Politik – Die Sozialdemokratinnen, Stuttgart u. Herford 1984, darin Miller, Susanne: Die Parlamentarierinnen der ersten Generation sind ihren Lebenszielen treu geblieben (u. a. über Louise Schroeder), sowie Renger, Annemarie: Das Grundgesetz hatte nicht nur Väter – Zur Erinnerung an Elisabeth Selbert.
Huffmann, Ursula/Frandsen, Dorothea/Kuhn, Annette (Hg.): Frauen in Wissenschaft und Politik, Düsseldorf 1987, darin Frandsen, Dorothea über Marie-Elisabeth Lüders und Erna Scheffler sowie Texte von Marie-Elisabeth Lüders und Erna Scheffler.

Kleiber, Carine: Ilse Aichinger – Leben und Werk, Bern, Frankfurt a. M., New York 1984.

Lamm, Hans (Hg.): Jeanette Wolff – Mit Bibel und Bebel, Bonn 1980.
Lange, Gunter: Jeanette Wolff, Bonn 1988.
Leber, Annedore: Den toten, immer lebendigen Freunden – Eine Erinnerung zum 20. Juli 1944, Berlin 1946.

Dies. u. a.: An das Gewissen der Welt – Berliner Frauen appellieren an die Menschlichkeit, Berlin 1948.
Dies.: Das Gewissen steht auf – 64 Lebensbilder aus dem deutschen Widerstand, Berlin, Frankfurt a. M. 1954.
Lilge, Herbert (Hg.): Deutschland 1945–1963, Edition Zeitgeschehen, Hannover 1967.
Lorentz, Kay: Das Kom(m)ödchen-Buch, Düsseldorf 1955.
Lorentz, Lore: Ein Lied vom deutschen Unbehagen, in »Zeit-Magazin«/»Die Zeit«, Nr. 14 vom 25. 3. 1977.
Lorenz, Dagmar: Ilse Aichinger, Frankfurt a. M. 1980.
Lüders, Marie-Elisabeth: Fürchte Dich nicht! – Persönliches und Politisches aus mehr als 80 Jahren, Köln u. Opladen 1963.

Morsey, Rudolf: Erinnerung an Christine Teusch, Text einer Radiosendung im Westdeutschen Rundfunk am 21. 10. 1978.

Nebgen, Elfriede: Jakob Kaiser – Der Widerstandskämpfer, Stuttgart 1967.

Philosophisch-politische Akademie Frankfurt (Hg.): Erinnerung an Minna Specht aus Anlaß ihres 100. Geburtstags, Frankfurt a. M. 1980.

Richter, Hans Werner: Was war und wie entstand die Gruppe 47?, eine Sendung des Bayerischen und des Norddeutschen Rundfunks 1974, ergänzt durch einen Epilog 1979, veröffentlicht in: Hans Werner Richter und die Gruppe 47, Frankfurt a. M., Berlin, Wien 1981.

Schneider, Dieter (Hg.): Sie waren die ersten – Frauen in der Arbeiterbewegung, Frankfurt a. .M. 1988, darin Dertinger, Antje: Elisabeth Selbert – Mutter eines Verfassungsprinzips, sowie Schneider, Dieter: Elfriede Nebgen – Auf der Suche nach Synthese und Einheit.